微观编辑学

WEI GUI BIAN JI XUE

曹维琼　张忠兰／著

人民出版社

目　录　CONTENTS

导论 编辑是什么

　　编辑是一份以图书为介质，梳理书稿信息，策划组织选题，整合出版资源，组织作者团队，编辑加工书稿，宣传推介图书的职业。编辑管理学研究图书出版活动中的编辑工作流程，指导解决编辑的工作定位和职业定性，帮助梳理编辑工作流程，明确编辑工作职责，理清编辑工作思路，提高编辑工作效率。

　　编辑是一种为大众文化传播构筑通道，为学术文化推介搭建平台，为民族文化传承提供支持，为国外文化引进选择把关，为国家文化建设服务的事业。图书出版是国家文化建设的一个重要组成部分，图书出版活动的社会属性决定了图书编辑的政治属性，主流意识是编辑应该遵循的基本政治原则。

　　编辑是一种以图书形式对中华优秀传统文化进行传播、

传承的文化建设事业，编辑文化学是指导编辑构建文本意识的理论，编辑文化学通过对各种文本进行分析，对不同文本进行解构，用文字文本对文化进行重组，以图书为介质再现文本。文本意识、文本转换、文本传承和策划创新，形成编辑的文化观。

编辑是一种以图书为载体，在编辑、作者、读者之间展开的经济活动。经济活动是生活中相互交易的人群所组成的群体活动，编辑经济学研究出版资源配置及影响出版资源配置的全部因素，指导编辑在图书出版活动中权衡取舍，交易互动，优势互补，对图书出版资源进行有效整合、有序管理和合理利用。

编辑是一种运用社会学社会分层原理，对读者进行分层，对阅读进行分群，对知识进行分解，对图书进行分类的工作。

编辑社会学是帮助编辑认识读者的重要工具，编辑应以科学的态度和科学的方法对书稿进行编辑加工，根据读者的认知能力和阅读需求，对图书进行准确定位，满足不同读者的阅读需要。

编辑与作者、读者的关系问题，是编辑在图书出版活动中要处理好的人际关系问题，是编辑价值观、认识论、方法论的体现。编辑如何看待自己，如何看待作者、如何看待读者，如何处理编辑、作者、读者之间的关系，是做好编辑工作的起点与归宿。主体间性是处理好图书出版活动中人际关系的认识论。

图书出版活动是在法律许可的范围内进行。出版法规、出版政策是编辑应知、应会、应用的基本法律法规。编辑法学指导编辑学习法律法规，运用法律法规，遵守法律法规，编辑应提高在法律层面上思考和处理图书出版事务的意识和能力，认真履行法律赋予的责任，学会运用法律手段维护编辑的权利。

编辑是一种发现美和传递美的审美艺术，图书是编辑审美的主要表现载体。编辑审美集中表现在编辑对选题的立意、书稿的组织、文字的打磨、书籍的装帧、图书的宣传等问题的处理上。编辑美学是探讨编辑审美的学问，指导编辑懂得从多个角度去发现美，运用不同的方式呈现美，通过多条路径传递美。

心理学包括基础心理学与应用心理学两大领域。心理学的研究涉及人们的认知、思维、人格、行为习惯、人际关系、社会关系等领域。编辑心理学讨论编辑视域、思维、意境对图书出版活动的影响，解释编辑个体心理机能在出版行为与编辑活动中的作用，指导编辑扩大编辑视野、活跃编辑思维、提升工作意境。

编辑传播学是研究知识传播方式、传播范围、传播速度的学问，也即是研究图书传播的效能、效率和效益的学问。编辑传播学研究图书传播的规律，传播介质、传播技术和传播理念是编辑传播学研究的重要内容，传播介质决定传播的内容方式，传播技术影响传播的速度范围，传播理念影响传播的效能质量。

编辑在编辑生态场域中生存，编辑生态学研究编辑生态场域的问题。编辑平台搭建、共生群体互动、知识循环转化、能量转移流动、信息传递方式、系统运行范式是编辑生态空间格局构成的六个要素，也是编辑生态学观察的六个维度。对编辑学的不同认知构成编辑学的不同体系，我们尝试用生态学原理来建构编辑学体系框架。

编辑学研究可以从多个角度切入。微观编辑学研究编辑的个体行为，从编辑的视角观察编辑学，用编辑的语言描绘编辑学，拿编辑的案例诠释编辑学，以编辑的探索丰富编辑学，其原理吸收并融合了社会科学各大领域的相关理论，利用各学科知识架构起微观编辑学的理论体系，是对编辑学研究的视野扩大和研究的内容充实。

微观编辑学是综合性学科，由应用性、技术性和基础性三大部分组成。应用性是讲编辑学的岗位实践性；技术性是讲编辑学与传播介质的技术关联性；基础性是讲编辑学知识作为各学科学习工作常识的广泛使用性。这三大部分各有研究的对象和目的，既是微观编辑学体系中的不同组成部分，又是三个密切联系的不同层次。

微观编辑学是交叉性学科。它是在不同学科之间相互交叉、融合、渗透而出现的新兴学科，是由自然科学、人文社会科学内部不同分支学科的交叉而形成的新兴学科，图书出版活动中许多问题的解决，特别是数字化带来的图书介质和传播路径的变化，涉及不同学科之间的相互交叉和相互渗透。微观编辑学研究必须扩大视域，更新手段，创新方法。科学上新理论的提出，新发明的产生，新技术的出现，经常是在学科的边缘或交叉点上，重视微观编辑学的交叉性，将使微观编辑学本身向着更深层次和更高水平发展，这是符合科学研究的客观规律的。

　　微观编辑学作为一种充满理性思维的应用性学科理论，除了在编辑学领域行之有效以外，在别的学科领域是否存在借鉴、指导、示范的价值，是判断微观编辑学能够独立存在的条件。编辑学的自我完善和可持续发展，要放在更宏大的视域下去观察、去思考。

编辑学不但要思考如何解决自身理论体系的建立，而且要思考编辑学理论在其他学科理论体系建构中的指导作用，帮助其他学科丰富和完善自己的理论体系。借助微观编辑学原理可以丰富和完善各学科理论，并指导各学科体系的建设。

每个研究领域都有自己的语境和思维模式，编辑也有自己的语境和思维模式，本书的目的就是帮助你学会编辑的思考方式。

《亚鲁王书系》
贵州人民出版社　2014 年出版

第一章　重构编辑工作的流程

关 键 词：编辑管理学；编辑职责；编辑实务；编辑流程
学习目标：明确编辑的职业定性、职能定位和职责定岗。

编辑是一份以图书为介质，梳理书稿信息，策划组织选题，整合出版资源，组织作者团队，编辑加工书稿，宣传推介图书的职业。编辑管理学研究图书出版活动中的编辑工作流程，指导解决编辑的工作定位和职业定性，帮助梳理编辑工作流程，明确编辑工作职责，理清编辑工作思路，提高编辑工作效率。

一、编辑出版工作流程是编辑出版工作的规范

1. 工作流程。流程是为完成一件事情或项目而规定的途径，任何一种商品生产和经营管理都有其特定的流程。讨论生产流程的目的是明确岗位的职责，保障生产的秩序。生产

流程由不同的岗位、工艺、工序、环节按一定的程序规定构成。程序是完成一件事情或任务而设计的由若干个环节组成的一系列逻辑缜密的组件,包括团队组成、工作内容、功能设计、职责分工、处理事务的既定方式、生产加工的先后顺序、生产管理的工作步骤,如若一个环节出问题,则将影响整个流程的工作。生产流程是生产活动的规定,是一种商品生产内容,一种商品生产顺序,一种商品生产方式,一种商品生产管理的规定。生产流程就是工作规范,不同岗位的工作性质确定了从事这个岗位的人在生产流程中的地位,生产流程的安排又限定了各环节的工作范围。

2. 编辑管理学。编辑管理学是研究编辑出版工作流程和编辑岗位职责的一门学问。编辑出版工作与图书出版活动密切相关,研究编辑出版工作流程,首先要弄清楚图书出版活动流程。图书出版活动流程按社会分工和流程属性,可分为图书出版管理流程和编辑出版创意流程两种情况。编辑管理学要研究图书出版流程和编辑工作流程等两个方面的内容。

3. 图书出版流程。图书出版活动是一种社会商品生产活动,也具有生产工艺顺序、生产环节程序、生产管理秩序的规定。社会分工强调由专业的人做其专业内所擅长的事。按图书出版活动的社会分工归类,图书出版活动的生产顺序,依次为作者选题创作、出版社编辑审稿加工、印刷厂复制印装、书店发行销售等四大部分工作。习惯上,我们讨论的图书出版活动流程是俗称"编辑、印刷、发行"的三大分工内容,作者撰文创作没有被纳入传统图书出版活动的范畴。据此,出版社的职责是书稿的编辑出版。比照图书出版工作流程,出版社内部按生产管理流程,也分为编辑、出版、发行等三块，由相关职能部门按分工对图书出版生产进行管理。在图书出版管理流程的思维模式下，编辑加工是图书出版管理流程中的一个环节，编辑职能的定位是书稿加工。

4. 关于编辑职能的认识。对于编辑职能和编辑工作的流程，历来有多种认识。传统上讲的编辑程序是指编辑工作的主要工序，即策划、组稿、审稿、加工、发稿、看样等六项，这六个环节又被称作"编辑六艺"。由编辑六艺可以看出，习惯上，编辑工作局限于案头编辑工作范围内。由于各出版社的规模不等，社内的管理模式不一，编辑的活动空间不同，在这种情况下，关于编辑工作的流程，就有不同的要求和安排，有一个时期，根据编辑履行职责情况的不同，人们把编辑职能划分为文字加工、选题策划、项目组织等三类，人为地将图书出版活动中管理系统化、创意一体化的编辑出版工作割裂为三种互不统属的职能。于是就出现了案头编辑、组稿编辑、策划编辑、项目编辑等名目繁多的编辑称谓。各出版社根据自己的理解，赋予编辑一些权力，由此冠名，并加以限定，导致编辑对自己的职责、义务和权利的意识淡化，概念模糊，功能萎缩，甚至形成组稿编辑与案头编辑矛盾对立的情况。这种划分使部分编辑画地为牢，只履行了编辑的部分职责。

5. 编辑工作流程。按图书出版活动的属性归类，图书出版活动又属于文化创意活动。图书出版创意分为作者的内容撰稿创意和编辑的选题出版创意两类。在编辑出版创意的思维模式下，编辑是图书出版创意的主体，其职能不再局限于书稿的编辑加工，而是要负责从选题策划开始到图书推介导读的全流程工作。编辑承担着主导和引领编辑出版工作的责任。

6.重构编辑工作的流程。在图书出版实践中，编辑一身而兼二任，实际承担着图书出版管理和编辑出版创意两种职能，把编辑职能划分为文字加工、选题策划、项目组织三类，无疑只是从图书出版管理的客观属性去观察编辑工作，而不是从编辑出版创意的主观属性去思考编辑工作，没有意识到编辑出版工作是一个系统工程。图书具有极广泛的社会影响，因而在图书生产和发行的过程中，受社会的管理和制约。在图书出版活动中，编辑工作具有两重属性：其一，编辑有图书出版管理的规范要求，既是图书出版管理的对象，又是图书出版管理的具体责任人；其二，编辑是图书出版管理流程的一个环节，要履行图书出版管理的相应职责。同时，编辑又是图书出版创意流程的一个环节，是选题创意者和主持实施者。目前，出版社编辑工作中的图书出版管理职责在强化，而编辑出版创意的要求在淡出。相当多的编辑仅仅是完成图书出版管理职责的部分内容，而忽略了编辑出版创意的工作要求。从图书出版管理的系统性和编辑出版创意的整体性来考察，编辑要履行图书出版管理和完成编辑出版创意，必须有全流程参与和全过程服务的意识。编辑是图书出版活动的组织实施者，是图书出版活动的主体，在整个编辑流程中具有重要地位和作用。为此,编辑出版工作的流程意识必须重构。

二、编辑出版工作流程的要点与要求

编辑工作是一份需要从大处着眼，从细部着手的工作，编辑流程看似简单，却有比较复杂的工序。按编辑工作的要求，编辑出版工作流程可分为编辑前期的选题策划论证、编辑中期的书稿编辑加工和编辑后期的图书导读拓展三个阶段，主要有选题报告、选题论证、选题组织、书稿审读、编辑加工、装帧印制、发行宣传、阅读引导、拓展选题等九个环节，四十余道工序。

（一）编辑前期的选题策划论证

选题策划论证是编辑工作的前期准备，此阶段的工作围绕选题报告展开，主要解决选题立项与选题组织实施的问题。选题策划论证阶段由提交选题报告、进行选题论证、组织选题实施三个环节构成。选题策划论证是编辑出版创意的平台之一，选题策划论证的过程，是项目融入编辑选题策划组织创意的过程。

1. 选题报告。选题报告即选题建议书，是编辑在筛选信息、梳理线索、权衡取舍后，拟出的选题意向性报告，是提交编辑部或出版社作选题论证时的书面材料。选题报告包括了选题来源、资源配置、市场分析、渠道梳理、经费估算、风险预测、资金筹集、图书定位等八个方面的内容，阐述选题实施的可能性。提出选题是编辑的基本能力，选题报告是编辑对选题酝酿的结果，也是编辑创意的启动，是编辑观察分析能力的展示平台，编辑要重视撰写选题报告。如果做编辑的不能从各种信息中筛选、梳理出选题进而撰写出选题报告，就不能算一个合格的编辑。

2. 选题来源。选题来源是指编辑报告书中陈述的选题通过什么方式获得。选题来源一般有四种情况：一是作者自主投稿。二是编辑思考创意。三是编辑与作者共同策划。四是编辑室委托约稿。选题来源是论证选题可能性的重要参考，不同的选题来源，对选题实施有不同的影响。

3. 资源配置。资源配置指的是编辑对实施选题所具备的基本条件，出版资源主要有选题区位资源、出版品牌资源、作者团队资源和出版社会资源，在选题报告中对编辑的出版资源配置进行分析，有利于论证选题实施的可能性。选题论证要考虑编辑的优势，与编辑的资源配置相结合。

4. 市场分析。市场分析是编辑对选题的市场、读者情况的分析判断，进行市场分析要做四个方面的工作：一是分析同类产品的市场情况。二是分析选题的特色与亮点。三是分析选题的市场定位。四是需要努力的方向和实现的突破。市场分析解答选题实施的可行性。

5. 渠道梳理。图书发行主要有零售市场、作者包销、单位订制、团体采购等四条渠道。渠道梳理指的是分析图书出版后适合走哪条渠道发行。不同的发行渠道，对图书制作要求不一样，定价方式也各异。特别是专业性很强、印数不多的小众图书，编辑更要注意发行渠道的梳理。

6. 投资估算。图书出版活动是一种企业经营活动，选题论证必然涉及资金投入、资金筹集、盈亏测算。投资估算即对选题投入作大概的预测估计，是论证审批选题报告的基本要素。投资估算包括了直接成本、间接成本、印数、预期效益等几个方面，是选题投资的基础资料，也是分析和计算选题投资经济效益的重要条件，对掌握选题的规模起参考作用，投资估算对选题概算起控制作用。选题投资估算还可作为选题资金筹措的依据。

7. 资金筹集。资金筹集方式的讨论是市场分析的一种补充形式。在选题论证时要帮助编辑梳理图书出版经费的筹集渠道，提供选题经费筹集的思路和方向，提出资金筹集路径和方法。资金筹集主要有出版方投资、作者方自筹、多渠道融资、政府财政补贴、众筹出版等五种方式。众筹出版指通过互联网方式发布筹款项目并募集资金。利用互联网传播特性，用预购的形式，作者对公众展示自己的创意，争取获得网友的关注和支持，进而获得所需要的资金援助。相对于传统的筹资融资方式，众筹出版更为开放，商业价值也不再是能否获得资金的唯一理由，只要是网友喜欢的项目，都可以通过众筹出版方式获得项目启动的资金，这为作者出版自己的作品提供了无限的可能。

8. 风险预测。投资就会伴随着风险，图书生产也是一种投资，必然也伴随着风险。在图书生产投资的不同阶段，投资风险会随着投资活动的进展而变化。风险预测是从做出图书投资决策开始到图书销售结束这段时间内，由于不可控因素或随机因素的影响，发生实际收益与投资预期收益的偏离，投资既有蒙受经济损失的可能，也有获得额外收益的可能，它们都是投资的风险形式。不同图书项目的风险差异大，做投资风险预测，有助于选题论证和组织实施。

9. 图书定位。图书有四种定位的考虑，可从四个方面把握：一是图书功能属性定位，根据图书的功能属性可分为大众生活知识类、大众休闲娱乐类、教材教辅类、学术论著类等四类。二是读者对象定位，可根据读者的年龄差异、认知水平和阅读目的的差异划分。三是装帧形式定位，图书装帧形式一般分为平装和精装两种，图书采用不同的装帧形式以满足不同读者层次的阅读收藏需求。四是价格定位，即根据印量和读者的购买诉求决定定价的标准。图书定位是否准确，影响选题的效益实现。作品是为读者写的，读者对作品是有选择的，理论上，只有定位具象的读者，不存在空泛的广大读者。图书定位是作者定人的前提，应根据选题的要求物色作者。

10. 选题论证。选题论证是出版流程的一道重要程序，分为编辑室选优论证和出版社统筹论证，由出版社相关部门组织，对编辑提交的选题报告进行分析讨论。选题论证可以采取分别征求意见论证，也可以采取会议论证的形式进行。选题报告是否有效，主要根据选题来源、资源配置、市场定向等内容进行判断。在进行选题论证时，编辑要注意就选题来源、资源配置、市场定位等几个方面的问题作简要的回答。选题论证是出版社的一项重要工作，决定出版社的生产计划、生产规模和生产绩效。选题论证为选题实施做好准备，通过选题论证，筛选了选题，梳理了资源，明确了作者，理清了思路，指出了路径，确定了方向，这是从选题构想走向选题实施的重要一步，对指导选题策划和实施选题有重要的意义。

11. 选题策划书。选题策划书即选题可行性报告，是在选题报告经过论证同意后，编辑进行选题立项时的书面报告。选题策划书吸纳了选题论证中提出的可行性建议或意见，对选题实施制订出系统、周密、科学的可行性方案。选题策划书是选题报告的修订版，两者的差异在于选题报告描述项目的可能，而选题策划书则强调项目的可行。

12. 选题实施。选题可行性报告是编辑对选题组织实施问题的梳理，是编辑选题策划能力的展示。编辑撰写的可行性报告上报批准后，编辑即可进入选题组织实施环节。在这个环节要把握编前预热、物色作者、书稿约定等几道工序。

13. 编前预热。编前预热是指编辑在实施选题时的热身准备。编前预热有五个方面的内容：一是对市场上同类图书的分析比较，找出选题的突破口。二是对准备实施的选题进行专业知识检查和相关知识补充，特别是学科前沿状况要补课，搭建与作者对话的平台。三是对选题资源进行分析和整合。四是与作者进行交流与对话。五是与社内相关部门进行沟通协调。

14. 物色作者。物色作者是选题实施的人才保障，选题策划书被批准后，物色作者是选题实施的关键。好的选题创意要找到合适的作者牵头担纲，与作者的创作能力相适应。编辑应对作者的优势结合选题的要求进行分析。所谓合适的作者有四条线索可参考：一是作者的写作风格与选题内容相适应。二是作者答应的交稿时间与编辑预期推出上市的时间相连接。三是作者的稿酬诉求与选题概算相匹配。四是作者对此选题项目有明显的创作激情。编辑在物色作者时要向作者明确组稿意图和写作要求。为作者提供能激活创作激情的题材，为读者提供满足阅读诉求的图书是编辑选择作者的标准。

15. 组稿约稿。组稿是选择作者、组织作者完成拟定的选题创作。约稿即约请选定的作者撰写选题的书稿。约稿有多种方式，如走访作者、信函约稿、征稿启事、约稿座谈会等，采用最合适的组稿方式才有可能物色到最合适的作者，重要选题和重要作者一般采用登门访谈的形式。约稿是一件严肃的事情，编辑一定要注意，与作者约定的稿件要尽量采用。编辑与作者对选题创作达成共识后，要与作者签约稿合同。

16. 约稿合同。约稿合同是由出版社与作者签订的对作者方和出版方都有权利、义务、责任的规定的双务合同。约稿合同的相关条款由法律直接规定。签订约稿合同表示编前准备阶段的工作结束，选题进入图书出版管理流程。编辑围绕选题实施，配合作者撰稿还要继续完成书稿大纲讨论、样稿讨论。

17. 讨论大纲。讨论书稿大纲是编辑与作者交流的内容之一。编撰大纲是作者创作的思路和书稿的框架。大纲概括性地提示书稿的要点，通过讨论大纲，可以帮助编辑观察作者的逻辑思维能力。逻辑思维即抽象思维，主要指人们在认识世界的过程中，通过对事物进行观察、比较、分析等手段，运用判断、推理、综合、概括等方法，把握事物的本质，并比较准确而有条理地表达自己思想的一种基本思维模式。逻辑思维能力主要指作者的主题串联能力和层次架构能力。讨论大纲主要检查书稿的主题贯穿和层次架构的情况。

18. 讨论样稿。讨论书稿样稿是编辑与作者交流的内容之二。样稿是作者根据书稿大纲而写出的部分章节内容，提交出版人审读的书稿样品。样稿可以帮助编辑判断作者的形象思维能力，也有利于建构作者与编者双方进行交流沟通的平台。所谓的形象思维，主要指人们在认识世界的过程中，在对信息传递的客观形象体系进行感受、储存的基础上，结合主观认识和情感对事物表象进行识别时形成的，并用文学语言或绘画语言创造和描述形象的一种基本思维模式。作者的形象思维能力主要指语言组织和语言表达能力。检查样稿主要是把握作者的语言表达能力和语言风格。

（二）编辑中期的书稿编辑加工

书稿编辑加工是编辑工作的主体部分，是编辑工作的重点，内容包括书稿审读、编辑加工、装帧印制等三个环节，主要解决书稿的内容质量和呈现形式问题，也就是解决书稿的优化美化问题。书稿编辑加工是编辑展示出版创意的平台之二，书稿编辑加工的过程是融入编辑优化美化创意的过程。

19. **书稿审读**。作者按约稿合同的规定完成撰写任务后，把书稿送交出版社。编辑收到作者提交的书稿后，要进行书稿审读。书稿审读，是编辑加工的第一步。书稿审读有四层内容：一是检查书稿的"齐、清、定"。二是通读书稿，把握书稿的内容质量做出评价。三是熟悉作者的写作风格和语言习惯。四是在决定采用书稿的前提下，提出书稿修改的意见或建议。

20. **检查书稿**。首先要从"齐、清、定"三个角度进行检查。"齐"，指书稿的构件齐备。正文齐整，附件齐全。正文目录、序跋题记、凡例注释、图片图录、表格说明、名词索引、参考文献，要逐一对照检查。"清"，指书稿的格式清楚。章节标题，简明清晰；序号层次，逻辑清楚；正文表达，流畅明白；注释引文，标注规范。"定"，指书稿的内容定型。编辑从作者手中接到的书稿是作者的最后定稿。定稿要做到内容定型、书名确定、署名确定。编辑只有在书稿达到"齐、清、定"的要求时，才可能对书稿提出是否采用，如何修改的意见和建议。"齐、清、定"既是对书稿检查验收的要求，同时也是编辑与作者交流沟通的基础。在书稿审读检查验收的过程中，编辑按"齐、清、定"的要求进行检查，可以对作者提出补充、完善的建议。

21. 通读书稿。编辑是第一读者，审读书稿首先要转换身份，从读者的角度对书稿设问，你想读什么，你读到了什么，哪些地方写得好，哪些地方没读懂，感觉还差什么。通读书稿的目的，是要对书稿形成一个整体的印象，得出初步判断，然后就你没读懂的地方与作者进行交流和沟通，释疑解惑，并提出问题和建议，以便作者修改和补充书稿。通读书稿，不要求编辑对书稿进行编辑加工处理。

22. 审读重点。书稿审读与编辑加工是两道不同的工序，审稿的重点、读稿的方式、看稿的要求各不相同。刚入门的编辑容易犯一个错误，书稿拿到手，就开始进行编辑加工，这是不对的。如果编辑没有预先熟悉了解作者的行文习惯和语言风格，不习惯于从作者的角度去思考和表达，而是用你的阅读习惯去审视书稿，在审稿编辑的过程中，你将会感到问题多多，改不胜改。当你改了半天却发现书稿有问题而不能采用时，前面的改稿就是在做无用之功。

23. 审读报告。编辑在通过一审纲目，二看样张，三读书稿，检查书稿的主题立意合适，逻辑层次清楚，符合"齐、清、定"的要求，对整部书稿的情况有了全面的把握，基本能够判断书稿是否达到出版的水平后，要写出书稿的审读报告，如同意采用，并要对书稿的修改提出建议和意见。提出建议是编辑的基本能力。如果做编辑的，不能在审读书稿时看到亮点、发现特点、提出重点，提出有效合理的编辑意见和建议，就不可能做好编辑工作。提出修改意见是一门学问，编辑要注意提出的意见应该是可改进的、可完善的、可调整的、可规范的、和谐性的意见，而不是颠覆性的、不可为的意见。同意采用书稿的审读报告批准后，就可转入书稿编辑加工环节。

24. 编辑加工。编辑加工指编辑对决定采用的书稿，按照图书出版的规定和要求进行整理、检查、修改、润色的过程。在对书稿的编辑加工中，编辑除了要完成规范文字、统一体例、消灭差错、弥补疏漏、核对引文、处理图表等基本工作外，最重要的任务是对书稿进行提升优化，编辑加工是编辑创意的平台。

25. 审稿维度。编辑审稿可从六个维度进行。一看主题立意，主流意识，创意出新，定位准确。二看大纲贯连，主线突出，根枝贯通，脉络清楚。三看章节铺排，逻辑清晰，论据充实，论证有理。四看内容表述，分段合理，文字规范，标点准确。五看全篇融通，前后呼应，布局架构，行文流畅。六看辅文附录，表格清楚，图文对应，参考有用。从六个维度审稿，是编辑逐渐融入书稿的过程。只有融入书稿，编辑才能理解作者的创作路径、创作风格、表达习惯，才会发现书稿的问题和不足，才可能合理地提出自己的意见建议，才能够做到重点提炼，亮点提高，特点提升。书稿编辑加工完毕，编辑要与作者签订出版合同。

26. 出版合同。出版合同是由出版人与作者签订的双务合同。合同规定了作者将作品交付出版者出版时的权利和义务，也规定了出版人接到作者提交的书稿后应承担的责任。出版合同是标准合同，相关条款根据国家法律直接规定。签订出版合同意味着书稿进入编辑加工环节。

27. 开发稿通知单。编辑与作者签订出版合同后，书稿进入图书出版管理流程，编辑要填写发稿意见书，开具发稿通知单，按一种图书一个号码的规定，申报办理中国标准书号和中国标准书号条码，上网申请图书在版编目（CIP）数据。中国标准书号由13位数字组成，分为五段，并以四个连接号加以分割，每组数字都有固定的含义。申报办理书号和条码时要附上出版合同。

28. 开发排单。书稿编辑加工完毕，编辑要出具发排单将书稿送装帧设计方进行排版设计。发排单是设计者对书稿进行装帧设计的依据，编辑在发排单上对排版设计提出明确的要求。

29. 装帧设计。装帧设计是指把平面化的书稿通过各种装帧手段转化为立体化的书籍的过程。装帧设计包含了书籍开本、装帧形式、封面样式、版面布置、图表处理以及纸张材料、工艺制作、印刷装订等内容。装帧设计体现了设计者的艺术创意、工艺构思和材料运用的能力。编辑不是书籍的装帧设计者，但要对装帧设计流程熟悉了解，并能对所编辑的书稿提出装帧设计的要求，学会与装帧设计者进行交流沟通，使书稿内容与呈现形式高度融合。精装书和大型图册，编辑更需要介入装帧设计的环节。

30. 选材用料。选材用料虽然是装帧设计者考虑的问题，但纸张材料的选用关系到图书定位、书籍展示、印装成本、定价利润等一系列问题，编辑必须掌握纸张印材的品质、规格、价格，合理选用纸张材料和制作工艺，避免出现不必要的浪费。

31. 校样誊红。誊红又称作誊样或过录。编辑要对各次校样上标出的问题进行确认，并将各次校样中标出的需要改动的文字统一誊写到一份校样上，便于排版人员改正。校对是编辑出版工作中的重要环节，是对编辑工作的完善或补充。

校对的目的是将作者撰稿、编辑加工、装帧设计时没有处理好的各种差错消灭在书稿付印之前。校对时应按国家技术监督局颁布的《校对符号及其用法》规定的标注符号，以便准确传递信息，方便改样人员改正。

32. 清样核红。清样核红指编辑在书稿付印前将最后一次校对红样与付印型版进行对照检查，是图书编校质量检查的最后一道工序。现在虽然采用CTP制版技术，可以将排好的书版转换为数字印版，直接上机印刷，省去了制版出胶片的过程，但是清样核红的工序仍不能忽略。

33. 核红要点。编辑在进行清样核红时，要注意检查以下15个容易被忽略的细节：

1) 清样核红，一定是将校对红样与印前清样对照比校。

2) 核封面、内封、版权页、封底的相关信息文字表达一致。

3) 核书眉内容是否正确。

4) 核目录与正文标题的文字内容、页码一致。

5) 核正文各级标题的字体、字号、占行一致。

6) 核校样中有文字增删引起版面改动的地方是否有漏字、漏行。

7) 核注释体例、内容、符号是否准确。

8) 核图表排序、位置、大小、说明是否正确。

9) 核封面、书眉等有拼音、外文对照的地方注音是否准确。

10) 核书稿的辅文、附录是否齐备。

11) 核成品开本规格、纸张克重是否准确。

12) 核印张拼合是否正确。

13) 核版权页相关信息是否齐全。

14) 核全书排版顺序是否正确。

15) 核发印单信息是否与上述信息一致。

34. 开发印单。在完成清样核红后，编辑须按规定开具发印单，根据装帧设计的要求，在发印单上标注清楚图书成品规格、纸张要求、印装顺序、装订工艺、印数、打包要求、交书时间、送货方式等。发印单是印制方印制安排的依据，编辑必须填写清楚。

35. 印制合同。图书印制合同是由出版方与图书印制方签订的关于图书印制业务的双务合同。合同规定了出版方与图书印制方的责任、权利和义务。图书委托印制有来料加工和包工包料两种方式。在出版单位，图书印制工作由出版部门管理，出版合同由相关部门签订。编辑参与签订的图书印制合同，主要是有特殊印制要求和装帧要求的图书。国家实行印刷经营许可制度，承印图书的单位要有印刷许可证，图书印制要到印刷管理行政部门办理相关的准印手续。

36. 印制监督。印制监督有四项任务：一是对选择印刷厂情况的知情。二是对印刷工价的了解。三是对印装质量的监督。四是对印刷周期的掌握。图书上市要选择合适的时间，这有利于图书的宣传推介，印制周期的掌握是重要的一环。

37. 样书检查。样书检查主要是检查样书的外观、材料、墨色、装订的质量，检查封面、内封、目录、序跋、正文、附件的排印顺序是否按发印单的要求完成。样书检查无误后，编辑须在样书上签署"检查无误，同意发行"的字样，印制方可凭此签字样书，将图书送入书库。至此，编辑加工阶段的工作完成，图书出版管理工作也告一段落。

38. 质量检查。图书质量包括内容、编校、设计、印制四个方面。其中关于编校质量规定，差错率不超过万分之一的图书，其编校质量属合格；差错率超过万分之一的图书，其编校质量属不合格。

（三）编辑后期的图书导读拓展

图书阅读导引是编辑工作的后续任务，此阶段的工作围绕图书阅读引导展开，主要解决图书出版后的发行宣传问题，并寻求选题拓展与创意的路径。图书阅读引导阶段由宣传推介、阅读引导、选题拓展三个环节构成。选题策划、编辑加工和阅读引导构成编辑出版创意的三个平台。图书阅读引导的过程，是激活编辑阅读拓展创意的过程。编辑在阅读引导过程中拓展图书出版资源，发现新选题更需要编辑的智慧。

39. 宣传推介。图书宣传推介是指编辑通过各种媒介，采用各种形式向读者传递特定的图书信息。宣传推介主要有出版新闻报道、书评书摘推介、新书发布会、作品研讨会、作者签名售书等形式。图书宣传推介是编辑工作不可或缺的部分，是图书阅读引导的前提和基础。虽然并不是每一本书都值得进行宣传推介，但是，编辑应该熟悉宣传推介的形式和手段。

40. 书评书摘。书评书摘也是图书宣传推介的一种手段。书评即介绍并评点书籍的文章。书评以书籍为对象，分析书籍的内容和形式，探讨作品的知识性、学术性、艺术性和思想性，是应用写作的一种重要文体。编辑应该是最好的书评撰稿人，因为他参与了图书出版活动的全过程，对选题的策划创意最清楚，对作者的创作思路最了解，对书稿的撰写信息最熟悉，对图书的出版过程最了然。在编辑工作流程中，编辑应做好编辑手记，为书评准备素材。书摘即是书籍内容摘要，是对书中精彩段落、精辟论点、精致语句进行摘录。运用书评书摘，可以在作者、读者和编辑之间构建信息交流的渠道。书评和书摘是阅读引导的一种形式。

41. 渠道推荐。渠道推荐是宣传推介的一种形式。渠道推荐指编辑对图书发行的建议。当下，图书发行渠道大致有书店包销、经销、寄销、定购、团购等几种方式。按图书出版工作流程规定，图书发行工作由出版社的发行部门负责。每家出版社每年都有成百上千种图书出版，尤其是综合性出版社，图书品种繁多，每一本书都有自己的特点，发行人员不可能对每本书的情况都清楚，而责任编辑最熟悉图书的内容，最了解本书的渠道资源，为搞好图书发行工作，编辑应与发行部门沟通，主动推荐发行渠道，协调相关工作。

42. 发行合同。图书发行方式主要有书店经销、个人包销、集体团购。为便于管理，按出版社规定，图书发行工作由发行部负责，发行合同由发行部签订，编辑部对外一般不签订发行合同。但由于目前作者方自费出书的情况增多，作者多采用包销的方式采购图书，编辑直接参与图书发行的情况也逐渐增多。编辑在签订图书出版发行合同时，要注意核算方式是码洋还是实洋，注明是否允许退货，同时，还要注意发行折扣的表达。

43. 阅读引导。阅读引导是指编辑通过策划选题、组织书稿、推出图书，帮助人们在知识上和思想上发生转变、固化、提高，使情感、态度、价值观内化于心、外化于行的社会认知行为。编辑在选题策划、论证组织、书稿加工、图书推介等四个方面都表现出阅读引导的责任。阅读引导不是通常所指的畅销书引导，而是通过阅读帮助人们在知识上和思想上发生转变或固化，使情感、态度、价值观内化于心，外化于行的认知和行为。阅读引导是编辑的主观行为，编辑阅读引导内在地具有目的性，编辑作为阅读引导者所希望的是产生或实现某种图书对读者心理、社会认知价值。从特定的图书主题出发的阅读引导内容，既可能在某一个方面有影响，也可能在多个方面发挥作用。阅读引导要注意两个方面：一方面，注重新知识、新方法、新信息是否形成对个体认知的结构性补差；另一方面，注重历史分析、对比分析、趋势分析，对个体已经具有的知识内容加以强化、校正和调整。阅读引导中的传播力、影响力、说服力和凝聚力是构成阅读引导力的四大要素。阅读引导预期效果的达成，是一种复杂的社会现象，需要编辑学会有效融合与贯通媒介，在编辑个体的传播行为中，激发与凝聚共识。阅读引导不仅是宣传思想工作的重要领域，更是国家文化建设中迫切需要加强的重要方面。编辑应该主动地承担阅读引导的职责。

44. 选题拓展。选题拓展顾名思义就是在当前的选题项目实现，图书出版后，如何利用选题实施的过程中发现的线索、经验和思路，开发出新的选题。选题拓展有两条路径：一条是用学科系统化的手段，把相关学科知识进行整合，形成关联的知识体系。另一条是用新技术新材料新方法，对传统传播媒介进行改造，整合为新的传播形式。在编辑工作流程中发现选题，拓展选题，是编辑的选题来源之一。如果编辑在成书后不能抓住要点、推出亮点，进行宣传推介、引导阅读，并从中发现新的出版线索，拓展新的选题，那么就只能是"等米下锅"，工作缺乏活力。

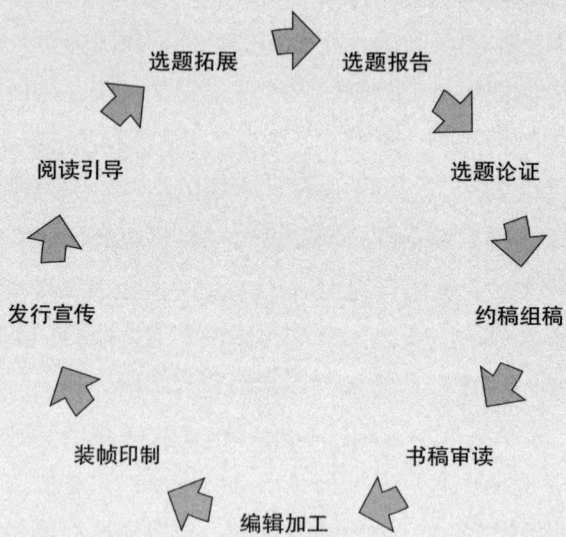

图 1. 编辑工作流程图

梳理编辑工作流程，实际上就是对编辑工作进行定位，明确编辑工作职责，明确编辑工作的要求，就明确了编辑的任务。

三、图书出版管理流程与编辑出版创意流程的差异

图书出版管理既是图书出版活动的重要部分，又是文化创意产业活动的重要内容，编辑出版工作兼具图书出版管理和编辑出版创意两种属性，编辑既是图书出版管理的具体执行人，同时又是编辑出版创意的组织实施者，一人而兼二任。编辑既可履行图书出版管理执行人的职责，也可做出版创意的实施者。图书出版管理与编辑出版创意都是在编辑出版工作流程中实现，两种经营管理模式表现出来的差异，就在于是否利用编辑工作流程中预留出来的编辑创意空间，两者的差异表现在以下七个方面。

1. 两者的工作流程相近，但是工作属性不同。图书出版管理是编辑的客观职业属性，按照工作的流程完成图书出版管理工作；编辑出版创意是编辑的主观能力属性，是编辑在图书出版活动中融入编辑的出版理念，创意地完成图书出版工作。编辑出版创意表现在选题策划实施创意、书稿优化美化创意和图书导读拓展创意等三个方面，选题策划实施是编辑创意的表达，书稿优化美化是编辑创意的呈现，图书导读拓展是编辑创意的深化。由图书出版工作的双重属性，进而形成了两种类型的编辑，即管理型编辑和创意型编辑。同一部书稿，经过两种不同类型的编辑加工，会出现不同的结

果。究其原因，是两种编辑的思维方式不同和编辑的工作理念差异，这是两类编辑的本质差异。

2. 两者的工作内容相同，但是追求目标不同。管理型编辑在图书出版管理环节追求管理有序化和效率最大化；创意型编辑也关注加强管理和讲求效率，但创意型编辑更注重通过编辑创意增加书稿附加值的基础上，在编辑出版工作流程中以创意提高效率，以创意提升效益。

3. 两者的工作阶段相同，但是时空概念不同。管理型编辑是历时性参与，编辑把自己视作图书出版流程中的一个环节，按图书生产经营管理环节的前后因果顺序分段管理，周而复始地只负责编辑加工和出版管理这一环节的工作；创意型编辑是共时性参与，编辑把自己视作流程中的主导，在图书出版活动中全时段存在，全过程参与，全流程负责，是图书出版活动全流程的主要参与者和引领人。

4. 两者的工作对象相同，但是加工的方式不同。管理型编辑对书稿采用同质化流水作业的编辑加工，创意型编辑对书稿采用差异化个性定制的精品打磨。随着作者创作的个性化和读者需求的多样化，在图书出版规模化的生产方式不断改进完善的同时，编辑个性化的创意模式又再度崛起。在创意增值性原则的规定下，编辑的个性化不是传统意义上小作坊的单打独斗，而是与外部社会密切联系的一个社会化单元，其产品更加个性化、定制化，各种创意的实现需要全流程的引导和多环节的合作。

5. 两者的工作性质相同，但是知识构成不同。编辑的职业要求知识面要宽，编辑以书为伴，编书看的东西多了，相对地掌握的信息也就会多一些，了解的知识就杂一些，由此有人称编辑是"万金油"，似乎什么都知道，什么都懂一点。其实，这只是表象。讲编辑的知识面宽有两种情况，管理型编辑的知识面宽是凭借浅而杂的知识点支撑，创意型编辑的知识面宽是依托专而博的知识簇支撑。两种不同的知识构成对书稿审读加工，对产品的内在质量提升就必然创造出不同的价值。凭借浅而杂的知识点支撑的编辑，似乎什么书都敢编，什么书都能编，所出版的图书种类博杂却不成系统。依托专而博的知识簇支持的编辑，会选择编自己喜欢的书，编自己专业的书，并且能通过自己的努力，用策划丛书、系列书的形式把自己擅长的学科专业知识点汇聚成专博的知识簇，会在边缘学科和交叉学科领域发现新的选题。知识面的专而博是实现编辑出版创意的基本条件。

6. 两者的观察对象相同，但是观察结果不同。管理型编辑的思维是机械的线性思维，认识事物的方式是点对点的循环往复；创意型编辑的思维是能动的网状思维，认识事物的方式是由简单到复杂的螺旋式上升。

7. 两者的工作平台相同，但是整合利用不同。管理型编辑凭借出版社的平台进行工作，程式化地完成任务；创意型编辑则是利用出版社的平台整合资源，创意性地全流程服务。

图书出版事业的进步和国家文化建设的发展，需要更多的出版创意型编辑。弄清楚两种编辑类型的差异，对了解图书出版活动中编辑的作用，明白编辑工作的性质，履行编辑工作的职责十分重要。对编辑出版工作的认识从图书出版管理性和编辑工作创意性这两个角度展开，既是重构编辑出版工作流程的理论基础，也是编辑出版工作流程的实践经验总结。在编辑出版工作的每一个环节都有编辑发挥创意的空间。

编辑出版创意情况如何，取决于编辑对自身的认知和对工作的投入。两种不同的意识取决于编辑的能力和素养，而不同的意识又决定了编辑潜质的开发和作用的拓展。编辑既要懂得经营管理，又要学会创意增值。其中，图书出版管理是显性的，而编辑出版创意是隐性的。在一般情况下，出版社编辑似乎只在做例行的书稿编辑加工，在完成编辑工作中的编辑优化，即业内所说的完成了案头编辑工作，也就完成了本职工作，这是对编辑工作狭隘的理解。

编辑学流程是对一个项目进行可行性分析、合理性实施、标准性验收的流程。编辑出版创意的过程，就是编辑在图书出版活动中留下自己的痕迹的过程。每一本有编辑创意的书，都浸润着编辑的汗水和智慧。

《亚鲁王书系》实施中的编辑流程

——编辑要做全媒体时代的引领人

在全媒体时代，内容生产流程再造，是传统出版社实施全媒体战略的关键，而内容生产流程再造的主体是出版社的编辑。以《亚鲁王书系》的编辑创意为例，说明全媒体时代编辑能够在策划、编撰、推介、拓展选题的生产流程中发挥编辑创意和出版引领作用，编辑要转变观念，转换思维，做全媒体时代的出版引领者。

全媒体时代是媒体动静结合、深浅互补、全时在线、即时传输、实时终端、交互联动的时代。刘奇葆部长提出，要"坚持技术为支撑，内容建设为根本"。内容生产流程再造，是传统出版社实施全媒体战略的关键，而内容生产流程再造的主体是出版社的编辑。全媒体时代呼唤编辑创意和出版引领人，作为内容生产流程再造的主体，编辑应该义不容辞地承担起编辑创意和出版引领的责任。

苗族英雄史诗《亚鲁王》有 1.2 万余行，它将苗族的创世史、迁徙史和发展史紧密融合、娓娓道来，是苗族文化的一部鸿篇巨制。贵州省紫云县在非物质文化遗产普查中，发现麻山地区苗族的一些歌师在丧葬仪式上演唱苗族英雄"亚鲁"的故事之后，《亚鲁王》迅速走上了一条不寻常的路：2009 年被列入中国民族文化的十大发现；2011 年被国务院批准列入第三批国家级非物质文化遗产名录。对于《亚鲁王》的横空出世，学界与媒体投入了非常高的关注度，有报道称其"发现和出版改写了苗族没有长篇英雄史诗的历史，是当代中国口头文学遗产抢救的重大成果"。

2011年，贵州人民出版社把整理苗族英雄史诗《亚鲁王》纳入出版计划。2012年10月，书系的《歌师秘档》被列入新闻出版总署发布的《国家"十二五"少数民族语言文字出版规划》，并获得2012年少数民族文字出版专项资金资助。2013年12月，贵州人民出版社出版的《亚鲁王书系》，获第三届中国出版政府奖图书奖提名奖。同年，入选新闻出版总署和国家民委2013年向全国推荐的100种优秀民族图书书目。贵州人民出版社以《亚鲁王书系》为蓝本编绘，策划出版苗汉双语漫画绘本《亚鲁王——少年王子》第一部5册，入围2013年中国"原动力"原创动漫扶持项目，2014年7月出版。2014年8月，我们又推出舞台剧本《亚鲁王传奇》，并拟逐步向动漫领域、影视领域拓展，做了一次多媒体出版引领的尝试，把获得的体会和心得与大家分享。

一、策划创意，从文本编译整理提升到文化生态观察

在我们知道苗族英雄史诗《亚鲁王》在紫云县被发现以前，中国民间文艺家协会已经参与调查整理史诗《亚鲁王》多时。获知信息后，我们认为，文化传承是编辑的重要社会职责，地方人民出版社如果在本地的重大民族文化项目整理出版上没有反应，不采取行动，那是一种失职。由于我们介入史诗《亚鲁王》的整理研究出版项目起步较晚，因为起步在别人的后面，如果沿用传统的思路对史诗进行整理肯定不行，于是，我们把出版目标定位为编出有自己特色的书。要编出有自己特色的书，就必须打破几十年来民族史诗整理的传统套路，转换视角，转变思路来整理探究民族史诗，另辟蹊径，趟出一条自己独有的道路。

苗族有语言而无本民族传统文字，千百年来，苗族英雄史诗《亚鲁王》的传承，是靠歌师们口耳相授，在非常神秘而又十分艰难的状态下，一代代传承下来的。我们决定以颂唱史诗的传承人为探究对象，做歌师们的口述实录。事实证明，从非物质文化遗产传承人的角度切入，这一步是走对了。在组织实施收集整理歌师口述实录的过程中我们发现，颂唱史诗的歌师与苗族英雄史诗《亚鲁王》是一对孪生子，他们是紧密联系在一起的，没有史诗的颂唱就没有歌师这一特殊的群体；没有歌师的颂唱，就没有史诗《亚鲁王》的千年流传。如果只整理史诗而对歌师没有说明，我们很难对史诗进行整体把握；如果只记录歌师的传承而没有史诗知识的铺垫，读者很难理解什么是歌师，为什么要记录研究歌师。同时，我们还发现，每一种文化都是在一定的社会生态环境中存活，社会生态环境的变化，也将引起文化发生变化或变异，要想全面准确地把握识读苗族英雄史诗《亚鲁王》，应该把史诗的颂唱和歌师的传承放在社会文化生态环境中去释读。整理研究史诗，应该以史诗为核心，从与史诗相关联的史诗流传地域、流传地域的生态环境、流传的族群、流传族群的生活方式、史诗的传承者、史诗传承的方式与场景、史诗流传过程中的变异表现等七个方面来进行观察。如果将这七个方面理解为支撑非物质文化遗产传承的七根柱子，我们的选题就是以这七根柱子为基础，搭建起释读苗族英雄史诗《亚鲁王》的观察平台。

我们拟定了整理史诗的选题思路，以苗族英雄史诗《亚鲁王》为核心，分别做三册书。一册名为《史诗颂译》，以苗汉双语的形式整理史诗文本，并收集记录史诗传承的变异情况；一册名为《歌师秘档》，以口述实录的形式对歌师的传承进行考察；一册名为《苗疆解码》，以图文书的形式介绍史诗传承区域的自然生态环境、社会生态环境和史诗传承族群的生活状态，归集与史诗相关联的文化生态信息。并确定总书名为《亚鲁王书系》。三册书互相说明、互相印证、互相支持，形成一个有机的整体，建构起史诗《亚鲁王》的探究模型。

对史诗进行社会文化生态的整体观察，客观地符合文化人类学的理念。这种观察视角，既改变了非物质文化遗产保护者整理史诗时，只注意观察史诗本身的非物质文化遗产特性，而对与史诗相关联的其他文化事相关注不够的现象，又避免了民间文化研究者从民间文艺作品创作欣赏的角度分析整理，而对史诗的社会文化历史价值探讨较少，利用有限的情况。用这种观察方法，我们整体地、全面地、系统地呈现给世界一个活态原生的《亚鲁王》。从对史诗进行文本编译整理，提升到对史诗进行文化生态观察探究，得力于出版人的策划创意和出版引领。

二、编撰创意，从文化生态观察提炼出"亚鲁文化"概念

做编辑的要发现选题并不难，难的是想好了选题思路，却找不到合适的人写书稿，或者找到人写出的书稿不适用；难的是发现选题或者策划选题后无法组织实施。命题作文要完成好并不容易。因为自己策划选题实现的难度较大，所以，一般编辑不愿意自己思考选题或策划选题。《亚鲁王书系》在完成选题策划，做好了书系的顶层设计后，如何使项目落地实施，也碰上了作者难寻的问题。

苗族的历史，大致与汉族同源同时。苗族文化是厚重的，厚重的文化却由于苗族有语言，无本民族传统文字，而汉文典籍记载的资料有限，展示不够。苗族内支系众多，不相统属，苗族传统文化研究者不多，苗族文化研究者专注于各自学科领域的探究，却很少进行跨学科的综合性讨论，研究成果多以碎片化状态呈现。苗族英雄史诗《亚鲁王》是一个才被发现的新东西，对苗族英雄史诗《亚鲁王》知道者寥寥，整理才刚刚开始，研究尚未起步。诸多原因，导致《苗疆解码》一册的构思有了，但是，这个问题过去基本上没有人涉及，无人愿意接手。我们闯进了一个新领域，却碰上了出版策划的老问题，找到的研究者撰写出的文稿不能尽如编辑创意，而另找作者也会碰上类似的难题。我在拜访约请北京大学乐黛云教授为《亚鲁王书系》作序时，谈到对《亚鲁王书系》的构想，谈及约稿的苦恼，她说："你对全书结构都考虑得如此细致了，那就自己来动手写呗。"乐黛云教授的提醒，帮助我打开了组建编写队伍的思路，我从出版社中挑选青年编辑组成团队，边讲边学边干，承担起《苗疆解码》的撰文配图工作。由于多年来关注贵州民族文化的探究，并编辑出版过大量的贵州民族文化类图书，对苗族文化有较多的接触了解，有较多的经验积累和较厚的知识积淀，我带领团队克服各种困难，圆满地完成了《苗疆解码》的撰文配图任务。

　　在诠释解读苗族英雄史诗《亚鲁王》在苗疆相传千年的自然生态、社会生态、文化生态之密码的同时，《苗疆解码》一书还承担着一项重要任务，就是确证史诗为苗族活态原真。只有在论证史诗《亚鲁王》为苗族特有此基础上，对于史诗《亚鲁王》进行的各种研究才有可能展开，史诗《亚鲁王》的民族学、社会学、历史学、文化学价值才有可能得以实现。我们用文化人类学"文化是联系"的思维引导，从苗族的各种表意文化事相中去寻找与亚鲁王关联的蛛丝马迹，发现亚鲁王故事在苗族服饰纹样、节庆歌舞、祭祀轨仪等表意文化事相中广泛存在着，并由此确证了史诗《亚鲁王》是苗族原生特有。我们以文化人类学"文化是整合"的观念指导，以史诗《亚鲁王》为线索，去黏合碎片化呈现的苗族各种表意文化事相中亚鲁王故事的关联点时，发现史诗《亚鲁王》与各种表意文化形式一起，共同构成了以亚鲁王故事为核心，以苗族迁徙史、征战史、创业史为主要内容，以涵盖苗族社会生活各方面知识为主题的苗族传统文化。这个贯连古今、体系完整、历史久远、博大精深、价值重要的传统文化，已成为苗族族群记忆、族群表达、族群特有、族群共享，对当今的苗族社会生活仍然有着重要影响的文化，我们认为可以将这种文化称为"亚鲁文化"。由此，贵州社会科学院院长吴大华教授认为：《亚鲁王书系》有可能促成一门新的学科——"亚鲁学"的生成。跨学科思维引发认识实践突破和学术成果裂变，得利于出版人的编写创意和出版引领。

三、拓展创意，从史诗整理保护推进到多形态开发

宣传推介导读是图书出版后梳理思路、廓清方向的工作。图书宣传推介导读是一门学问，图书新闻发布是宣传推介最便捷的渠道，图书评论、编后、读后等多种文章形式是主要手段，由图书出版引发专业学科探究和编辑出版理论探讨的话题则是更进一步的导读。《亚鲁王书系》出版后，我们改变了单一的宣传方式，采用多手段的推进，宣传推介增添了学术性思考。从新闻到书评到论文，编辑在写书评时参照了论文写作的思路，在论文撰写时又参照了书评的要求，形式多样，既宣传了图书，也提升了编辑自己。从图书编辑的经验中探讨学术论文的撰写，说明编辑策划创意理性思维的深化和出版引领主体意识的升华。编辑是《亚鲁王书系》策划编撰出版全过程的直接参与者，熟悉选题实施的全过程，了解《亚鲁王书系》的特点亮点，能够发挥，能够提升，能够拓展。《亚鲁王书系》出版后，从新闻报道切入，各种书评跟进，我们围绕《亚鲁王书系》探究民族学问题的论文和基于《亚鲁王书系》思考编辑学问题已发表文章十余篇。宣传推介工作不仅仅是对上一阶段工作的小结，更是对下一阶段工作的准备和启动。我们审视和梳理后发现，亚鲁王故事有很大的开发拓展的空间，探索出可以进一步开发《亚鲁王书系》的三条路径：其一，"亚鲁文化"的学术研究路径。从史诗文本整理提升到对社会文化生态观察，从论证史诗"亚鲁王"为真到提炼出"亚鲁文化"，《亚鲁王书系》为一门学科的开创奠基，以《亚鲁王书系》为基础，组织开展"亚鲁文化"研究，为下一步的学术研究著作出版准备条件，并向"亚鲁学"方向努力，形成系列学术成果出版的路径。其二，"亚鲁王系列"的多样式创作路径。随着对文化分层阅读的认识深化，以《亚鲁王书系》为蓝本，进行二度改编创作，形成分层阅读的多样式图书。史诗《亚鲁王》主题突出，故事情节生动，起伏跌宕；人物形象饱满，个性典型；文明冲突碰撞，富于启迪，集社会发展史、成长史、创业史、迁徙史于一体，是具有唯一性、母体性、衍生性的宏大叙事的民族文化题材。对《亚鲁王》多层释读与多元化开发，可以在民族口传活态文化元典整理的基础上，形成动漫作品、长篇民族历史小说、英雄传奇故事、历史舞台剧、民族歌舞剧、电视连续剧等创作和网络游戏创意，全媒体铺开，多层次展示的路径。其三，"亚鲁王"系列的编辑学思考路径。以《亚鲁王书系》编辑出版为案例，开展全媒体时代编辑出版工作思路的探索，可以从策划实施、撰文配图、编辑加工、装帧制作、宣传推介、经营管理、多媒体拓展等方面形成系列编辑学研究成果，指导和带动编辑出版工作。把对史诗的文本整理保护推进到对史诗进行多元化开发、多层次利用，得益于出版人的探究引领。

四、转变思维，编辑才能做好全媒体时代的出版引领人

全媒体时代，出版是由内容转为载体的重要环节，出版人具有得天独厚的条件，资源厚重，经验丰富，活动面宽，应该做引领者。出版人具有对选题选择判断的独特眼光，熟悉市场，了解读者，把握内容，能够做引领者。编辑要做好出版引领，必须转换视角，转变观念，转换思维。

编辑要有大出版思维。编辑必须以编辑工作为中心，把坚守阵地与扩大两翼结合，才能发现并策划好选题。延长生产线，强化产业链。要改变等书稿的状况，学会主动出击，前期主动介入选题策划，引领选题策划；中期要做好书稿的编辑加工，提炼提升；后期要积极参与图书推介宣传，进而发现新题材，开发新产品。民族文化的整理、保护、传承，需要对原有文本进行创造性转化，创新性发展。编辑承担着传承、弘扬民族文化的使命，出版引领就是使命的落实。

编辑要有跨学科思维。跨学科思维是编辑的优势。一般的人认为，编辑是编别人的书，没有专业学科，是"万金油"，这是外界对编辑的认识偏差。从事编辑工作，决定了编辑最少要具备两个以上学科的专业知识，即编辑既要熟悉所编书稿的专业知识，又要掌握出版的专业知识；编辑既要有编辑学科的思维，又要有专业学科的思维，还要有经营管理的思维。发现一个好题材，策划一个好选题，编辑出版好一本书，其工作难度不亚于专业研究创作。跨学科思维有利于发挥编辑的职业优势，帮助选择判断；有利于在交叉学科、边缘学科上发现选题，参与选题，做好选题。编辑要会组织作者，需要时自己也能够上阵，因为自己策划的选题，核心部分，只有自己才最了解熟悉。编辑要引领出版，必须自身有较高的视野，较强的理论水平，较强的编辑功力。编辑提升素养、参与探究、引导探索就是提高素养、提升能力的重要路径。

编辑要有全媒体思维。编辑发现一个题材，不能囿于专业分工，只琢磨如何做好出版，而是要学会采取多视角的观察探究、策划多元化的开发拓展、思考多媒体的协作运行、运用多手段的经营管理题材。"只要借助新媒体的力量，任何一家媒体机构都可以进行多介质运作，变原有的单一内容生产为多媒体化内容生产，走传统媒体与新媒体的融合之路，从而在全媒体时代立于不败之地。"对同一主题进行多层次释读，多形态呈现。围绕主题，多媒体同时介入展开，引导精品生产，打造多形态、多层次精品丛，形成多种媒体精品簇拥主题，烘托主题，扩大影响。

出版人的社会职能改变，必然引发编辑的思维模式转换，必将导致编辑的社会形象改观。编辑的大出版理念、跨学科思维、全媒体策划、跨行业运作的模式形成，必将奠定编辑在全媒体时代的编辑创意人和出版引领者地位。

⊙ **思考**

为什么要重构编辑工作流程？

《他们为什么选择中国共产党》

贵州人民出版社　2014 年出版

第二章　主流意识是编辑的基本政治意识

关 键 词：编辑政治学；政治意识；主流意识；编辑行为

学习目标：编辑的政治意识和政治行为受主流意识的约束。

编辑是一种为大众文化传播构筑通道，为学术文化推介搭建平台，为民族文化传承提供支持，为国外文化引进选择把关，为国家文化建设忠诚服务的事业。图书出版是国家文化建设的一个重要组成部分，图书出版活动的社会属性决定了图书编辑的政治属性，主流意识是编辑应该遵循的基本政治原则。

一、编辑出版活动是一种政治活动

1. 编辑出版活动是一项政治活动。政治是指上层建筑领域中各种特定关系群体为维护自身利益而采取的特定行为。政治是以经济为基础的上层建筑，是经济的集中表现，是以政治权力为核心展开的各种社会活动和社会关系的总和。政治是一种重要的社会现象，是上层建筑领域中各种权力主体为维护自身利益而采取的特定行为，以及由此结成的特定关系。政治有两重含义，一是指对社会进行治理的行为，一是指维护统治的行为。政治对社会生活各个方面都有重大影响，是牵动社会成员的利益，支配社会成员行为的一种力量。意识形态工作是维护统治地位的一项极为重要的工作，思想宣传工作是政治活动的重要手段。广泛进行思想宣传工作是政治活动的特点。

2. 大众传播媒体是政治的工具。政治思想和政治活动需要媒介传播，出版是政治思想传播的一种重要媒介。图书是政治的产物，也是政治的表现，图书出版的政治属性决定并影响着图书的社会属性。在社会政治活动中，图书的社会教育性、社会调适性和社会导向性等功能有突出的政治作用。编辑出版活动是一种为国家政治宣传和为国家文化建设服务的政治活动。

3. 编辑的政治性。编辑是图书出版活动的执行者，编辑在实施文化知识传播、文化传承和文化建设的过程中发挥着重要的影响。编辑的政治观点和政治行为直接影响图书出版活动的进程，影响选题决策，影响书稿加工，也直接影响思想宣传工作。在建设中国特色社会主义文化的条件下，编辑的责任是策划符合人民利益、符合国家意志的图书选题并推动其实施。编辑的政治性要求编辑具有良好的政治素质，能够正确认识大众传播媒介的政治属性，能够履行思想宣传和文化建设的政治责任。

政治素质。政治素质是指人们在社会生活中判断和处理政治问题的态度和能力。政治素质是社会生活中个人的政治态度、政治立场、政治理想、政治信念等方面情况的综合体现。政治素质是人们在长期的社会政治生活中形成的，是政治意识和政治行为二者的统一，是个人的内在品质。

编辑的政治素质。编辑的政治素质是编辑的文化价值观和文化建设观的基础。具有良好政治素质的编辑，在选题策划、编辑加工、阅读导引等环节中，就能表现出政治敏锐性、政治鉴别力和政治洞察力，也即是我们常说的具有较强的政治意识。

编辑的政治意识。政治意识包括了人们的政治思想、政治认知、政治信仰和政治态度，主要指人们在判断和处理问题时表现出的政治观点和政治态度。编辑的政治意识表现在编辑对选题的判断和对书稿的处理上。编辑工作的政治性要求编辑在选题策划、编辑加工和阅读导引各个环节中，始终坚持正确的政治方向、政治立场、政治观点、政治纪律。政治意识是政治素质的外在表现，与政治责任有紧密的联系。

编辑的政治责任。政治责任是指人们在政治生活中应该承担的责任。政治责任与人们在政治生活中扮演的角色相联系。编辑的政治责任是指编辑对所策划的选题、组织的书稿、审读的作品、推出的图书应承担的政治责任。编辑要对图书的政治性问题把关，在担任责任编辑的图书中，不能出现政治性错误。所谓政治性错误是指个人的行为与发表的言论违背了统治阶级的意志。编辑工作中的政治性错误，一般是指在国家性质、国家信念、国家价值观等问题上不能与政权保持一致而导致的错误。编辑在贯彻落实党和国家的方针政策、领土主权和对外关系、民族和宗教问题、国家安全及保密事项、对历史人物和历史事件的评价、思想道德与理想信念、社会敏感问题和热点问题等方面，要特别提高政治敏锐性。编辑具备较强的政治意识才能够较好地履行政治责任，充满责任心，这样才能有效避免出现政治性错误。

4. 编辑的事业观。事业观是人们在世界观、人生观、价值观的基础上形成的对于事业目的和意义的根本看法和态度，主要通过事业目的、事业态度、事业价值三个部分体现出来。事业观决定事业从业者是以什么样的事业目的，用什么样的事业态度，选择什么样的价值标准，走什么样的事业道路。事业观决定了事业从业者的个人事业发展方向。对编辑而言，事业观就是编辑观，就是编辑的目的、编辑的态度和编辑的价值观。

编辑的职业理念。编辑职业流程是一种职责规范，编辑职业道德是一种行为规范，流程与道德的统一，就形成一种理念。编辑的实践活动是创造价值的活动，源自于编辑对自然与社会的探索，编辑对世界意义的探索，这种探索也包含着对人的价值意义的探索。编辑的实践活动是编辑理念形成的探索过程，理念为体，规范为用。编辑的超越性在于，编辑虽然依赖外部需求而生存，但这种生存不是完全被动的，编辑的生存条件也可以由他自己来创造。

编辑的工作意境。编辑的工作意境表现在工作态度上，编辑的工作态度有三种：一种是凭借编辑的经验办事，能熟练地完成编辑工作流程；一种是有编辑的理念指导，将职业规范与职业道德有机融合；还有一种是有编辑的文化担当。建设有中国特色的社会主义文化，编辑承担着相应的政治责任，这个政治责任就是对中国特色社会主义文化道路的选择和坚持。

编辑的文化担当。编辑是一种职业，在商品经济社会，职业通常指从事具有一定专长的社会性工作，编辑职业是社会分工的产物。编辑更是一项事业。所谓事业，指人们所从事的活动是具有特定目标和一定规模，对社会发展有一定影响的经常性活动。图书出版活动是国家文化建设事业的重要组成部分，编辑是图书出版活动的主体，是文化事业的建设者。作为编辑职业的从业人，编辑可以只考虑职业是否符合自己的性格、能力、专业、兴趣和价值观等个人资源需求。作为文化建设事业的从业者，编辑不仅要考虑职业是否符合自己的性格、能力、专业、兴趣和价值观等个人资源需求，更需要考虑事业的建设和发展，并形成自己的事业观。编辑的政治责任还表现在文化传承中的文化担当，文化担当是编辑的职业要求。编辑的文化担当就是以编辑经验为用，以编辑理念为体，以编辑精神为道。

二、主流意识是编辑的基本政治意识

1. 编辑的政治意识。意识是人脑对客观事物的反映，是人们对事物的理解和认知，是观念、思想、价值等要素的总和。意识不是人脑中固有的，而是源于客观存在。人的意识受思维能力、环境条件、信息译读、价值取向等因素影响。人们的意识不同，对同一种事物的理解和认知不同，行为也就各异。政治意识是经济基础在意识形态领域的反映，是一定社会政治活动在意识形态领域的反映。编辑的政治意识，一般来说就是社会主流意识的反映。

2. 主流意识。主流意识是指在社会生活中主流社会、主流群体对社会生活的理想信念、价值理念、道德观念的理解和认知。主流意识是由社会经济基础决定，在一定时期内占主导地位，为占统治地位的政治制度和经济制度服务的社会意识，包括占统治地位的政治思想、道德伦理、审美态度、法律意识和哲学观点，代表主流社会的利益，影响主流大众的行为。

3. 主流意识的特征。主流意识具有主导性、基础性、传统性、时代性、融合性、渗透性等六个基本特征。

主流意识的主导性。主流意识是社会生活中具有主导性的意识，表现在对社会生活的统领上，主流意识决定社会前进的方向和文化发展的道路。主流意识为社会的发展进步提供有力的理论指导、精神动力和舆论支撑，并通过其强大的引导力、影响力和凝聚力，促进社会变革，推动社会发展。社会生活中的所有意识都从属于、受制于主流意识，因此，统治阶级都会强调牢牢掌握意识形态领导权，掌握主流意识的话语权。

主流意识的基础性。主流意识是社会生活中具有基础性的意识，表现在主流意识中的理想信念、价值理念、道德观念是社会基本态度的凝练，人们都以主流意识为社会行为的指导性意识，以主流意识为社会行为的评判性意识。主流意识对社会生活具有强大的凝聚力，它体现并传播社会主流价值观，具有高度融合力、强大传播力和广泛认同度。主流意识作为社会绝大多数成员普遍认同的思想支柱，维系社会的稳定。

主流意识的传统性。主流意识是社会生活中具有传统性的意识，主流意识的传统性表现在民族传统意识在主流意识中地位的相对稳定性。它代表民族文化的主流，表现民族精神的主题。主流意识来源于民族文化传统，又不断地丰富和发展民族文化。中国独特的文化传统、独特的历史命运、独特的基本国情，注定了我们要走适合自己发展的道路。

主流意识的时代性。主流意识是社会生活中具有时代性的意识，主流意识的时代性表现在思想观念的不断创新引领上。中国特色社会主义思想渊源于中华传统文化，又植根于有中国特色的社会主义实践，具有鲜明的时代特点；它反映我国社会主义经济和政治的基本特征，又对经济和政治的发展起巨大促进作用。随着社会的发展，主流意识只有不断地创新和发展，才能得到社会的普遍认同，才能保持在意识形态领域的主导权和话语权。文明是社会进步的重要标志，面向现代化、面向世界、面向未来是时代性的要求。

主流意识的融合性。主流意识是社会生活中具有融合性的意识，表现在主流意识保持优秀传统文化的基础上，对各种先进思想、观念、意识的开放性接纳，对各种优秀文化的包容兼蓄性借鉴。

主流意识的渗透性。主流意识是社会生活中具有渗透性的意识，主流意识的渗透性表现在对社会生活的融入性。主流意识对人们社会生活的影响是全方位的，是广泛存在的，它随着统治阶级运用舆论宣传工具广泛宣传，并以多形式展开而深入人心。把握主流意识的六个特征是帮助编辑判断选题和审改书稿的一组重要参照系数。编辑应该，而且也必须以主流意识作为最基本的政治意识。

4. 主流意识是编辑最基本的政治意识。一个社会，无论价值如何多元和文化如何多样，都必须有占主导地位的核心价值。在我国，中国共产党的领导是中国特色社会主义最本质的特征。占主导地位的价值观是社会主义核心价值观。迈步进入新时代，走中国特色社会主义道路，培育和践行社会主义核心价值观是中国社会生活的主流意识。我们必须明确，坚持和发展中国特色社会主义，总任务是实现社会主义现代化和中华民族伟大复兴，在全面建成小康社会的基础上，分两步走，在 21 世纪中叶建成富强、民主、文明和谐美丽的社会主义现代化强国。明确新时代我国社会主要矛盾是人民日益增长的美好生活需要和不平衡不充分的发展之间的矛盾，必须坚持以人民为中心的发展思想，不断促进人的全面发展、全体人民共同富裕。明确中国特色社会主义事业总体布局是"五位一体"、战略布局是"四个全面"，强调坚定道路自信、理论自信、制度自信、文化自信；文化自信是一个国家、一个民族发展中更基本、更深沉、更持久的力量。明确中国特色社会主义最本质的特征是中国共产党领导。新时代中国特色社会主义思想，是对马克思列宁主义、毛泽东思想、邓小平理论、"三个代表"重要思想、科学发展观的继承和发展，是马克思主义中国化最新成果，是党和人民实践经验和集体智慧的结晶，是中国特色社会主义理论体系的重要组成部分，是全党全国人民为实现中华民族伟大复兴而奋斗的行动指南，必须长期坚持并不断发展。编辑要深刻领会新时代中国特色社会主义思想的精神实质和丰富内涵，在各项工作中全面准确贯彻落实。

5. 主流意识需要用各种形式来表达。主流文化以主流意识为支撑，在文化竞争中逐渐形成，在文化竞争中不断丰富和发展，主流意识借助主流文化传递给大众，主流文化则依托主流意识支持而发展。主流文化是主流社会精神活动与文化产品的总和，图书出版是主流文化传播的重要载体，是主流意识物化产品的表现形式之一，是国家文化建设的重要组成部分。主流意识对编辑的影响。

主流意识对于编辑的文化价值观和文化建设观的确立意义重大。对于编辑而言，选择表达主流意识、符合公共利益、满足读者需要的图书选题，并推动这些选题的落实执行，编辑的政治行为始终围绕这一目的，并且要以此目的为评价的依据。坚持主流意识，必须增强政治意识、大局意识、核心意识、看齐意识。坚持主流意识，必须认识新时代中国特色社会主义思想，是中国共产党人结合时代条件和实践要求，通过艰辛探索，取得的重大理论创新成果。坚持主流意识，必须坚持马克思主义，牢固树立共产主义远大理想和中国特色社会主义共同理想，培育和践行社会主义核心价值观，推动中华优秀传统文化创造性转化、创新性发展，继承革命文化，发展社会主义先进文化，不忘本来、吸收外来、面向未来，更好构筑中国精神、中国价值、中国力量，为人民提供精神指引。社会主义核心价值观是社会主义核心价值体系的内核，体现社会主义核心价值体系的根本性质和基本特征，反映社会主义核心价值体系的丰富内涵和实践要求，是社会主义核心价值体系的高度凝练和集中表达。习近平同志在党的十九大报告中指出，要培育和践行社会主义核心价值观。要以培养担当民族复兴大任的时代新人为着眼点，强化教育引导、实践养成、制度保障，发挥社会主义核心价值观对国民教育、精神文明创建、精神文化产品创作生产传播的引领作用，把社会主义核心价值观融入社会发展各方面，转化为人们的情感认同和行为习惯。

三、编辑的行为受主流意识的约束

1. 编辑的政治行为。编辑政治学研究图书出版活动中编辑的政治行为。政治行为是人类行为组成部分，是人与社会政治环境相互作用的结果。当人们与社会政治环境发生关系，介入社会的政治生活时，他们的所作所为便具有政治属性，这种行为就是政治行为。政治行为包括人们在政治活动中表现出的政治思想、政治态度、政治价值观等等。社会政治活动关系到社会群体和国家的重大利益，所以人的政治行为必然受到严格的约束。所有国家都以法律的形式对人们的政治行为做出明确的规定。

编辑的政治行为主要是指编辑在出版活动中的行为。编辑行为是一种政治行为，是编辑政治意识的表现。图书出版是主流意识传播和主流文化展示的重要阵地，编辑活动是一种政治思想传播活动，编辑行为一般来说就是政治行为。编辑的政治行为主要是在履行编辑工作职责时表现出来的政治意识，也即是编辑处理各种选题和书稿时的态度。政治的本质就是规范化的社会管理，编辑出版活动既是思想宣传的重要传播媒介，也是对文化思想传播进行规范化社会管理的一种手段，编辑的行为受主流意识的约束。

2. 编辑的行为受主流意识约束。主流意识是大众文化传播的导向意识，学术文化展示的推介意识，是民族文化传承的整理意识，是国外文化引入的筛选意识，是国家文化建设要把握的基本意识。编辑要用主流意识指导选题策划，用主流意识要求审改书稿，用主流意识表达引导阅读。

主流意识是大众文化传播的导向意识。主流意识是大众文化传播的导向意识表现在选题策划、书稿审改和阅读引导上，就是作品必须符合主流意识的规定性。编辑在大众文化类图书出版时要注意社会导向问题。大众文化类出版物，指服务于大众文化的知识和信息的图书。包括知识传播类图书和休闲娱乐类图书，向人们传播科学知识、生活常识和相关信息，生活常识、科普知识、休闲娱乐、陶冶情操等等，都属于大众文化类出版物的范围，编辑坚持用主流意识对大众文化的传播进行正能量的引导。大众文化出版物是群众性精神文明创建活动的载体，要推进社会公德、职业道德、家庭美德、个人品德建设，激励人们向上向善、孝老爱亲，忠于祖国、忠于人民。推进诚信建设，强化社会责任意识、规则意识、奉献意识。大众文化出版物是普及科学知识的载体，要配合开展移风易俗、弘扬时代新风行动，抵制腐朽落后文化侵蚀。把人民对美好生活的向往作为奋斗目标，依靠人民创造历史伟业是当下主流意识的一种表达，编辑要把握作品的立意符合主流意识，要把握作品的主题紧扣时代脉络，要把握作品的形式能为人民大众接受，要把握作品的情感、态度、价值观能引起读者的共鸣。知识传递的过程，就是将思想意识内化为阅读者个体品质的过程。编辑要坚持把社会效益放在首位，树立正确的历史观、民族观、国家观、文化观，自觉讲品位、讲格调、讲责任，加强道德品质修养，抵制低俗庸俗媚俗，用健康向上的作品和做人处事的规范陶冶情操、启迪心智、引领风尚。

主流意识是学术文化展示的推介意识。主流意识是学术文化展示的推介意识，必须体现主流社会的要求，反映主流意识形态，把握社会发展方向，具有权威性、前沿性和前瞻性。学术交流类图书，指服务于学术研究的知识和信息，包括学科专业知识、学术论著、学术科研成果、国外学术成果等等图书，编辑要用主流意识指导对学术成果的价值进行判断。学术成果类图书出版要注意把握学术倾向与主流意识的关系问题。学术文化出版物的审改要注意学术导向，落实意识形态工作责任，注意区分政治原则问题、思想认识问题、学术观点问题，旗帜鲜明反对和抵制各种错误观点。

主流意识是传统文化的整理意识。中华优秀传统文化积淀着中华民族最深沉的精神追求，包含着中华民族最根本的精神基因，代表着中华民族独特的精神标识，是中华民族生生不息、发展壮大的丰厚滋养。文化传承类图书，是指历史典籍中具有文化积累、文化传承和文化建设价值的图书，包括中华优秀传统文化整理、少数民族文字文化整理、各种传统工艺技术整理、国家典章制度整理等方面内容的图书。古籍整理和少数民族文字文化整理是文化传承类图书的重点。文化传承类图书是保存传统文化、建设精神文明的重要条件。对传统文化采取实事求是的科学态度，取其精华，弃其糟粕，使传统文化的精华更充分地融入中国现代文化之中，编辑要在主流意识指导下对传统文化进行批判与继承。编辑对传统文化传承类图书整理要注意与时代主题的关系问题，出版要发挥优秀传统文化怡情养志、涵育文明的重要作用，加强对优秀传统文化思想价值的挖掘，梳理和萃取中华文化中的思想精华，做出通俗易懂的当代表达，赋予新的时代内涵，使之与中国特色社会主义相适应，让优秀传统文化在新的时代条件下不断发扬光大。出版的一项重要工作，就是围绕树立社会主义核心价值观，把中华优秀传统文化全方位融入思想道德教育、文化知识教育、艺术体育教育、社会实践教育各环节。传统文化出版物要深入挖掘中华优秀传统文化蕴含的思想观念、人文精神、道德规范，结合时代要求继承创新，让中华传统文化展现出永久魅力和时代风采。

主流意识是外来文化引进的选择意识。编辑在处理文化引进类图书时要注意处理好外来文化与中国特色社会主义建设的关系问题。文化引进类图书，指引进介绍世界上各个国家和各个民族优秀文化成果的图书。中国文化建设与外来文化之间有着密切而复杂的关系，中国社会和中国文化建设离不开外来文化，国外高度发达的科学技术、先进的管理思想和管理理论有许多值得学习和借鉴之处。对外来文化应采取科学的态度，取其精华，弃其糟粕，以我为主，洋为中用。没有文化的引领，没有民族精神的支撑，一个国家、一个民族不可能屹立于世界民族之林。当然，吸取外来文化的精华也要与中国实际相结合，而不能生搬硬套。世界上各民族文化是该民族生存、繁荣与发展的精神支撑和动力，是世界上各民族人民对自己漫长的社会实践和理论探索的总结，是人类文明发展的共同文化成果和精神财富。要把握作品的内容符合中国国情。我们引进、借鉴和吸收世界各民族的优秀文化成果，主要包括一切有利于加强我国社会主义建设的有益经验、一切有利于丰富我国人民生活的积极内容、一切有利于发展我国经济建设和文化建设的经营理念和管理机制。编辑对文化引进类图书的选择要符合中国的国情，通过引讲、借鉴和吸收全世界各民族的优秀文化，丰富和发展中华民族文化，从而增强中华文化的软实力和竞争力。

在引入世界各民族优秀文化的同时，编辑还有一个职责，就是要参与推动中华文化走出去。编辑在选择引进外来文化的同时，要思考中华文化走出去的内容与形式，这是一个问题的两个方面。中华文化的涵盖面十分广泛，外国人了解中华文化是有差异、有局限的，中华文化走出去的方式应该是多种多样的，中华文化走出去应该以外国人喜闻乐见的形式，应该选择外国人容易接受的内容。近代以来，与在世界居强势地位的西方文化相比，中华文化处于相对弱势。随着经济的发展，中国成为世界新兴大国，加强文化建设，提升中国文化在世界的影响力变得更加迫切，要用发展的眼光去正确认识和把握中国国情。文化建设要应对这种变化，并对这种变化提供及时有效的智力支持，图书出版是智力支持的重要形式。

3. 编辑必须具备主流意识。文化是一个国家、一个民族的灵魂。中国特色社会主义文化，源自中华民族五千多年文明历史所孕育的中华优秀传统文化，熔铸于党领导人民在革命、建设、改革中创造的革命文化和社会主义先进文化，植根于中国特色社会主义伟大实践。发展中国特色社会主义文化，就是以马克思主义为指导，坚守中华文化立场，立足当代中国现实，结合当今时代条件，发展面向现代化、面向世界、面向未来的，民族的科学的大众的社会主义文化，推动社会主义精神文明和物质文明协调发展。

有中国特色社会主义的文化建设，是凝聚和激励全国各族人民的重要力量，是综合国力的重要标志，它反映我国社会主义经济和政治的基本特征，又对经济和政治的发展起巨大促进作用。编辑工作必须服务于国家文化建设，文化建设观是编辑的基本价值观，编辑要以建设的眼光选择选题。编辑出版工作要坚持为人民服务、为社会主义服务，坚持百花齐放、百家争鸣，坚持创造性转化、创新性发展，弘扬主旋律，传递正能量。图书要面对主流受众市场，运用主流表现方式，表达主流意识内容，体现主流道德观念，引导主流生活方式。

4. 编辑的政治性表现在主流意识的实践性。编辑面对包罗万象的选题，主流意识的实践性贯穿于编辑工作的全流程。编辑对国家文化建设负有出版的政治责任，编辑的意识受主流意识的约束，编辑的行为受国家法律和出版法规的约束。主流意识对编辑行为的约束主要表现在选题策划、书稿审稿和阅读引导等三个方面。编辑在选题策划、书稿审改、阅读引导中要坚持主流意识的指导。

编辑选题策划要重视主流意识的导向。选题策划是出版的源头，从出版源头起，就要重视主流意识的表达。选题论证是出版的一道重要程序，具有重要的导向作用，选题的指导思想决定出版物的价值，选题论证最重要的内容就是论证选题是否符合主流意识。主题出版是主流意识的要求。

编辑审改书稿要符合主流意识的要求。编辑在审改书稿时要做到，大众文化通俗易懂，学术文化观点正确，传统文化去粗取精，外来文化去伪存真，文化建设增砖添瓦。出版单位的出版物中，有不符合国家文化建设要求，不符合主流意识表达情况的，出版单位将受到行政处罚。重大选题备案制度是中国出版行政管理制度之一，是主流意识在图书出版领域的一种表达。重大选题备案制度规定，对涉及国家安全、社会安定等方面内容，会对国家的政治、经济、社会、文化、军事、外交等产生重大影响的选题，出版单位须将选题名称、稿件内容随同备案申请报告先提交所在地省级出版行政主管部门审批后，报国家新闻出版总署备案；根据备案答复，安排出版或取消选题。未经备案而出版属于重大选题范围的出版物，出版单位将受到行政处罚。

　　编辑阅读引导要符合主流意识的表达。对编辑来说，阅读引导是个老话题，编辑承担着阅读引导的责任。阅读引导是贯彻落实主流意识的方式，阅读引导更是创造性转化和创新性发展的路径。强化编辑阅读引导的职能，发挥社会主义核心价值观对国民教育、精神文明创建、精神文化产品创作生产传播的引领作用，把社会主义核心价值观融入图书选题的各方面，转化为人们的情感认同和行为习惯。编辑阅读引导，不是通常所指的畅销书阅读引导，而是编辑在出版活动中用主流意识指导进行的阅读引导。编辑阅读引导表面出用主流意识引导、用系统知识引导、用选题转化引导等三个特点。

　　用主流意识引导阅读。编辑用主流意识引导阅读，主要表现在编辑必须始终坚持用主流意识指导策划选题、审改书稿、阅读引导，这是编辑的基本原则，也是阅读引导的基本要求。阅读是帮助人们在知识上和思想上发生转变或固化，使知识、情感、态度、价值观内化于心、外化于行的社会认知行为，编辑要研究阅读引导者和被引导者之间的知识传递和思想传播的关系，研究引导者预期诉求和被引导者认知结果的关系，并从中找到引导者和被引导者之间的阅读关联。阅读作用于人的思想认识过程，是一个渐进的、变化的过程，阅读引导涉及人的知识、情感、态度、价值观等各个方面。主流意识是出版导向的基本政治原则，从根本上来说，编辑在选题论证实施、书稿编辑加工、图书宣传引导的编辑流程中，始终贯穿着促进读者形成和固化社会共同体的主流价值观，最终实现社会和谐进步的目的。

用系统知识引导阅读。编辑用系统知识引导阅读，主要表现在编辑的选题策划要体现知识的专业性和系统性。阅读引导是实现知识传递和观念共识凝聚的过程，编辑通过策划组织实施系列丛书，对知识进行系统的介绍，实现对他人认知的影响。系统知识引导要注意两个方面，一个方面是要注意对已有出版物介绍的知识进行强化，另一个方面是要注意用新知识、新方法、新信息对已有出版物介绍的知识进行结构性补差。当然，编辑只有系统地把握专业知识才可能进行选题策划。

用选题转化引导阅读。编辑用选题转换引导阅读，编辑首先是普通阅读者要学阅读；编辑是阅读组织者要善阅读；编辑是阅读引导者要懂阅读。作者、编辑、读者在求知、阅读、知识转化的路径是一样的，目的却不一样，编辑阅读的目的是选题的转化和拓展，编辑在阅读引导中深化自己的认知，在阅读引导中思考，在阅读引导中发现选题。由此而策划组织实施新的项目，开展新的阅读引导。编辑阅读引导是波浪式推进、螺旋式上升的。编辑的阅读引导要以实现创造性转化、创新性发展为目的。

阅读引导是一个长期的、连续的过程，其效果不会一蹴

1. 读者
2. 作者
3. 编辑

求知

1. 生活
2. 创作
3. 策划

阅读

知识
转换

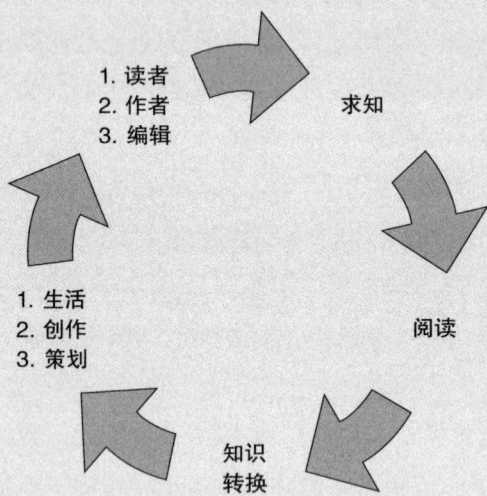

图 2. 阅读需求与阅读转换同一性示意图

而就，随着读者的分群而变化，把握阅读引导的效果，把握该类主题图书阅读引导的持续性、累积性效果。阅读引导不仅是宣传思想工作的重要部分，更是国家文化建设中迫切需要加强的重要方面。编辑应该以主流意识为指导，科学地把握阅读引导，真正掌握阅读引导的主动权、话语权。我们要强化主流意识是编辑的基本政治意识，虽然不同的图书类型其服务对象、工作目标和职责要求是不同的，编辑要做到图书类型变而主流意识不变，读者对象变而文化建设主流意识规定性不变，用主流意识指导阅读。编辑对读者进行阅读引导的目的，从根本上来说，通过阅读引导达到的社会认知结果符合社会主流价值取向，就是培育和践行社会主义核心价值观，实现社会的和谐进步。

5. 自我认同是编辑传播主流意识的基础。阅读引导体现了编辑对主流文化所持的态度和对阅读行为所作的选择。从表象上看，阅读引导是作用于社会成员的认知结构。从深层次把握，在这种认知结构的背后，是主流意识对社会认识、道德伦理、价值观念、审美情趣、心理感悟等的影响。阅读引导是编辑自我认知和自我改变的过程，也是编辑政治意识与政治行为结合的过程，编辑必须不断提升自己的政治意识素养，也必须不断提升自己的文化艺术修养，才能始终坚持用主流意识指导阅读。编辑对主流意识的自我认同是编辑传播主流意识的基础，只有自己接受了主流意识和认同了主流价值观，才能把主流意识落实到编辑实践中。

人民有信仰，国家有力量，民族有希望。编辑要在提高人民思想觉悟、道德水准、文明素质，提高全社会文明程度的文化建设中发挥作用。

《他们为什么选择中国共产党》编辑手记

——红色精神是永远的选择

由无数革命先烈在战争年代、无数时代先锋在建设时期所创造的红色精神，以其所蕴含的伟大追求、崇高风范和丰富内涵，始终引领中国前进的步伐，带领广大的中国人民迈向更高、更远的目标。这种红色精神，不但激励着一个民族的斗志，也涤荡着每个中国人的深情，是每个中国人都必须倍加珍惜的宝贵财富。

在全面建设小康社会的今天，包含了民族精神和时代精神内涵的红色精神，已经成为社会主义核心价值体系中不可或缺的一部分。对红色精神的研究、传承、宣传和弘扬，是出版工作者义不容辞的责任。

为了用优异成绩迎接党的十八大胜利召开，贵州人民出版社与中央文献研究室科研管理部合作推出《他们为什么选择中国共产党》一书。作为本书的责任编辑，从确定选题到与作者沟通内容、编辑加工书稿直至图书出版，一路走来，感慨良多。其中，最重要的还是红色精神给我的震撼，以及出版人肩负的传播红色精神的使命。

一、选好角度，出好题目：《他们为什么选择中国共产党》的诞生

对红色精神的宣传与弘扬、对红色文化的研究与传承，重在实事求是，按照历史的本来面目研究历史；重在充分掌握资料，用历史事实说话。然而，如何能在研究与传承成果的体现中，选取新角度，写出新意？在这类主旋律题材的作品大量涌现的状况下，如何提出问题吸引读者的眼球，如何找到切入口调动读者的兴趣，这与作者本身的研究写作水平紧密相关，出版社的编辑加工水平高低也有至关重要的作用。

在进行选题策划时，要选好角度，出好题目，力争实现最好的效果。最关键的一点，就是要善于提出问题。在《他们为什么选择中国共产党》策划初期，策划者刘金田与贵州人民出版社社长曹维琼就反复探讨一个问题：历史和人民为什么选择了中国共产党？历史和人民怎样选择了中国共产党？这是值得深思的问题，也是我们必须在书中应该回答好的问题。《他们为什么选择中国共产党》就紧紧围绕"他们为什么选择中国共产党？中国共产党又为什么选择他们？"这两个相辅相成的角度，提出发人深省的问题，作为全书的切入点，作为每一个故事主人公的切入点，力求解答好这个问题。

全书拟选出一百位出身不同、道路不同、经历不同的人，不论是从主义、信仰、理想、希望、道路、革命来构建自己的价值取向，还是从大义、光明、事业、友谊等来表述自己的目标诉求，都共同选择了中国共产党这一客观事实，告诉人们一个真理：中国共产党是历史的选择，是中华民族的选择，是中国实现伟大复兴事业的选择。同时还诠释了一种辩证关系——五湖四海的同志一个又一个选择了中国共产党，如百川汇海，这是一种理智，是一种趋势，是一种必然；中国共产党在吸纳五湖四海的同志中发展壮大，如海纳百川，这是一种胸襟，是一种气度，是一种包容。

列宁说过："忘记历史就意味着背叛。"重温那一段历史，缅怀那一个个鲜活而高尚的灵魂，都是为了让我们真正聆听生命的真谛，汲取前进的动力。这也是中央文献研究室科研管理部与贵州人民出版社共同策划、出版《他们为什么选择中国共产党》最深的意义、最根本的目的、最直接的导向所在。

二、相互信任，水乳交融：作者与编辑对选择的共鸣

编辑是一种选择，编辑也是一种智慧，编辑还是一种痕迹。一个选题、一本图书的诞生，是编辑的才华、智慧与作者的才华、智慧相互碰撞的一种过程。

在打造《他们为什么选择中国共产党》的过程中，作者与编辑双方就书名打磨、版块划分、标题提炼、节点强化等方面进行了反复的沟通与磋商，使《他们为什么选择中国共产党》最后呈现为一本凝聚着作者与编辑共同的选择、共同的智慧、共同的痕迹的好书。

关于书名的打磨。从最初萌发"选择"的选题构想，到最终确定为《他们为什么选择中国共产党》是双方多次沟通、反复打磨的结果。双方共同认为，这一设问的方式更能直接引导读者去探究书中所包含的发人深省的选择故事，也更直白、明了地体现全书的重点、亮点。

关于版块的划分。策划选题初期，作者与编辑就达成了共识，全书要用几大版块，从不同的角度形成一个共识：选择中国共产党，是历史、是民族、是人民的必然。最初考虑的版块，是按照中共领袖、国民党将领、民主党派、社会贤达、国际友人等人物归属类型来划分。在讨论的过程中，作者与编辑双方逐渐认识到，按人物归属类型划分，有一定的局限；用人物的价值取向和目标诉求来划分版块，效果会好一些。而且，有些版块本来就是自然形成的，如友谊，讲国

际友人;光明,讲民主党派;大义,讲民族大义;放弃财富,讲国民党上层人士。所以,以选择的价值取向和目标诉求来归类,这样更鲜活,更具有典型性,更具有代表性,更具有说服力。经过反复认真的讨论,最终形成了十大版块:"选择中国共产党,就是选择主义""选择中国共产党,就是选择信仰""选择中国共产党,就是选择道路""选择中国共产党,就是选择革命""选择中国共产党,就是选择希望""选择中国共产党,就是选择理想""选择中国共产党,就是选择光明""选择中国共产党,就是选择大义""选择中国共产党,就是选择事业""选择中国共产党,就是选择友谊"。

关于标题的提炼。既然全书围绕"为什么选择"这一主题来展开,二级标题在介绍每一个人物时必须要体现这一点。在最初的样稿当中,每个人物的标题都是他们各自的亮点的概括,如朱德的标题是"从滇军名将到红军之父",刘伯承的标题是"'刮骨疗毒'的中国军神",钱学森的标题是"我的事业在中国,我的归宿在中国"。编辑提出了一个问题,因全书所选人物都是大家所熟知的,对于他们的亮点以及在中国共产党历史上所做的贡献也是熟知的,但是他们为什么选择了中国共产党、怎样选择了中国共产党,这是我们每一个人物的标题所要回答的问题,是点睛之处。比如,大家都知道李大钊是"传播马克思主义第一人",但是对于说明他为什么选择共产党,标题可以更加特色鲜明一些,最后,选用了李大钊的原话"试看将来的环球,必是赤旗的世界"作为标题。

关于节点的强化。在作者和编辑合作的过程中,双方反复强调,在每个人物的选择故事中,都必须强化主人公或探索、或追求、或放弃、或背叛的节点。因为"为什么选择"这个提法，不是简单的灌输教育，而是在历史真实的基础上，动之以情，晓之以理，做到摆事实、讲道理的有机结合，寓理于史，史论结合，通过具体的故事和事实，让人们自然而然地领略选择中国共产党的必然性和重要性。而对于内容节点的强化，最好是能够通过所介绍的每一个人物下面不同故事的三级标题体现出来：同级的标题要有递进；同一个人物下面不同的选择故事的小标题，最好能反映其发展、变化的轨迹，重在讲选择的节点；三级标题尽量可以在文中找到出处；标题文字尽量简明、尽量升华、尽量富含哲理。作者完全认可编辑提出的这一问题，他们也认为每一个人物下面几个小标题的递进对于强化内容节点很重要。而且，不同的群体，有不同的递进。如选择主义：寻找救国方法—选择马克思主义—选择共产党；选择光明：选择革命—选择民主共和—选择共产党；选择爱国：选择中国—选择新中国—选择共产党……最终，对每一篇文章每一个故事，作者在写作过程中、编辑在审稿与编辑加工过程中，都摘出文中的重要话语（都是故事主人公亲口说过的话）作为标题，来表达故事主人公选择中国共产党的理由。每一个故事主人公的选择一般通过三四个小故事来体现，同一个人物下面不同的小标题，都是选择的节点，我们试图通过这些选择的节点来反映主人公发展、变化的轨迹。而且，同级的标题之间除了时间的层层递进，还体现了人生历程中对马克思主义、对中国共产党的认识的层层升华。

在策划出版《他们为什么选择中国共产党》的过程中，每往前走一步，都充满了作者与编辑双方的智慧与汗水。在这个过程中，作者借助编辑的视角来调整自己的写作思路；编辑以第一读者的角度，以朋友的身份，积极地参与选题策划、标题提炼、内容修改，为作者提供服务，也通过作者接受了红色文化的熏陶。作者与编辑，是选择，是缘分。智慧的认同，火花的碰撞，合作的砥砺，让我们双方在历史与传统中、在红色文化的熏陶中、在红色精神的指引下，奉献各自的聪明才智，紧密合作，共同做出更加完美的选择，共同打造出红色文化研究的精品。

《他们为什么选择中国共产党》出版后，被列入由中宣部、新闻出版总署共同组织的迎接党的十八大主题出版工程。是"为迎接党的十八大的胜利召开而组织策划的献礼图书"中"有代表性的选题"。

铭记历史，是要鉴往知来。作为后来人，我们怎样在一脉相承的事业中与时俱进，历史已经给出了答案，《他们为什么选择中国共产党》已经给出了答案：红色精神是我们民族永远保持旺盛斗志和进取精神的强大动力，是构建当代社会主义先进文化的不竭源泉，也是我们建设中国特色社会主义、构建社会主义和谐文化的宝贵精神财富。红色精神是中国共产党的一笔财富，也是中华民族的一笔财富，还是出版工作者秉持的理念与坚持的选择。这笔财富，这个选择，将永远激励我们去战胜一切艰难险阻，创造光明美好的未来。

⊙ **思考**

主流意识为什么是编辑的政治原则？

《图像人类学视野中的贵州·苗族舞蹈》
贵州人民出版社　2006 年出版

第三章　编辑的文本意识与文本转换

关 键 词：编辑文化学；文本意识；文本转换；文本呈现

学习目标：编辑的文本意识、文本转换与出版创新。

　　编辑是一种以图书形式对中华优秀传统文化进行传播、传承的文化建设事业，编辑文化学是指导编辑构建文本意识的理论，编辑文化学通过对各种文本进行分析，对不同文本进行解构，用文字文本对文化进行重组，以图书为介质再现文本。文本意识、文本转换、文本传承和策划创新，形成了编辑的文化观。

一、中华文化传承与文本意识

　　1. 文化传承。文化是指人们在自然存在和社会存在过程中对世界的认知方法、思维方式、价值观念、生产方式、行为习惯、交往路径。人是自然的产物，存在于自然中；人同时也是社会的产物，存在于社会历史的发展和时代的变迁中。文化是民族的血脉，是人民的精神家园。文化自信是更基本、更深层、更持久的力量。中华文化独一无二的理念、智慧、气度、神韵，增添了中国人民和中华民族内心深处的自信和自豪。在五千多年文明发展中孕育的中华优秀传统文化，积淀了中华民族最深沉的精神追求，代表着中华民族独特的精神标识，是中华民族生生不息、发展壮大的丰厚滋养，是中国特色社会主义植根的文化沃土，是当代中国发展的突出优势，对延续和发展中华文明、促进人类文明进步，发挥着重要作用。

民族传统文化。民族传统文化是指历史记载较早，器物保存较多，文化传承较好，文化资源较丰富，文化传统较厚重的文化。中华文化源远流长、灿烂辉煌。中央提出实施中华优秀传统文化传承发展工程，是建设社会主义文化强国的重大战略任务，对于传承中华文脉、全面提升人民群众文化素养、维护国家文化安全、增强国家文化软实力、推进国家治理体系和治理能力现代化，具有重要意义。

文化传承是编辑的社会职责。编辑出版工作是国家文化建设的重要组成部分，编辑在文化积累、文化传播和文化传承中扮演着重要角色，是传统文化传承和先进文化推介的重要力量。文化积累需要编辑进行筛选归类，编目整理。文化积累丰富了人类的文化知识，形成全人类的文化财富，离不开编辑的劳动。文化传播需要编辑进行普适引导，规范校正。具有五千年历史的中华传统文化源远流长，文化传播中始终有编辑辛勤耕耘的身影。文化传承需要编辑进行承接过渡，传承创新。编辑是各个时代优秀传统文化传承的纽带，辉煌灿烂的中华文明，就是在一代代人薪火不绝、文脉不断的传递中发扬光大。

2. 文本是文化传承的重要载体。文本形态研究是中华传统文化研究的重要组成部分，也是中华传统文化出版的核心内容。收集、整理、判断、选择中华传统文化文本，是做好中华传统文化出版的基础工作，也是做好中华传统文化出版的重要环节。

文本在不同的领域有不同的表达。通常讨论的文本，指的是以纸张为介质，用书面语言记录固定下来的话语。从语言学角度描述，文本是由"语言符号以及由它们所组成的词、句子和段落章节"；从文体学角度阐释，文本"是作品的可见可感的表层结构，是一系列语句串联而成的连贯序列"；从文学角度理解，文本是一篇小说、一个剧本、一部作品；从历史学角度认识，文本是一条史料、一种文献、一部典籍；用计算机语言解读，文本则是一种文档类型。广义的文本，指的是以各种材料为介质，用多种方式保留和储存的各种话语。古人对于文本的理解是很宽泛的。《说文解字叙》说："文者，物象之本。""观乎天文，以察时变，观乎人文，以化成天下。"说的就是各种文本的叙事功能。

文本是文化传承的重要依据。文本意识是编辑的基本文化意识，是中华传统文化研究的重要组成部分，也是中华传统文化出版的核心内容。传统文化的传播和传承需要有一个物质的载体来传递，需要用一个有形的平台来展示，这个载体和平台，就是各种文本形态。在不同的文明时代，人类创造了各种文本形态，从用形体动作交流，用声音语言沟通，到用符号文字表达，再到用各种介质记录，人们的认识、思想、情感和智慧得到积累、传播、传承、利用，人类文明的形成经历了漫长的历程。

文字文本是文化传承的主要形态。文字文本的出现，人们得以对文本反复揣摩、反复研读、反复体会文本作者的文外之意。文字文本的形成和发展离不开编辑的劳动。

文本形态探究的目的。文本形态探究的目的是认识传统文化的各种文本形态，梳理传统文化的出版资源，分析传统文化文本的阅读对象，思考传统文化的呈现形式，实现传统文化普适性传播，创新性转换，为使具有中国特色、中国风格、中国气派的文化产品更加丰富，文化自觉和文化自信显著增强，国家文化软实力的根基更为坚实，中华文化的国际影响力明显提升。需要加强对传统文化文本的研究，善于从中华文化资源宝库中提炼题材、获取灵感、汲取养分，把中华优秀传统文化的有益思想、艺术价值与时代特点和要求相结合，运用丰富多样的艺术形式进行当代表达。

二、传统文化文本的分类

1. 传统文化文本的构成。传统文化文本由多种表意文化事相构成，按其表现形式，可归纳为三种形态，即语言表述性文本、物相表征性文本和人本表达性文本。

语言表述性文本。语言表述性文本包括口头表述和文字描述两大类。口头表述性文本有史诗古歌、传说故事，主要在少数民族居住地区民间流行。口头表述性文本资料在搜集与整理的过程中，由于传承的途径与方法的不确定，常常会造成讹误，在作为文本资料引用时要认真鉴定，不能随意乱用，更要防止以讹传讹。文字描述性文本是以笔书刀刻为手段，以纸竹木石为介质，包含文章文献、碑刻摩崖。文献文典是中华传统文化最重要的文本形态。文字描述性文本经过文人加工提炼提升而形成，是中华传统文化的凝练。文字描述性文本记录中华民族的历史，讲述中华民族的故事，阐释中华民族的信仰，表达中华民族的情感。

物相表征性文本。物相表征性文本是以各种技艺为手段，以各种材质为原料，借物相来叙事的文本。包括建筑样式、服饰纹样、器物器型。物相表征性文本主要以实物造型的形式呈现，是中华传统文化的物相表征。物相表征性文本通过人对物的加工制作而表达人的意识与审美，是特定社会历史条件下中华文化的实物呈现，是中华传统文化和族群审美观念的凝固，中华传统文化内涵寓于物化的文化事相中，是中华传统文化的物相表征性文本中最重要的表现形式。城市与乡村中的大型建筑群落是公共活动场所的标志性建筑，是大型的物相表征性文本。标志性建筑，除了以物表意，借形寓意，还具有中华传统文化中各种表意文化事相的汇聚功能。

人本表达性文本。人本表达性文本是以人的各种形体语言为手段，以人体功能为介质，用人的行为来表达的文本形态。人本表达性文本包括音乐舞蹈、节庆仪式、习俗规范，借助人本表达性文本表达人的内心世界、人文情怀、价值审美。人本表达性文本内容丰富，动态记录展示性特征突出，是中华传统文化的重要传递方式。人本表达性文本的叙述看似直观、生动，通过深层次阅读可探寻更丰富的内涵。

各种文本的关系。文化是联系的，任何一种文化事相都不是独立存在的，而是相互影响、相互支撑的，各种文本的价值是在与其他文本的参照下实现的。语言表述性、物相表征性和人本表达性三种文本形态互为表里，相融相成，互补互证。

语言表述性文本是中华文化的文献记录，是对物相表征性文本和人本表达性文本的描述与阐释；物相表征性文本是中华文化的外在呈现，是中华传统文化的固化，是中华传统文化的重要物证；人本表达性文本是中华传统文化的内在形态，是语言表述性文本的内生源泉，是物相表征性文本的内在结构，是中华传统文化的动态表达。各种表意文化事相文本中，有一部分内容需要借助其他文本形式来实现，舞蹈需要音乐的支持，需要服饰的配合；而服饰要借助舞蹈来展演，借助语言表述性文本来描述。三种文本形态共同构成语言符号衔接、语句要素齐备、语义表达连贯、语序组合规则、语体风格独具的中华传统文化文本系统，中华传统文化借此得以形成、衍生、传承和发展。

2. 中华传统文化的两大类型。中华传统文化又可以分为城市文化和传统村落文化两大类。

传统城市文化。城市文化文本是城市文化的记录。城市文化是市民的生存状况、行为方式、精神特征的总体形象，包括城市政治生活、经济生活、文化生活、市容市貌、社会秩序、历史文化诸多方面的内容，是市民在长期的生产生活过程中共同创造的生活模式，是城市道德、审美、人格的集中表现。城市文化主要体现的是社会的变化、发展、时尚。城市文化是时尚总汇，城市文化的时尚性表现在城市建筑、服饰、饮食、语言等方面。城市形象特征和市民行为举止是城市文化的外显，是城市内在活力和发展前景的具体感知。

各种文化文本形成对城市文化总体看法和综合评价。城市文本是社会发展的标志。

传统村落文化。传统村落文化文本是在中国传统村落语境下村落文化以各种介质保留储存，用多种形态表达呈现，用多种方式记录记载，用多种手段展示展演，由多条路径传播传承的村落传统文化话语。

传统村落是指有历史记载较早，自然资源较丰富，文化传承较好，器物保存较多，文化传统较厚重的村落。村落文化传统指的是千百年来村落居民对待人与自然关系的态度，族群的生产生活方式，村落的文化传统状态。这种态度、方式和状态逐渐形成一种内在的，影响着村落社会生活，规范村民行为，指导村民生产的知识总和。传统村落文化是中华传统文化的基元，是中华优秀传统文化的细胞，是中华民族农耕文明的见证，蕴含着丰富的历史文化信息。

传统村落文化是社会文化的根基。村落传统文化的传承传播，需要有一个物质的载体承负，需要在一个有形的平台展示，这个载体和平台，就是村落传统文化的文本。村落文化传统就记录在村落传统文化文本上，传承于村落文化文本中。文化是一种资源，从文化表象上看，传统村落由于社会经济的不发展、科学应用的不发达，传统村落文化似乎处于低位。但是，从另一个角度观察，融合地理环境、民族文化、地方历史诸要素，传统村落文化有着丰厚的积淀，许多在发达地区早已消失的文化事相在传统村落中仍然保存着，这就注定了传统村落文化的整理保护，不仅仅是村落文化研究的内容，更是中华优秀传统文化研究的内涵。文本是各类语言符号的实际运用，文本是村落传统文化的综合呈现。

村落传统文化文本是村落信息的储藏。村落文化文本包括传统民居、传统工艺、传统服饰、经典文献、民族音乐、民间文学、传统体育，是传统文化的活态样式，是村落知识传播的载体，是村落文化的积淀。整理村落传统文化文本，要从传统村落的自然生态环境、村落组织的社会结构、村落居民的生活方式等三个维度来观察。对村落文化的文本整理，不能只关注单一的文化表现形式，而应关注多维度的文本组合；任何一种文化事相都不应该被孤立地考察，而应放置于社会文化生态的大背景中，充分把握该文化事相的物质及非物质环境的多层面的相互关系；关注其动态社会、文化环境之间的内在联系。

传统村落文化文本的功能。村落文化逐渐形成与发展的过程中，赋予了村落传统文化文本八项功能：其一，文本是村落发展的记录，历史人物事件得以留存。其二，文本是社会生活的描述，习俗仪式禁忌得以呈现。其三，文本是族群认同的符号，情感信仰道德得以皈依。其四，文本是价值观念的阐释，理想信念审美得以表达。其五，文本是百科知识的读本，宇宙万物渊源得以获知。其六，文本是行为规范的教材，是非判断取舍得以引导。其七，文本是经验传递的通道，工艺技能技巧得以传承。其八，文本是精神交流的平台，心得体验感悟得以分享。村落传统文化文本中积淀了、传递着一个族群的宇宙意识、文化记忆、宗教情怀、审美情趣、生活技艺等信息。

中国是传统农业社会，村落文化具有极为广泛的社会基础，在民族心理、民族精神和民族文化传承中有着独特的内涵。村落是村民赖以生存的空间，是村民精神依托和意义所在。村落文化包括村落的生产状况，物质生活状况，村民的道德情感、社会心理、风俗习惯、是非标准、行为方式、理想追求，反映了村民的认知模式、处事原则、人生理想，是村民在千百年来的生产劳动与生活实践中逐步形成并发展起来的，村民们以言传身教、潜移默化的方式影响后人，村落文化在乡村治理中发挥着重要作用。

城市市民与村落村民有着千丝万缕的联系，城市文化与村落文化有血脉关系，城市文化的文本中，保留着传统村落文化文本的内容，存留下村落文化文本的印迹，村落传统文化是城市传统文化的母本，在城镇化的背景下，村落文化依然是人们心灵的驿站，更加弥足珍贵。深入挖掘城市历史文化价值，提炼精选一批凸显文化特色的经典性元素和标志性符号，纳入城镇化建设、城市规划设计，合理应用于城市雕塑、广场园林等公共空间，避免千篇一律、千城一面。挖掘整理传统建筑文化，鼓励建筑设计继承创新，推进城市修补、生态修复工作，延续城市文脉。加强"美丽乡村"文化建设，发掘和保护一批处处有历史、步步有文化的小镇和村庄。

较之城市文化，村落文化常常给人以传统、稳定、厚重的印象，它承载着乡音、乡土、乡愁，也有着更多地诗意与温情。在城镇化的背景下，村落文化依然是人们心灵的驿站，更加弥足珍贵。创新传统村落文化使之与文化大发展、大繁荣相适应，与城乡统筹发展相匹配，应该关注传统村落文化文本。乡村文本是传统文化符号的积淀。

3. 编辑要关注文本的各种形态。编辑要把握不同文本的表现形式，把握文本的形成与变化，对比城市文本和传统村落文本，寻找它们之间的关联，从而把握时代的文化脉络。

现代性带来的问题已经使得人们要回过头来重新思考历史与现实、传统与现代。转换一个角度来观察，中华文化中最具原生性的文本，也许可以为现代的发展提供有价值的启示。中华传统文化文本的历史遗存性与现代化相比，有其明显的落后性，但是，却是中华传统文化的特有性表现，能够帮助我们从不同的视角去了解一段历史，这是中华传统文化文本的保护与发展的价值所在。中华传统文化文本是中华优秀传统文化的重要载体，是人类的文化瑰宝，传递着五千年中华文明进步与发展的信息。传承中华优秀传统文化，首先要保护好中华传统文化的各种文本。中华传统文化文本的整理是选题的重要来源。

三、传统文本的整理与出版创新

1. 传统文本整理出版的基本形式。传统文化文本的保护一般分为传统文本的原生性保护和传统文本的再生性保护两个方面。原生性保护是对传统文本原本进行保护和修复。再生性保护是对传统文本原本进行复制和传播。传统文本再生性保护的基本形式主要有文献古籍整理、传统经典的多元化利用、传统文本的图文综合性保存、纸质文本的数字化传播等四种主要形式。对传统文本进行再生性保护是出版社的主要工作。传统文本再生性保护的出版形式主要有古籍影印、传统经典校勘、传统经典注疏等方式。

2. 古籍整理。古籍整理专指中华传统文化的古籍原典和古籍文献整理。古籍整理出版，关系到中华传统文化的整理和传承。中华传统文化是中华民族历史上道德传承、各种文化思想、精神观念形态的总体。中华民族五千年文明史的发展过程是相当复杂的。在历史发展过程中，各种文化因素相互作用、彼此融合，并不断地叠加到原有文化积淀之上，既丰富了原有的文化积淀，同时也使得文化原典与后人隔膜起来。整理古籍就是要寻找文化源头的原典，通过加工整理，去除这种隔膜。原典影印、原典校勘、原典注疏、原典今译、典故释义等是传统经典的多元化利用的基本形式，也是古籍整理分级的形式。

原典影印。原典影印是古籍整理的基本形式。原典影印指采用原本照相制版复制的办法整理古籍，是古籍复制和传播的重要形式。古籍影印不需要校勘、标点，但要选择和鉴定底本，要检查缺页、漫漶，要做配补描修等工作。采用影印方法复制和传播的古籍主要有三类：第一类是卷帙浩繁的工具书和必备书，主要供学术研究作为参考。第二类是古籍中的善本、孤本，主要作版本保存。第三类是地方古籍文献，主要做地方文化资料保存。存世的古籍中，有虫蛀鼠啮损伤，有文字漫漶缺失，有书页絮化粘连等问题，复制前对影印原典要进行版本鉴定，对漫漶要进行清理修补，以求对原典保真。原典是中华优秀传统文化的根脉，是中华优秀传统文化选题的源头。原典影印是民族文化保护的重要手段，是文化建设的重要组成。

原典校勘。原典校勘指用同一部书的不同版本和有关资料加以比较，考订文字的异同，目的在于确定原典的真实正确。校勘是古典文献学中最基本的一门学问，不懂校勘方法，就很难读懂古代文献。原典的校勘是保证原典质量的关键。

原典的校勘目的有三项：一曰存真，二曰校异，三曰订讹。订讹主要处理"衍、脱、夺、讹"等情况。衍文指原典本无而在誊写、刻印、排印时误增的文字；脱文指古籍原典在誊写时脱漏的文字；夺文指刻印时把原典的注文误排为正文；讹文指后人整理原典时出现的错误。原典校勘是传统文化研究的内容。

原典疏注。原典注疏指对原典中难懂的字句做注释。古人对原典正文做解释被称为注解，对原典注解的文字做解释被称为注疏，合称为疏注。先秦是我国学术昌盛的第一个重要时期，流传下来大批典籍和文献。对原典做注解始于汉代。由于语言的发展，文字的变迁，史料的散佚，两汉时期，已很难读懂先秦时代的原典，从而有一些学者用汉代的语言对原典做注解。到了唐代，汉代人做的注解也不容易理解，于是产生了新的注解内容，注解者用唐代的语言既注解正文，同时对前人注解中不明白的地方也做注解，这种注解称为"疏"。历代学者对重要古籍原典都做注解工作，注解的内容、范围、体例也不断扩展和完善，注解的范围包括对原典中词语的音义、来源，人名、地名、年代、方位和史实的考证，段落划分、标点，引文、典故的出处，串讲正文大意等等。注解的方式有夹注、脚注、篇末注等等。原典疏注中蕴含着丰富的中华传统文化知识，也为中华传统文化研究学习提供方便。

典故释义。典故释义是指对古代诗文里引用的成语典故进行解读。典故来源于民间故事、民间传说、民间习俗、传统经典，描述历史事件、历史人物、地名物件、生活习俗，中国历史悠久，文化丰厚，社会生活中各种现象一般都可以找到相关典故。由于典故的凝练，运用典故可以增大诗文表现力，在有限的词语中展现更为丰富的内涵，可以增加韵味和情趣，使诗文委婉含蓄。从成语典故中我们可以学到丰富的历史知识、深刻的生活道理。典故释义帮助读者准确理解有关典故的正确含义和使用方法。

3. 传统文本的图文综合性保存。物相表征性文本和人本表达性文本的文图综合性保存，主要指村落传统物相表征性文本和人本表达性文本的文图化保护性复制和创新性转换。以当代审美意识为指导，打造村落文化的物相表征性文本，链接村落文化的人本表达性文本，丰富村落文化的语言表述性文本，留下一个有时代印记的综合性文本。通过对历史上形成的哲学的、政治的、道德的价值观念，或是社会的、民族的、地方的风俗习惯，或是音乐的、舞蹈的、绘画的艺术审美进行现代性释读，使之内化为民族心理、民族品格、民族精神，成为民族可持续发展的动力。村落传统文化文本的整理出版还可以有其他形式。可以采取由设计师从民族审美的角度设计民族特色的艺术文本，手工艺人用传统技艺制作乡土特色的工艺文本，摄影师用文化视角摄制村落特色的图像文本，作家用文学笔法撰写村落特色的叙事文本，充分表达传统村落的社会文化生态，容纳传统村落的审美结构样式，汇集传统村落的物相图案元素，交融互动，创新文本形式，寻找传统文化、传统元素、传统审美与现代出版结合的传播路径，实现传统村落文化与现代社会发展的有机链接。

图文文本。图文文本是各种物相文本的重要转换形式。建筑、服饰、音乐、绘画是最富有民族特征的表意文化事相。物相文本是各民族审美意识、审美情趣、审美观念的集中表

工作心得
Experience

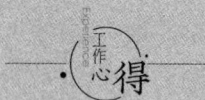

图文书编辑流程提示

文图分类。文图分别打包，便于审读；

正文编辑。审读把握主题，清除错漏；

图片编辑。按文叙事配图，排序逻辑；

图说编辑。简明扼要规范，风格一致；

文图合成。文图各成体系，呼应互动；

清样校对。注意文图对应，表述一致。

现。图文文本可以图文互动，图文互补，提供传统民族文化的直观图像，释读表意文化事相的文化内涵，为传统村落文化提供了文化生态记录的空间，保存下文化生态学的现实内容，容纳下大量的文化生态学信息，提供了传统文化生态的基本素材，有利于我们观察和认识人与自然、人与社会、人与文化的关系。

传统文本的摄影叙事。摄影图片是对民族文化事相的记录性表达。摄影是一种叙事，是一种用物相、用光影、用场景进行铺陈的叙事，与文学作品一样，摄影叙事也有多种表达方式。一帧照片，如诗句，画面简洁而内涵丰富，表达一种看法；一组照片，如短文，多图搭配而突出主题，讲述一个故事；成百上千帧照片，如长篇，形象直观而曲折婉转，展示一种文化。随着摄影家对摄影传统的继承、革新和他们创作经验的积累，摄影作品逐渐由简单变为复杂，由粗糙趋于完美。像最原始的摄影诗句，慢慢地发展成为音调铿锵、节奏鲜明而又能最集中地反映社会生活和人们的思想感情的一种摄影叙事体裁。摄影叙事体裁的多样化，是社会生活多样化的反映。显然，从单幅摄影作品的瞬间叙事，到一组摄影作品的主题叙事，再到若干摄影作品构成文化叙事的发展，既有一脉相续的继承关系，也有适应时代的需要而进行的革新和创造。摄影家的作品反映一定社会生活的需要，在批判地继承前人遗产的基础上加以革新和创造，会促成某些摄影叙事体裁的发展和变化,也会不断地形成新的摄影叙事体裁。各种摄影体裁的形成、发展和演变不是偶然的，而是有其客观规律的，即归根到底是受社会生活制约的，同时也与摄影家创作经验的积累和摄影叙事体裁本身的继承革新有密切的关系。当然，在摄影叙事发展的过程中，也有一些体裁和样式只是在特定的历史条件下存在，犹如十八般武器，各有各的特点和作用，相互不能代替。生活里的小浪花、小涟漪，要求以灵活轻巧的摄影体裁来表现。悠久深邃的传统村落文化需要有视野宽、容量大、篇幅长、表现力强的长篇摄影叙事体裁来反映。

民族文化文本的图像化。图像化是将各种载体的传统文本转化成图像数据的过程，是传统文本数字化的重要方式之一。民族文化研究，特别是非物质文化遗产的研究保护，是当今学术研究的一大重要内容。如何通过民族研究工作者，通过学术研究，对民族文化进行物象化提炼，使之能以图像研究的形式，进行人类学、社会学、民族学的研究，使民族文化得到有效的保护和传承，是学术界需要认真探讨的一个重要课题。民族文化的图像化研究，是对民族文化物相化提炼的深入，解决民族文化保护与传承的直观与形象的问题。民族文化物相化的结果，是要想办法把民族文化用图像化的方式来表现。民族文化图像化表现的特点：直观形象、色彩鲜艳、简洁明快。图像化研究的优势：存真、直观，有利于解读、释疑。传统文本图像化不仅可以满足长期的保存需求，还可以满足真彩影印出版、仿真品复制等需要。

4. 传统文本的数字化保存。传统文本数字化是指利用现代信息技术对传统文本进行加工处理，使其转化为数字化信息形式，通过电脑和数字化网络等介质保存和传播，传统文本数字化是再生性保护的重要手段。传统文本的整理和复制，要以当代技术和新型材料为手段，以复合型多媒体数字技术为工具，用多媒体技术整合时代特征的图文文本。视听文本是文字文本和图文文本的数字化文本转换。特别是多媒体印刷读物和手机出版物技术的广泛运用，使图书出版既保留了纸质图书的优点，照顾了人们传统的阅读习惯，又创新了传统文化传播的新模式，视听文本使文字实现可听，图像变为可视。

5. 图书是各种文本保存的重要手段。新技术的发展使得新形态文本层出不穷，但是无论介质如何变化，传统文本在出版领域仍可以用文字文本、图文文本、视听文本来归类整理。文字文本是出版的最基本形式，也是传统、主体的文本形式，图书是各种文本保存的重要手段，也是文化传承的重要载体，文本转换是图书出版的重要资源。

传统文化传播传承的文本创新，要求编辑有广阔的视野和独特的视角，要勇于探索传统文化的深邃表达，在传统文本内容和传统文化精髓中寻找创意，探索在现代化语境下的传统文化出版转型，从而探索更适合传统文化出版的可持续发展路径，弘扬民族精神，创新与时俱进的中华优秀传统文化读本。传统文本形态的探究，是做好中华传统文化出版的前提；传统文化的归类分层，是拓展传统文化选题资源的路径；采用新介质是出版创新的技术支持。

灿烂辉煌的中华传统文化是人类智慧的结晶，是世界文化宝藏中的珍品，在历史上对中华民族的形成和发展产生过巨大的凝聚力量。在今天，中华优秀传统文化仍然对提高全国人民的民族自尊心、文化自信心、文化自豪感，从而振奋精神去建设具有中国特色的社会主义有重大的现实意义。

《图像人类学视野中的贵州》的文本意识

——传统村落文化的文本转换与出版创新

一、重构传统村落的文本意识

传统村落文本是出版创新的源泉，传统村落文化的特色文本是指村落传统文化的独具性、典型性和代表性的文化事相。

文本意识重构是传统村落保护与发展的抓手。近年来，贵州省政府专门出台意见，提出省、市、县、乡、村五级联动，动员社会各界广泛参与，加大对贵州省传统村落的保护发展力度。要实现"保持传统乡村风貌，传承农耕文化，加强重要农业文化遗产发掘和保护，扶持建设一批具有历史、地域、民族特点的特色景观旅游村镇"的目标，传统村落保护与发展的任务引发了文本意识重建的思考，传统村落文化文本形态探究的目的，是摸清村落传统文化的文本资源，掌握村落传统文化的文本形态，梳理村落传统文化的文本内容，重构村落传统文化的文本意识，促进传统村落文化内涵的深化，实现村落传统文化的保护、发展和创新。重构传统村落文化的文本意识是重要抓手。

村落传统文化文本对于传统村落文化的保护与发展的功用包含有两层涵义。其一，村落的传统文化用什么方式来表述、表达、传播、传递。其二，传统村落的保护与发展以什么蓝本作依据、参考、借鉴、范式。进行传统村落文本探究的目的，就是弄清楚传统村落有些什么样的文本需要整理保护，有些什么样的文本可以在保护与发展过程中作为参考借鉴。贵州传统村落的汉文文献资料记载极少，因此，仅仅靠有限的文献文本资料，不足以帮助观察、了解、释读传统村落文化，更谈不上把这些有限的资料作为保护与传承传统村落文化的蓝本。文本是传统村落规划、保护、开发的重要依据和参考，传统村落保护的文本意识必须重构。

二、贵州传统村落的文本特征

贵州村落传统文化文本的特点是语言表述性文本内涵丰富、物相表征性文本古朴简略、人本表达性文本生动多彩。

贵州有 18 个世居民族，主要的少数民族如苗、侗、布依等有本民族语言，无本民族传统文字，村落传统文化的传递主要通过各种表意文化事相来表达。民族民间工艺是传统村落文化中物相表征性文本的主要组成部分，是村落文化特色的重要构成；传统上并不重视村落传统文化，传统村落特别是传统民族村落文化因不登大雅之堂而缺少文人骚客们的描述记载，这是传统村落文本整理的难点，口语描述性文本丰富又形成了民族传统村落文化展示的特点；由于语言的隔阂，人本表达性文本记载成为最鲜活、最重要的内容，是村落传统文化最重要的呈现形态，是村落社会生活的表达和村落居民情感的再现，其创作、加工、传播、完善、形成并演绎至今，经历了漫长的岁月。人本表达性文本千百年来依循其特定的地域风格、表现形式、文化内涵和形态特征已经成为传统村落的标志物，这一标志物可能会随着时代的发展而发展、吸收其他民族文化而多彩、借鉴其他文化而变异，但是，它的基本形式、内容与精神永远不会消失。

村落传统文化特色文本是村落文化的主要特征，也是村落旅游文化产品开发的基础，保持特色文本是村落文化保护与发展的方向。村落传统文化特色文本可以从地方文化性特点、民族习俗性特色和历史遗存性特征等方面去梳理。

地方文化性特点指的是千百年来形成的地域性文化，如贵州的夜郎文化、阳明文化、土司文化等，地方文化对传统村落文化有很大的影响，村落文化文本中，地方文化性特征是浓重的一笔。

民族习俗性特色指的是不同民族的生产劳作、行为规范、生活方式、仪式禁忌中的民族文化内容。通过对民族习俗的观察，可以从中发现村落传统文化中价值观念、审美情趣的存在。

历史遗存性特征指的是村落传统文化中不同历史发展时期的印迹。历史遗存性特征保留在反映某一特定历史时期审美意识、工艺特征、生产技术状况的工艺、工具、器物等物相表征性物品中，保留在反映某一历史阶段特征的语言表述性文本资料中，保留在反映某一历史阶段价值观的人本表达性文本中。

历史遗存性特征的反映，可能是历时性的，也可能是共时性的。村落文化是有个性的，个性呈现特色。特色不是一个单一的文本，而是由众多文本烘托形成特色；特色又必然是独具优势的文本，特色文本统领村落传统文化的各种文本。

三、重构村落传统文化文本的思路

重构村落传统文化的文本意识，就是要用文化生态学理论作指导，探寻文化保护和文化发展的规律，把村落文化研究与生态观察联系起来，从自然生态、社会生态、文化生态等三个维度，观察三种生态环境对村落传统文化的传承、保护的影响。以村落自然生态为题，探讨生存环境与村落文化传承的关系；以社会生态为题，探讨村落传统文化传承及其变异的关系；以文化生态为题，探讨村落文化文本之间相互影响、相互浸透、相互融合的链接关系。

传统村落保护的不仅仅是一个村落的自然生态和建筑群落，而是要保护一个以建筑群落为载体的村落文化系统。保护发展村落的传统文化，不是简单地发现一个符号、一首山歌、一种舞蹈和一场仪式，而是保护村落的一种文化氛围。要整合利用与村落传统文化有内在联系的文本，保护与发展村落文化生态系统。

坐落在崇山峻岭中千姿百态的村寨聚落与自然生态相融合，蕴藏着人与自然和谐相处的精神，符合各自民族文化传统的哲理，积淀了先辈的智慧与创造，是历史上不同文明与不同文化传统凝结的物质载体，很好地诠释了适应地理环境、具有地方特色、选材用料多样的特征。传颂于传统村落中原始古朴的史诗古歌与村落的社会生态相融，是村落传统文化的百科全书。史诗古歌在族群祭祀奠仪中唱颂，是对族群历史的追忆，对民族远祖的缅怀，对宇宙万物渊源的回顾，对村落生产劳作进行指导，对族群交往活动进行规范。族群失去了史诗古歌，就迷失了根脉；史诗古歌离开了族群，就蜕变为仅是一部民间口头文学作品而已。展演于传统村落节庆仪式中的音乐舞蹈与村落的文化生态关联，是族群活动的重要项目，是族群识别认同的重要标识，是族群文化结构中不可替代的重要组成部分。舞蹈表演时人们身着盛装，手势步伐舞姿造型与服饰纹样相配合，与芦笙铜鼓相应和，与庆典祭仪相融合，形成传统村落文化生态的助溶剂。舞蹈仪式离开了族群文化的呼应，就失去了情感，失去了灵魂，当舞蹈离开了传统村落文化的语境，就蜕变为一场纯粹的艺术表演；族群活动缺少了舞蹈仪式，就缺少了气氛和场域，文化链接上缺失了重要的一环。村落居民生活与村落自然生态和谐，村落居民行为与村落社会生态相融，村落居民活动与村落文化生态互动，村落才显现出生机与灵性；传统村落中缺失了居民，传统村落就是一具空壳，很快就会毁损。村落建筑群落是一种物质文化遗产，整理保护还应该包括非物质文化遗产的层面，即非物质文化的功能、建筑工艺、建筑与环境的关系，还有它的文化理念、文化记忆。只有这样，才能称得上真正意义上的保护。

传统村落文化多种文本形成的村落文化生态系统，决定了村落保护与发展的整体性思考，需要转换研究村落传统文化文本的空间视角，从孤立的、局部的、片面的事相描述向联系的、全面的、完整的文化叙述转变，关注各种文本形态的呼应，正确指导释读村落传统文化文本，强调村落传统文化特色差异。

重构传统村落文化的文本意识，就是重构文本的利用意识。传统村落除了以其环境优美，还要以文化生动、文本独特而吸引人。从传统村落所透出的历史褶痕中，打下村落特有文化内涵和人文历史遗存烙印的传统村落文化，既蕴藏着无穷谜底，也散发出无穷魅力。村落社会生活保留了大量人类生活的古典样式，构造出特有的文化图景，可以为当今人们的规划提供一种符合人性尺度的启迪，从传统村落中重新发现和感悟人的生存智慧。把村落传统文化文本放在村落文化境域中去解读，让所有与此文本相关联的文化要素参与互动，通过对村落文化特色文本的展示帮助读者了解村落传统文化是观光旅游者向往、研究探索者关注的亮点。

梳理村落文化特色文本的共性特征，探讨各种文本的内在联系，探究各种文本的内在逻辑，以一个特色文本叙述为主题，并由此展开村落文化诸多方面的描述和解读，构成一个完整的村落文化叙述框架，以村落中那些具有文化内涵和文本价值的特色文本整理为抓手，提升村落传统文化文本的内在品质。转换研究村落文化文本的视角，将有地方文化性、民族习俗性和历史遗存性独特标记的传统文本，塑造为具有物质文化和精神文化双重价值的文化产品，这是编辑要做的工作。

四、"图像人类学视野中的贵州"概念的提出

贵州是山重水复的世界，山重水复间繁衍生息的苗、布依、侗、土家、彝、水、仡佬等众多的民族，孕育出多样的村落文化。村落文化不是抽象的东西，它存在于村落生活的平凡和村落历史的长河里。在比较原生性的文化中，传统村落文化是最有代表性的。村落传统文化的所有文化事相，从衣、食、住、行到伦理、宗教、艺术，全都围绕村落这一特定的环境展开。村落传统文本的整理，要保留村落传统文化的感性的、亲切的、诗意的、神秘的甚至是巫魅的内容。历史的变迁和发展是无情的，历史改造和淘汰了一些文化样式，当现代性作为人们普遍诉求的价值观念而存在时，这种改造和淘汰的步伐更是加快。贵州传统村落文化确实是一个值得挖掘的丰富矿藏。旅游在打开人们视野的同时，也打开了人们对人类存在样式和发展模式的思索和感知。在经历过众多诱惑和痛苦抉择之后，村落文化中最有价值和最为时

尚的，也许就是我们曾经不屑一顾的最原生最古老的东西。

贵州传统村落文化文本中最能给人留下地域性特征印象的是乡土建筑，特别是给人以一种独特而美观表象的村落建筑，比如鼓楼。从建筑学的角度来欣赏，鼓楼是侗族村落的一个具有标志性意义的建筑；从文化人类学的角度去观察，鼓楼就不仅仅是孤独地耸立在侗族村寨中的一幢高大华美而不实用的庞然建筑，侗族鼓楼的魅力，侗族鼓楼内在生命的展开，应该是侗族文化。与鼓楼共生的地理空间、文化空间和时代空间，构成鼓楼的文化境域，鼓楼作为侗族文化的物相化符号，与它的文化境域血肉般地联系在一起。

贵州传统村落文化文本中最能给人留下深刻民族性特色印象的是民间舞蹈。在无本民族传统文字的少数民族中，人本表达性文本在社会生活中具有很重要的作用。舞蹈是人本表达性文本的重要组成部分，舞者以身体语言的独特文化叙事功能，建构起族群身份和文化认同的机制。苗族舞蹈是人本表达性文本的典型。苗族舞蹈表演与苗族节庆、苗族服饰等文化事相相关联。苗族舞蹈一般是在苗族的节庆活动和重要的仪式上进行，舞者表演时都会身着民族盛装。苗族舞蹈是叙事的，以肢体叙事，用造型纪事，借舞步演事；苗族舞蹈是表意的，在族群祭祀仪式上表达的是远古的追忆，在花场聚会时表达的是婚恋的欢歌，在庆典活动中表达的是节庆的喜悦，在丧葬奠礼时抒发的是生命的咏叹，不同情景下跳不同的舞蹈。苗族舞蹈在节庆时渲染情绪，在仪式上营造气氛，是族群活动的重要链接方式。

贵州传统村落文化文本中历史遗存性特征保留较为完整的是安顺屯堡。屯堡人是六百余年前南京等地人的后裔，因明朝政府为剿灭元朝的残余势力，调北征南、调北填南来到贵州，屯军屯田寓居于此，屯堡群体顽强地固守自己的故土文化，不与寄寓地合流。屯堡村落文化文本有四个显著特征：一是屯堡人的服饰保留着浓厚的明朝遗风，这一特点在妇女的服饰上表现得尤为鲜明；二是口语中保留着南京土语的特有音调，多带卷舌音和儿化音，极富音乐感；三是信仰上保留着多神崇拜，屯堡村落居民供奉汪公、五显等神祇，对汪公尤为崇拜；四是每年春节和中元节，大部分村寨都要搬演地戏。但是，屯堡群体内部的成分并非绝对单一纯粹，数百年来与当地少数民族厮守，必然与当地文化相互渗透。屯堡人最终形成含蕴有父母之邦远亲的文化要素，又掺杂了寓居之地近邻的文化因子，还有别于后来陆续迁入贵州的其他汉族群体的独特文化现象。屯堡村落文化的这种历史遗存性特征是贵州传统村落文化发展的重要物证，也是保持屯堡村落文化特色文本的依据。

对传统村落文化文本历史遗存性特征进行共时性比较是提炼传统村落文化特色文本的一种方法。贵州傩文化的历史遗存共时性特征表现比较突出，贵州威宁彝族的撮泰吉、贵州德江土家族的傩戏、贵州荔波布依族的做桃、贵州安顺屯堡的地戏，虽然都同属于傩文化的范畴，但是，这四种傩戏，分别属于傩戏的不同类型，分别处于傩文化的不同发展阶段。从傩面具发展的历史进程考察，傩面具制作从简易到精致，地戏面具是贵州傩面具发展到高级阶段的代表；从傩仪、傩舞到傩戏的发展演变，贵州民间傩堂戏的宗教性逐渐增强，娱乐性也在增强；而屯堡地戏的宗教性逐渐减退，世俗性日益增强。通过对贵州傩戏的比较，为傩文化研究提供了典型的案例，也为村落文化特色提炼提供了借鉴。

对传统村落文化文本历史遗存性特征进行历时性分析是思考村落传统文化特色文本的一条路径。由于处于不同的地域文化生态环境，同一民族的同一物相表征性文本在不同支系呈现出历史遗存性的历时性特征表现完整。在历史遗存性的历时性特征上表现较为典型的是苗族服饰。从民族学的角度观察，苗族服饰是族群代码、支系印记、身份标识；从民族史的角度来分析苗族借服饰纹样叙事纪史，也是穿在身上的史书；在工艺美术的语境下观察，苗族服饰制作技法多样，构图古朴，工艺繁复，是服饰制作工艺技法的凝结；从服饰史的视野来分析，苗族服饰历史遗存性的历时性特征突出，保留有大量远古的信息，苗族服饰保留了中国历代服饰发展变化的痕迹，是中国传统服饰发展演变的活化石与博物馆，其风格样式、纹样图案、装饰技法，有很多已经濒于失传。苗族服饰作为苗族物相表征性文本的重要内容，是服饰语境下苗族文化的标志性物相，是苗族传统村落文化特色文本提炼的璀璨宝库。从物相表征性文本的历时性特征梳理文本发展脉络，发现村落传统文化的特色文本。

历史发展的趋势表明，未来的时代，是世界经济一体化迅速扩大、更加深入的时代，经济大潮必然把世界的各个角落卷入其中。经济的发展必然带来文化的变异。在这急剧发展变化的时代，传统民族文化的保护与传承，成为民族工作者、民族文化传承者、民族文化研究者的重要社会职责。

文化的整合决定了文化必然会变异。造成传统村落文化变异的原因很多，诸如生存环境的破坏，经济交流的频繁，交通条件的便利，外来文化的侵蚀，外出居民对主流文化的认同等等。随着社会的发展，民族地区相对封闭和阻隔的情况必然会被改变。这种变异与变迁是必然的，不可避免的。所以，民族文化的保护与传承、整理与研究是必须的，刻不容缓的。

民族文化是一种资源。从文化表象上看，由于社会经济的不发展和生产技术的不发达，民族地区文化似乎处于低位。但是，从另一个角度上看，融合了地理、历史、民族、文化等因素，少数民族有着深厚的积淀。发达地区已经消失的许多文化事相，在民族地区却依然保存着，这个事实说明，民族文化的研究，就不仅仅是区域文化研究，而具备了更广泛的内涵。

民族文化蕴涵着巨大的学术研究价值，涉及民族学、民俗学、社会学、历史学、文化学、宗教学、语言学、建筑学、工艺学、符号学等学科内容。从某种意义上讲，一种民族文化犹如一个神秘的、资料齐全的信息库，一旦破译了民族文化的信息密码，深入其内部，就可能在许多学科领域取得突破。但是，限于各种条件，我们不可能全方位地对一种民族文化进行探索和研究，只能提取一个有特色的文化主题，或建筑，或服饰，或风情，或民俗进行整理与研究。

民族文化的精彩纷呈、古朴原始的震撼力与亲和力，吸引我们去仔细地观察民族文化，要很好地用图像化地方法整理与研究民族文化，首要的是应该是提炼出民族文化物相化的特色主题，认真反思以往的研究方法，努力梳理民族文化物相化主题提炼的思路。

民族特色文化不是一种孤立存在的文化现象，而是民族文化诸要素集中的体现和反映，是经历了历史沧桑日积月累而形成。民族文化物相化主题提炼，指的是把那些饱经岁月的风霜而依然充满生机，能够代表、具有典型、形成中心的民族文化事相提炼出来，提炼民族文化物相化主题，通过这一主题，用图像化的方式，整理、展示、探究民族文化，有助于我们对民族文化的认识、保护、研究、利用。

民族文化物相化主题，应该能集中反映一个民族的价值观、道德观、审美意识。物相化主题对该民族的影响细致而微，浸润于本民族生活的方方面面，而在民族节日集会举行仪式时，物相化主题的表现更为突出。

民族文化物相化主题的传承，是通过本民族内家传师授、耳闻目染、观摩模仿而得来，是以族群内公开自由的方式传布。农事闲暇，田间地头，屋里院内，老传少，长传幼，人们共同探讨，节庆集会，相互交流。

对这些传统村落的典型文化事相，宣传介绍不多，有限的一点出版物，或表述语焉不详，或展示手法单一，导致外界知者寥寥。为改变这种情况我们提出了以图片摄影和文字叙述两种叙事方式展开，图文并茂。图文互动的"图像人类学视野中的贵州"丛书策划，以活态的村落文化传承人和活态的传统村落文化文本为二重视角，观察村落文化传承者的生活状况和传承方式；探讨村落传统特色文本整理和图书文本转换，传统村落文化精彩纷呈的亲和力、古朴原始的震撼力用文图的形式来实现。我们组织文稿撰写和图片摄影团队，提炼特色文化主题，拟定大纲，从自然生态、社会生态、文化生态等三个层次切入，完成了《古镇名寨》《安顺屯堡》《侗族鼓楼》《苗族舞蹈》《乡土建筑》等书的编创出版。贵州有味道、有特色的村落实在太多太丰富，重构村落传统文化文本意识，打造传统村落文化特色文本，让唱着古老歌谣的传统村落发出时代的新声，为走向现代化的今天和明天提供一种保留传统村落文化文本的有效范式，这成为"图像人类学视野中的贵州丛书"的出版宗旨。

随着改革开放大潮的冲击，随着各民族社会生活的各方面发生的深刻变化，特别是旅游业的发展和市场的影响，各民族的生存环境、生产方式、生活状态发生了巨大的变化，民族文化也发生了急剧的变化。策划、拍摄、撰稿、编辑成册，十余年前组织实施的《图像人类学视野中的贵州》丛书，所记载的各民族当时的文化事相，所展示的民族文化物象化的图片，有的已经成为不可再现的历史记录，尤其显得珍贵。

⊙ **思考**

编辑如何在文本转换中发现选题？

《中国苗族服饰图志》

贵州人民出版社　　1998 年出版

第四章　编辑的经济学思考

关　键　词：编辑经济学；出版资源；资源整合；资源利用
学习目标：学会有效地整合、管理和利用图书出版资源。

经济活动是生活中相互交易的人群所组成的群体活动，编辑是一种以图书为载体，在编辑、作者、读者之间展开的经济活动。编辑经济学研究出版资源配置及影响出版资源配置的全部因素，指导编辑在图书出版活动中权衡取舍，交易互动，优势互补，对图书出版资源进行有效整合、有序管理和合理利用。

一、编辑经济学是研究编辑出版资源配置的学问

经济活动是人们为了满足物质文化生活需要而进行的活动。经济学是研究人类经济活动规律的学问，是研究资源配置和资源管理的学问。经济活动规律即价值创造、转化、实

现的规律。资源配置与资源优化再生是经济学规律的具体表现，是经济学研究的基础内容。

1. 资源的分类。资源指可用作生产的资源，包括自然资源和社会资源。按资源的属性，分为生产资源、社会资源和管理资源。

生产资源。生产资源即生产要素，指物质生产所必需的基本资料和条件，主要由劳动力资源、资金资本和物质资料等三类要素构成。生产资源包括由劳动者提供的劳动力资源，由投资方提供的资金资源，由社会提供的生产资料资源。生产资源是一种有形的、静态的、直接的资源。

社会资源。社会资源指可能影响产品生产的各种社会因素，包括政治的、经济的、社会的、文化的和生态的因素。社会资源是一种无形的、动态的、客观的资源。社会资源作为一种重要的因素，对生产的过程和速度产生影响。对社会资源整合，可以推动生产。长期以来，在社会生产实践中，我们较多地关注和研究客观的生产资源和主观的管理资源，而较少讨论影响生产的社会资源。

管理资源。管理资源指资源管理的状况，包括管理者的素质、管理能力、管理手段、管理制度、管理思想和管理理论。管理资源是一种无形的、动态的、主观的资源。管理之所以被看作一种资源，是因为在经济活动中，不增加人力、资金和物质资料等有形资源的情况下，通过加强管理，有效地利用人力、资金和生产资料，整合社会资源，可以提高产量、增加产值和增长利润，取得较大的经济效益。管理资源是资源中核心的内容，只有管理资源运用得当，生产资源才能得到经济合理的使用；社会资源才能得到有效的整合，各

种资源才可能充分地发挥作用。

资源是稀缺的，不可能满足所有人的需要，资源需要配置和管理。了解资源的情况，才有可能合理配置和优化管理。

2. 资源的管理。资源配置与资源管理是经济学研究的基础内容，经济学原理就是资源管理的理论，管理是在特定的环境下，对经济群体所拥有的资源进行有效的计划、组织、领导和控制，以便达成既定的组织目标的过程。资源管理具有二重性，一是管理的整合性，就是对资源的合理整合能力；二是管理的利用性，就是对资源的有效利用能力。发挥管理的作用就是合理地整合资源、充分地利用资源、有序地组织生产、不断地提高生产力水平。管理者要正确处理生产、流通中人与人的关系，使生产关系适应生产力发展的状况。资源是稀缺的，人们有必要对资源进行有效的管理，于是就有了研究资源管理的学问。经济学从整体上讲，就是对资源进行整合、管理、利用的学问。只有在生产资源、社会资源和管理资源相结合，形成经济活动时，人力资源、资金资源、物资资源才能从潜在的生产力转变为现实的生产力。

3. 编辑出版资源的管理。编辑出版资源管理，就是经济学原理在编辑工作中的应用。图书出版活动是人类的一种经济活动，围绕图书生产展开。编辑活动是图书出版活动的一部分，也是一种经济活动。编辑出版资源是稀缺资源，也需要进行管理，编辑经济学研究编辑出版资源的合理配置和优化管理的学问，编辑的经济学思考，首先从了解资源配置开始。

二、出版资源配置是编辑生存发展的基础

出版资源的配置。资源配置是编辑生存发展的基础，出版资源的整合利用是编辑经济学思考的重点。编辑出版资源也同样由图书生产资源、编辑管理资源和编辑社会资源等三个部分构成。图书生产资源是指图书生产所投入的人力资本、资金资本和生产材料等三个要素，是图书出版活动的基本生产要素。编辑管理资源是指图书出版活动中编辑的组织管理素质、管理能力和管理制度；编辑社会资源是指可能影响图书生产的各种社会因素，包括政治的、经济的、社会的、文化的和生态的因素。编辑社会资源是在编辑出版资源中起决定性作用的资源。

编辑社会资源的要素。图书出版活动是具有物质文化生产和精神文化创造双重特征的经济活动。编辑出版活动以知识和思想的传递为主要内容。知识与思想的生产主要是人的活动，是人与人，人与社会的活动，社会资源对编辑出版工作的影响是全方位的。因此，在编辑出版资源中，编辑社会资源配置就尤其重要。影响编辑出版活动的因素很多，构成编辑社会资源的要素，主要有区位资源、作者资源、品牌资源、人脉资源四个方面的要素。

1. *区位优势资源*。区位指进行经济活动的区域位置。区位和区域不一样，区域是单一的地理概念；区位是同地理位置有联系又有差别的概念。区位一方面指该事物所处的地理位置，另一方面指该事物与其他事物的空间联系。"区位"

一词除解释作地理空间内的位置以外，还可理解为因特定目的而联系的地区等两重意义。区位除指地理位置外，还有地理位置优势比较的含义。编辑的区位优势包括区位经济因素和区位文化发展，实际是综合了区位经济因素和区位文化发展两大要素的结果。分析区位经济活动和社会文化发展的规律，就要从作用于区位经济活动和社会文化发展的要素着手，即分析区位条件。

编辑的区位优势资源由编辑所在地域的地域文化、学术文化和政治文化诸要素共同构成。地域文化指所在地的特色文化，学术文化指的是所在地域的学术氛围、学术水平、学术成果和学术影响，包括学术的特色性和影响力、政治的中心性和辐射力。区位优势是指所处地域在政治、经济、文化生活中相应的位置优势。编辑的区位优势是相对的。编辑要学会利用区位优势资源的辐射，区外文化资源的转换，区间差异资源的互补，发挥区位优势资源的作用。区位优势资源是编辑形成特色的条件。

2.作者团队资源。作者团队是出版内容创意、形式创新的源泉。作者与编辑的合作，一般会经历自发、自为、自觉三个阶段，形成三种合作的模式，表现在图书出版活动中，就是书稿形成的三种方式。第一种方式，作者投稿。这种方式中，作者是作品创意创作的主体，自主思考选题，拟定大纲，撰写文稿，然后联系出版社编辑出版，这时的编辑是案头等稿编辑，只负责书稿的出版流程处理和文字编辑加工。尽管在编辑加工的过程中，编辑要站在读者的角度，对书稿内容风格、装帧设计、推广营销进行系统的设计和思考，在原作品的基础上进行优化美化，但产品市场销售的效果和读者评价的好坏全凭编辑的运气。第二种方式，编辑约稿。这种方式中，编辑是选题策划的主体，作者是创作的主体。由编辑进行选题策划，由编辑约请作者进行创作。双方是项目不同阶段的主体。编辑策划是命题作文，只提大的原则和方向，然后由作者撰写大纲，创作文稿，交稿后由编辑加工出版。由作者自主投稿到编辑策划选题、命题作文，是编辑从自在走向自觉的一步，编辑多了几分主动性，多了几分创造性。编辑对书稿内容主题、撰写风格、装帧设计、推广营销要进行系统的设计和思考，产品市场销售的结果和读者评价的好坏就有编辑参与策划的成分。第三种方式，编辑主持。这种方式中，编辑是项目实施的主体。从编辑选题策划，到项目实施完成，都由编辑主持。由编辑策划并组织实施的一般是大型选题项目，单个作者无力承担，需要组成较大的专业创作团队。在这种情况下，编辑是项目的主体，作者是项目的参与者，编辑与作者共同参与项目。能够自主主持出版项目的实施是编辑从自觉转向自为的标志。

组建作者团队，发现和培养作家是编辑的工作职责。功成名就的名家作者是编辑的优势资源，但名不见经传的创作新人更是编辑要关注的对象，在一定程度上，培养作者新人团队更为难得。多元化地开发和利用作者资源是编辑与作者关系可持续发展的条件。

作者是一个松散的群体，团队是有目标的组织。作者团队的学科专业性和学术把关是书稿质量的保证，编辑的编辑专业性和市场引导性是图书实现社会效益与经济效益的基础。团队的综合兼容、优势互触、交易互换、差异互补、资源共享可以实现产品的复合创新性。作者团队合作的成熟性，思考的一致性，能力的把握性，步调的协调性，是编辑出版活动可持续发展的保障，作者群体资源是编辑选题创意的源泉。

3. 图书品牌资源。品牌是指商品生产经营活动中，一种商品在消费者心目中留下的产品形象、品质档次、文化特征等综合印象，是消费者对一种商品一种评价和认知。品牌由产品标识、外观设计、内在品质、个性特点、售后服务、企业文化等要素综合构成。对消费者来说，购买品牌是所购商品的质量、服务、信誉的保证，也是消费者的经济状况和社会身份表现。对生产者来说，销售品牌是所售商品的质量、服务、信誉的标志，也是生产者的无形资产积累的过程。品牌承载着一部分人对某种商品质量与服务的认可，是生产者生产销售与消费者购买行为之间相互磨合衍生的产物。图书是一种商品，图书品牌由作者团队、内容质量、编辑素质、编校保障、文化品位等要素构成。编辑要学会依托品牌、借力品牌、形成品牌。

图书品牌由编辑所在出版社图书品牌、编辑所在部门图书品牌和编辑个人图书品牌等三个部分形成。

出版社品牌。出版社品牌是指编辑所在出版社出版的图书在读者群和学术界的美誉度。

所在部门品牌。所在部门品牌是指编辑所在部门是否形成有规模和有影响的品牌图书。

编辑个人品牌。编辑个人品牌是由编辑的人格、人脉和所编辑图书的风格及影响所构成品牌。编辑个人的学养、地位和声望，编辑策划组织实施的图书品牌，会帮助形成各种作者资源。编辑与名家、大家的合作经历是很重要的。编辑在与知识界、教育界、政界的紧密联系中，靠个人品牌可以聚集一定数量的合作者。编辑的品牌建设具有长期性，编辑个人品牌要有量的积累，还要有质的表现，品牌的质就是品牌的认同度。出版社和编辑部的传统品牌还是活的广告，编辑可依托和借助出版社出版的招牌图书和编辑室打造的精品图书的影响力，进而形成自己的品牌。编辑要学会经营，把品牌延伸，把品牌的影响发挥到极致，实现品牌效应最大化。

4. 社会人脉资源。人脉是指在社会活动中由人际关系交往而形成的人际脉络。社会人脉资源是指在社会生活中，能够互相联络、互相帮忙、互相照应的人际关系资源。人脉资源包括了资金资源、学术资源、信息资源、物质资源、社会资源、行政资源。人脉资源状况可以从两个方面来判断，一是交往的广度，一是交往的深度。交往的广度是指人际关系的活动范围和交际层次，交往的深度是指人脉资源的交往频度和支持力度。人脉资源是客观存在的，编辑应该是一个社会活动家，要学会通过自己的努力，编织自己的图书出版活动的人脉资源网络。编辑的社会人脉资源是指编辑在出版活动中可以有效利用的各种社会关系和社会资源。社会人脉资源是公开的，但并不是每个编辑都能占有。社会人脉资源是客观存在的，形成人脉资源网络却是编辑主观活动的结果。拥有一个充满活力的创作团队、聚集一群渴望阅读的读者粉丝、掌握一批提供支持的资源渠道是每一个编辑的愿望，而实现这个愿望，必须靠编辑在实践中去努力。

出版资源配置是编辑生存发展的基础，区位资源是编辑形成特色的条件，品牌资源是编辑借势发展的空间，作者资源是编辑选题创意的源泉，社会资源是编辑实施选题的助力。编辑出版资源管理，就是要做到区位优势资源的转换，出版品牌资源的借用，作者团队资源的打磨，社会人脉资源的整合。

三、出版资源管理是选题组织实施的抓手

为指导人们的经济活动，经济学家总结出十大经济学原理，在《微观经济学》中是这样表述的：原理一，人们面临权衡取舍。原理二，某种东西的成本是为了得到它而放弃的东西。原理三，理性人考虑边际量。原理四，人们会对激励做出反应。原理五，贸易能使每个人状况更好。原理六，市场通常是组织经济活动的一种好方法。原理七，政府有时可以改善市场结果。原理八，一国的生活水平取决于它生产物品与劳务的能力。原理九，当政府发行了过多货币时，物价上升。原理十，社会面临通货膨胀与失业之间的短期交替关系。概括地说，微观经济学研究的是：人们如何做出决策、人们如何相互交易、整体经济如何运行等三个方面的问题。[①]

编辑经济学则关注图书出版活动中的权衡取舍与选题论证、机会成本与资源优势、边际变动与印数确定、相互交易与团队组合、市场调节与营销策略、出版导向与激励反应等六个方面的问题。研究这些问题，编辑要学会经济学的思考。

1. 权衡取舍与选题论证。经济学原理第一条就告诉我们，人们面临权衡取舍，明确提出社会生活中权衡取舍是很重要

---

① 〔美〕曼昆：《经济学原理·微观经济学分册》，梁小民、梁砾译，北京大学出版社 2009 年版，第 3~15 页。

的，人们只有了解他们面临的选择，才能相应做出合理的决策。虽然经济学原理没有明确说明人们如何选择取舍，但是提出了平等和效率的原则，也就是蛋糕做大和分配合理的原则。编辑面临的权衡取舍就是选题论证，选题论证的过程，就是编辑对选题进行权衡取舍的过程。编辑最需要思考的是在经济效益和社会效益之间如何权衡取舍。如何实现社会效益和经济效益的有机结合，是编辑要把握的基本原则。

2. 机会成本与资源优势。机会成本指选择某种经营项目的成本是为了得到它而放弃经营项目的收益。放弃的经营项目所产生的收益即所选经营项目的机会成本，所选项目的实际收益必须大于机会成本，通过对机会成本的分析，要求编辑在经营中正确选择经营项目，从而使有限的资源得到最佳配置。比较优势是指一个生产者以低于另一个生产者的机会成本生产同一种物品的行为。当某一个生产者用比另一个生产者更低的机会成本来生产产品时，这个生产者在这种产品的生产和服务上具有比较优势。比较优势提醒我们，应将有限的时间、精力和资源用在自己最擅长的地方，突出自己的资源优势。选择或者放弃某种经营项目是基于机会成本和比较优势。把握机会成本，突出资源优势是权衡取舍的一条原则。

3. 边际变动与印数决策。边际变动指经济活动中事物在各种因素的影响下不断发生细微的变动。为适应这种变动，人们对现行计划进行微小的调整。由边际变动而产生了边际成本和出现了边际利益。理性人通常通过比较边际利益与边际成本来做出决策。在机会成本既定的条件下，理性人会系统而有目的地去实现利润最大化的目标。边际变动是做出正确决策的重要参考，理性人会通过比较边际成本和边际收益来做决策。

边际成本。边际成本是指在一定限度下增加或减少一个单位产量所引起成本总额的变动数。当实际产量未达到限度时，边际成本随产量的扩大而递减；当产量超过限度时，边际成本随产量的扩大而递增。增加产量的收入不能低于边际成本，当产量增至边际成本等于边际收入时，企业获得最大利润。

边际收益。边际收益是指增加一单位产品得到的收益。可以是正值或负值。利润最大化的一个必要条件是边际收益等于边际成本或大于边际成本。边际变动关系到效益的最大化，对图书的印数决策具有重要的作用。图书的边际变动，主要是围绕印数和发行折扣的边缘调整。编辑通过计算边际成本来决定图书的印数，编辑参照边际变动来做出理性的决策，只要项目的边际收益大于边际成本，就是一个理性编辑做出的合理选择。

4.相互交易与资源整合。相互交易指合作双方对有价物品及服务进行相互交换的行为。在市场经济条件下，随着生产规模的扩大和社会分工的细密，人们不可能把自己与社会隔绝起来自给自足地生产自己所需的物品。为了实现个人效益最大化，人们会选择专门从事自己最擅长的生产经营活动，并整合资源，形成团队，以相互交易的形式按较低的成本获得各种物品和服务。把握机会成本与突出比较优势，是人们互相交易的前提。编辑是一种手工作坊式的活动。在图书出版活动中，每个编辑都会与其他人相互竞争。因为面临激烈竞争，编辑才更需要加强与别人合作，才有可能最大限度地整合资源和利用资源。组建团队，把编辑流程中彼此相关但

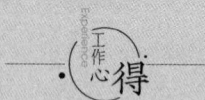

编辑经济学提示

图书出版，资源稀缺；编辑经济，管理运作。

区位优势，品牌打磨；团队建设，社交人脉。

选题论证，权衡取舍；机会成本，边际效益。

相互交易，资源整合；市场调节，导向策略。

在编辑活动中却彼此分离的职能、既参与共同的项目又拥有独自经济利益的合作伙伴整合成为编辑出版活动中完整的服务系统。密切合作，相互交易是资源整合的重要路径，只有通过与其他人合作、相互交易，编辑才可以按较低的成本获得尽可能多的相关劳务服务。市场价格和个人利益引导着编辑的相互交易。

5. **市场调节与营销策略**。编辑经济活动要由市场来组织，市场是协调人们经济活动的一种方法。习惯上，我们普遍认为，编辑出版活动是计划经济活动，由出版社配置出版资源，由出版社管理者决定生产什么，生产多少。事实上，出版社的决策是在若干编辑分散行为影响下的决策。编辑们在市场上相互交易，在市场需求的影响下进行选择。在任何一种市场上，当买者决定需求多少时，他们盯着价格；在卖者决定供给多少时，他们也盯着价格。作为买者与卖者共同决策的结果，一种物品或劳务的价格，反映了该种物品或劳务的社会成本或社会价值。编辑也要懂营销策略。营销策略包括了产品策略、价格策略、渠道策略和促销策略，是为读者提供满意的图书和服务而实现销售目标的重要手段。边际成本是营销策略的基础和核心。

价格策略。价格策略是市场营销的重要组成部分，价格既反映了一种物品的社会价值，也反映了生产该物品的社会成本。定价是市场营销组合中最难以确定的因素，可以对市场做出灵敏的反映。图书定价的目标是促进销售，获取利润。图书定价既要考虑对产品成本的补偿，又要考虑消费者对价格的接受能力，从而使定价策略具有买卖双方双向决策的特征。价格策略即价格差异，价格差异又称作价格歧视，是经营者实施的一种价格策略，通常指商品或服务的提供者在向服务对象提供商品或服务时，实行不同的价格。价格差异指可以对不同购买者执行不同价格，也可以对同一个购买者购买不同数量的商品和服务时执行不同价格。价格策略是一种重要的营销行为，是企业通过差别价格来获取超额利润的一种营销策略。编辑要学会利用价格策略来拓展图书的销售渠道，采用价格差异来进行图书的促销。

6. 出版导向与激励反应。经济学主张激励，激励是指引起某个人采取某种行为的某种东西，即能调动个人积极性的因素。激励对市场运作至关重要，市场需求给以编辑生产激励和给以读者的消费激励。激励理论研究证明，人的工作效率与人的工作态度有直接关系，而工作态度则取决于激励因素。激励的目的在于激发人的正确行为，调动人的积极性和创造性。激励对市场运作至关重要，政府政策也是一种激励。政策是政府为了实现自己所代表的阶级、阶层的利益与意志，以权威形式规定在一定的时期内，行业应该遵循的行动原则、完成的明确任务、实行的工作方式、采取的一般步骤和具体措施、达到的奋斗目标。经济学原理指出，政府有时可以改善市场结果。政府的许多政策改变了人们面临的成本和收益，也改善了市场结果。在分析任何一种政策时，我们不仅应该考虑直接影响，而且还应该考虑通过激励发生的间接影响。出版政策是政府管理和改善出版物市场的措施，出版政策就是出版导向，对图书出版活动的成本和收益有直接影响。由于人们通过成本与利益做出决策，所以，当成本或利益变动时，人们的行为也会改变。如果政府政策改变了激励，引起边际变动，就会促使人们改变自己的行为。这就是说，人们会对激励作出反应。编辑通过计算机会成本而权衡取舍，通过预测边际成本而做出决策，通过判断比较优势而相互交换，通过观察市场变化而改变策略，所以编辑也会对出版政策做出激励反应。

出版资源管理是选题组织实施的抓手，微观经济学原理是指导，编辑经济学在分析图书出版活动中编辑个体行为的基础上，关注图书出版活动的市场运行机制，研究这种市场运行机制在图书出版资源配置中的作用；关心图书出版活动中编辑个人和各相关群体之间的交换过程；研究如何提升编辑的效率和效益。这些问题都应当引起编辑的注意。资源配置来自经验与积累，出版资源的配置是编辑在工作实践中逐渐形成并不断补充完善的。资源配置决定你对图书项目的运作操控能力。编辑必须考虑图书出版活动中个人的能力、努力和愿望，考虑自己配置图书资源。编辑必须决定，在这一流程中，参与什么，如何参与，以及参与后能得到什么回报。同样一个选题，在不同的编辑手中，会产生不同的结果，其原因就在于资源配置的不同。编辑社会资源配置是选题策划的来源，是选题论证的要素，是选题实施的保障。编辑要重视编辑出版社会资源的配置。在出版社进行编辑工作安排时，要充分地考虑编辑出版资源配置。

《中国苗族服饰图志》的经济学思考

——编辑经济学知识的一种习得

一、资源优势与书稿价值

贵州是民族众多的省份之一，民族文化历史悠久，民族风情浓郁，民族出版资源丰富。

苗族堪称"服饰大族"，走进苗族服饰世界，古朴的款式，巧妙的设计，绚丽的色彩，和谐的搭配，精彩的纹样，繁复的工艺，令人眼花缭乱。苗族服饰是中国历代服饰的活化石，中国历史上各朝代的服装款式，大都能在苗族服饰中找到对应构型。苗族服饰是服饰制作工艺的博物馆，从获取野生植物纤维的方法，制衣成型的手段，印染的工艺，到刺绣的技巧，苗族服饰制作的全过程，都大跨度地保留着制衣史各发展阶段的多种工艺。许多似乎早该进入博物馆的手艺，始终在苗族服饰制作中占一席之地。倘若把各地苗族仍在运用的各种制衣工艺按其演化的序列排在一起，我们将会看到一部纺织史，一部成衣史，一部服饰史。苗族服饰作为苗族文化的重要组成部分，浓缩了苗族从远古走向现代的丰富内容，充满了艺术和历史的双重魅力。苗族服饰是苗族社会文化的纹饰书，服饰纹样已突破衣着原有的单纯基本功能而赋予复杂的象征作用，发展成为表现美感的艺术品，更成为族群识别的代码，是历史、文化、道德、习俗的记载物，展示了苗族的精神世界。苗族服饰是现代服饰设计的资料库，苗装是苗族女子对生活的热爱，对未来的憧憬，是她们倾注心血而制成的。苗族服饰之美，是在执着的追求中获得的。苗族服饰不是设计大师的灵感之作，却是缝制大师的传世手笔，可以是大师们借鉴的范例。

对于苗族服饰的型款种类，古往今来探索者大有人在。由于山阻水隔，条件限制使研究者无法深入苗族聚居区；语言差异，一般人难以交流和沟通；资料不全，不能掌握苗族各支系的分布状况；体能差异，很多人接受不了艰苦的田野考察工作。诸多困难，造成苗族服饰研究成果有限，研究者寥寥，对于苗族服饰的介绍，大多语焉不详，难见全貌。苗族摄影师吴仕忠出于对本民族文化的热爱，对苗族服饰文化执着地探索，耗时 30 年，遍历苗族聚居地，以本民族的眼光去搜索和观察，在数万帧照片中整理出 1250 幅图片，介绍苗族服饰 173 式。

《中国苗族服饰图志》是第一部接近完整地反映中国苗族服饰全貌的书稿，是第一部真实纪实拍摄出来的图册，是第一部由服饰设计缝制者自己担任模特的图册，是第一部由苗族摄影师记录整理本民族服饰文化的图册。由于具有众多的第一，其纪实性、准确性、历史性、权威性、原态性等就不言而喻了；其出版对于服饰设计、工艺设计、民族研究、文化研究的价值也就不言而喻了。

二、权衡取舍与机会成本

关于苗族服饰民族文化价值和本项目的意义都很清楚，但是如何组织实施，面临着权衡取舍。

在我看到苗族服饰书稿之前，已经有许多编辑和出版社与作者有过近百次的接触，都没有取得实质性的进展，其原因有两条：一是书稿质量，二是资金投入。

书稿的问题与处理。本书的照片数量很大，收集不易。作者花了大量的时间，走村串寨，所拍照片都具有真实感和现场感，但由于作者拍摄照片的时间跨度较长，受不同时段的技术和设备条件的限制，照片的质量参差不齐。文稿是作者的田野考察资料，尚未进行系统的规范整理，文字简单，描述杂乱，需重新编排组织，梳理文字，处理图片，有大量的编辑工作要做。编辑室需要打造品牌，编辑们需要有项目带动锻炼和提高，我也需要在实践中磨砺。

项目投入与资金的回收。图文时代提出图文并茂的要求，贵州民族文化整理需要转变传播方式，旅游文化类图书需要取得突破，书稿也有较高的价值，有可能形成品牌。但是，大型画册采用四色彩印，函套精装，工艺要求复杂。在20世纪90年代，受经济发展的影响和印刷技术的限制，彩色图书的制作成本较高，在少数民族文化类图书市场情况不佳、发行渠道不畅的情况下，资金回收不确保。

投入风险与政治责任。我所在的旅游编辑室刚成立不久，经济上没有积累，编辑们没有做大型画册的经验，发行上也没有成熟的通道。做此选择是承担着风险的。其中，最为直接的是编辑室的经营风险。旅游编辑室是一个成立不久的编辑室，没有长线项目积累，经营状况不好，处于每年都得找米下锅的状况，稍有闪失，将影响编辑室的经济效益，更影响编辑室每个人的年终奖金。还有人说，在编辑室效益不好的情况下，我置编辑室的困难于不顾，做这么大的投资项目，冒这样的经济风险，是为个人谋利益。在众多的压力和问题面前，作为编辑部负责人，我承担着个人的政治风险和经济风险，是往前还是退缩，考验一个编辑的担当。

三、项目实施与运作策略

项目实施要解决的问题有资金筹集、书稿处理、成本控制、发行渠道等问题。

首先要解决资金筹集的问题。作者曾找人做过预算，要完成此项目需近百万元，多家出版社和众多编辑都是因为经费投入较大而却步。我自己测算，如果控制成本和费用，也得要50万元才能实施。贵州省新闻出版局把此项目列为1988年年度重点选题，并给予15万元的图书出版专项资金资助。但是尚有35万元的资金缺口需要想办法。虽然相关部门和社领导都支持项目立项，资金问题并无实质性的行动，只能自己想法解决。通过比较分析研究，我认为实施此项目虽然存在一定的困难，但是如果经营得当，效益会大于风险，于是决定，与贵州人民出版社签订了目标责任书，以自己在出版社分得的福利房作抵押，向出版社借款35万元，一年半内归还，推动项目的实施。

其次要解决书稿质量的问题。我与作者沟通交流，指出书稿存在的问题，阐述我编辑工作的思路，与作者在书稿文字改写、图片选用、统一风格体例等方面达成共识；在文稿改写和编辑加工上下功夫，调集编辑室的力量，对文稿重新改写，表述规范，添补完善；物色装帧设计的合作者，在图片扫描和修复上下功夫，技术运用求先进。以图书编辑要实现的目标来要求激励编辑。告诉大家，每个人的能力有大小，贡献不一样，但都期望得到信任和尊重，都期望得到鼓励和力量，都期望获得成功和荣誉，最终大家形成统一认识，拧成一股绳。项目编辑模式有利于资源的更优配置，以项目团结人，发挥人的主观能动性，有利于编辑的创意性经营。

再次要解决控制成本的问题。由于签订了目标责任书，有经济上的压力和责任，在项目运作过程中，成本控制、印数确定、图书定价、销售问题上就会特别谨慎，特别用心。图书的成本由直接成本与间接成本构成。本书的直接成本主要是作者稿费、装帧设计费和印制费，间接成本所占比例有限。所有费用都采用量入为出的办法来解决，我们在控制图书规模，控制印制成本，控制印数等方面采取了措施，在保证成书质量的前提下，成本大幅度降低。图书赢利由边际成本和边际量决定，图书的印数关系到投入产出的质与量。在图书销售市场不清楚的情况下，印少了会有销售缺口，印多了会造成仓库库存增加。经过反复讨证，确定保底印数。

最后是解决营销方式的问题。营销方式由价格策略和销售渠道组成，图书定价是图书发行的基础条件，图书定价影响图书的折扣，也直接影响图书出版效益。彩色版图书定价没有明确的规定，由出版社自行定价，但有市场同类书的比较价格，也要考虑读者的消费心理价格。当买者决定需求多少时，他们盯着价格，当卖者决定供给多少时，他们也盯着价格。作为买者与卖者共同决策的结果，市场价格既反映了这一物品的社会价值，也反映了生产该物品的社会成本。一般情况下，图书的定价由图书制作成本、销售渠道和发行折扣决定。在发行折扣普遍偏低的情况下，我们确定图书定价为660元，在发行折扣为55%时，预计销售到1100套书时能够做到收支持平。

本书是图文书，彩色印制，投入较大，受众面小，必须准确定位市场，明确营销策略。我们分析判断，本书的市场由作者资源市场、民族文化市场、政府文化礼品市场组成，主攻方向民族文化市场和政府文化礼品市场。本书的销售渠道有三条，一条是地方新华书店销售，一条是政府的文化礼品，一条是作者的渠道。新华书店的发行主要是零售和图书馆馆配，在苗族文化有较大影响、国内外游客比较集中的黔东南苗族侗族自治州的首府凯里，该书的市场零售情况就比较好，特别是在凯里民族博物馆的书店尤其突出。

四、项目收获与编辑心得

在提高书稿质量、控制生产成本、按需合理定价、拓宽发行渠道等措施并举的情况下，《中国苗族服饰图志》受到读者的喜欢，得到读者的认同，销售也取得较好业绩。不到一年的时间就销售过半，如期完成目标责任。兑现目标责任书的承诺后，我卸掉了肩头上的经济负重。本书还有意外的收获，就是获得全国首届艺术图书三等奖和贵州省第六届优秀图书一等奖，在编辑实践中取得几点心得。

增强编辑经济学知识的学习。民族文化类图书是小众读物，但在文化传承和文化建设中不可或缺，值得用心去做。但是，小众图书的生产是需要认真地经营，是需要准确的图书定位和目标市场定位的，是需要经济学的理论支持的，编辑必须学习经济学理论，运用经济学知识。还有一个小插曲，也说明编辑没有经济学的知识，会闹出笑话。《中国苗族服饰图志》出版后，获首届中国艺术类图书三等奖，出版社研究决定给予3000元奖金鼓励。我那时不知道得奖金要上缴个人所得税的，到财务室领钱，财务室告知要扣税时，由于能获奖我就很开心，已经先垫钱把奖金分给了其他编辑，不好意思再找别人要回上缴的税费，只好把我自己的一份奖金抵了税。

熟悉图书市场定位的情况。有一次，我到北京出差，打听到北京服装学院比较重视民族服饰资料的搜集，我一大早就提着样书直奔北京服装学院图书馆。走进大门，远远地就看见一群身着苗族服饰的女子正聚在图书馆馆长办公室门口等候，从服饰型款上，我认出是贵州凯里施洞支系的苗族。于是，我走近前去与她们攀谈，得知她们是到北京服装学院卖她们带来的苗族服饰，话题从她们的着装开始，了解到她们经常往返于贵州黔东南与北京之间做苗族服饰的生意。她们在家乡走村串寨，从事苗族服饰搜集，然后带到北京转手出售，已经有十多年，苗族服饰的生意做得很好。转而谈到我到北京服装学院做图书推介的目的。闲谈间，我向她们展示了我随手携带的《中国苗族服饰图志》样书。在把书从精装函套中取出后，我从她们专注的眼神中，感受到她们对此书的喜爱。在迅速地翻阅浏览图册后，立即有人向我打听在什么地方能够买到此书，知道我就是为了推介此书而来北京服装学院后，当即就有四位"苗姨妈"表示，希望我能帮她们在出版社购买此书，为表示诚意，她们当场就按定价向我预付了全额书款，并给我留下给她们邮寄图书的地址电话。回贵阳后，我帮助她们购好书，并按她们的地址把书打好包，邮寄给了她们。北京服装学院图书馆对《中国苗族服饰图志》也很欣赏，推介的事圆满成功。

探测到民族文化出版的矿脉。图书是文化传承的重要工具，编辑肩负着文化传承的社会职责。随着改革开放大潮的冲击，苗族社会生活的各方面发生了深刻的变化，苗族服饰文化必然也会受到影响。在新旧交替的时期，出版此书有极高价值。30 年中所拍摄的部分服饰已经发生变化，所展示的图片有的成为不可再现的历史记录，尤其显得弥足珍贵。贵州民族文化的资源丰富，是贵州出版的宝贵财富，图文类图书容易做出特点，编出亮点。虽然图文投入较大，但出版资源整合利用的空间大，潜力大。

积累了图文书的组织实施经验。经过《中国苗族服饰图志》的打磨，作者的民族文化资源打开，几十年中积累的照片被重新发掘和组合利用，先后在我社出版了多部作品。作为责任编辑，我的编辑流程学体验和编辑经济学知识，很大部分内容就是在实施这个项目的过程中学习与形成的。我在其中积累了一定的编辑经验，为后来策划编辑出版贵州少数民族文化类图书打下基础。

⊙ **思考**

编辑经济学应用了几条经济学原理？

《资治通鉴全译》

贵州人民出版社　1993 年出版

第五章　读者分层、阅读分群与图书定位

关 键 词：编辑社会学；读者分层；阅读分群；图书定位
学习目标：认识读者群体，细分图书市场，明确图书定位。

　　编辑是一种运用社会学社会分层原理，对读者进行分层，对阅读进行分群，对知识进行分解，对图书进行分类的工作。编辑社会学是帮助编辑认识读者的重要工具，编辑应以科学的态度和科学的方法对书稿进行编辑加工，根据读者的认知能力和阅读需求，对图书进行准确定位，满足不同读者的阅读需要。

一、社会分层与读者分层

　　社会学是从变动着的社会系统的整体出发，通过人们的社会关系和社会行为来研究社会的结构、功能，发生、发展规律的一门综合性的社会科学。知识传播是一种社会活动，

编辑社会学是研究知识传播中，不同社会成员对知识有不同的认识，对阅读有不同的理解，编辑必须用社会学的方法对读者进行研究。

编辑对读者的研究可以从四个向度思考。从社会分层的向度考察，读者身份分为若干层。从个人目的的向度观察，阅读喜好分为许多群。从图书价值的向度观察，图书内容分为无数类。从知识结构的向度观察，认知能力分为若干级。因此，编辑需要了解社会分层与读者分层的关系。

1. 社会分层。"社会分层"这个词是从地质学中引入地质沉积成层的概念，用分层现象来比喻人类社会各社会群体之间的层化现象，以一定标准区分在社会体系中处于不同地位层次结构、社会等级秩序的社会成员层次，社会学家采用地质学中的分层现象来比喻人类社会各社会群体之间的层化现象。

社会分层是指社会成员、社会群体因社会资源占有不同而形成若干等级层次。社会学家把这种社会体系中的地位层次结构、社会等级秩序称为社会分层。一般认为，职业是决定和反映社会地位最好的综合性指标，职业不仅直接决定其收入，也能反映其受教育程度，反映其社会地位和声望。造成社会成员地位差异的因素是多方面的，包括政治资源、经济资源、文化资源等，特别是建立在法律、法规基础上的制度化社会体系，我们把各种资源统称为社会资源。社会资源中最核心的资源是包括财产、收入在内的经济资源。社会分层的现象是多种多样的，主要表现在因经济资源不同而形成富裕阶层与贫困阶层，因教育资源不同而形成高学历群体与低学历群体，因政治资源不同而形成强势群体与弱势群体，因社会资源不同而形成精英群体和大众群体等等。社会分层不是固定不变的，而是随着各种资源的配置变化而流动的。

2. 社会流动。社会流动是指社会成员在社会分层结构中地位的变化。社会流动包括社会成员在社会分层结构中层级的变化和在地理空间结构中位置的变化，社会学研究社会成员在社会分层结构中层级的变化。当然，社会分层结构中层级的变化与社会成员在地理空间结构中位置的变化联系紧密，如从农村流入城市、从基层转入机关、从贫穷转为富裕、从学生转为专家都属于社会流动研究的领域。阅读是保持在一个社会层次地位的方法，也是进入更高一个社会层次的有效路径。有阅读能力的人在书本中吸取了养分而提升自己，不懂得阅读的人在不同层级中沉淀或下降。

社会分层与社会流动是社会存在的两个方面，两者密切相关，社会分层是指社会层次结构现象，社会流动是指社会成员如何形成社会层次结构。

社会分层是社会学研究的基本问题，社会学研究的对象是整个人类社会，社会分层是对社会群体进行研究的一个基本单元。社会分层关注人们社会地位高下的不同，造成社会地位高低不同的原因是社会成员对社会资源占有的不同，而不同的社会分层对社会的贡献和影响不同。社会学讨论社会分层一般是从收入、财富、资本、权力等四个维度来切入。社会分层主要研究的是个人之间、群体之间的利益差异，特别是经济利益的差异，这是社会群体分类最根本的问题。

社会分层研究在社会学理论中占有重要地位，社会结构是社会科学各学科共同关注的问题，几乎每个重要的社会学科都会从学科所认为重要的某个方面去阐释社会分层现象，但是不同学科的侧重往往有不同。社会学关注群体地位结构，政治学关注社会组织结构，经济学关注社会消费结构，编辑学关注读者群体。

3. 读者分层。读者分层是指按一定的条件和要求对读者层次的划分。编辑学研究读者分层，是借用社会学的社会分层原理来研究读者分层。编辑社会学将社会学关于收入、财富、资源、权力四个问题影响社会分层的原理进行转换，从知识结构、认知差异、阅读需求、消费能力等四个方面来探讨读者分层。

知识是人们社会交流的重要工具，阅读是获取知识的重要路径。不同的社会层级有不同的活动规则，知识储备是社会分层的一个条件，社会流动是阅读的内生动力，阅读是读者熟悉社会分层的要求，还是适应社会角色变化的一种工具。

阅读差异。编辑学要求编辑要研究读者结构，研究社会成员和社会群体之间的阅读差异，研究造成社会成员和社会群体之间阅读差异的原因，以及找出解决社会成员和社会群体阅读差异的规律和方法。

知识结构。知识结构是指人们经过学习和实践后形成的知识构成情况和知识结合方式。读者分层与读者的知识结构密切联系，知识结构的不同导致认知结构的差异。读者有不同的阅读需求，看不同知识层次、不同文化品位、不同装帧档次的图书。读者分层与阅读消费关联，不同层次的读者购买能力也不一样。不同年龄段也构成读者的不同层次，影响了读者分层。研究读者分层，掌握不同的图书消费群体和消费习惯，是分析图书市场的基础。

二、社会流动与阅读分群

1. 阅读。阅读是掌握社会层级语言的方式。经济社会的发展、社会阶层的变化、信息渠道的变化导致对阅读的选择复杂多样，社会的特殊性决定了读者群体的复杂多种。社会是发展变化的，社会成员是流动变迁的，不同时期、不同阶段、不同层次的社会成员有不同的阅读需求；在各个层次的读者中，根据阅读功能和阅读目的的不同，又分为不同的阅读群体。不同的阅读群体需要提供不同类型的图书。

阅读需求。阅读需求是指人们阅读的能力、阅读的愿望和阅读的习惯。阅读需求按阅读功能和阅读目的不同可以分为两类。

阅读功能。阅读功能是指阅读需求的功能性。从阅读需求的功能上分，阅读可以分为求知性阅读、休闲性阅读、研修性阅读。求知性阅读是人们为提高自己的生活质量而采取的阅读行为。休闲性阅读是人们为了在工作之余以阅读的方式调节和放松自己，达到愉悦身心的目的而阅读的行为。休闲性阅读有时并没有特别的目的，只是为了满足读者的阅读情绪、阅读快感、阅读欲望、阅读期待。研修性阅读是人们为了提高自己的专业知识和专业技能，或是为提高自己的文化修养而阅读的行为。

阅读目的。阅读目的是指阅读需求的功利性。从阅读需求的功利上分，阅读目的可以分为知识和技能、择业和履职、社交和友情、婚姻和家庭、修养和成就。

2. **阅读分群**。阅读分群是指因共同的阅读喜好而形成的阅读群体圈。在读者分层的基础上，读者又从知识结构、生活娱乐、研修提高等三个需求维度形成三个不同的阅读群体。

从知识结构的维度。求知求学式的阅读，即获取更多的知识。阅读是求知的一条重要路径。这类阅读的目的是学校教育的拓展和延伸，是求知性阅读最重要的内容，是阅读能力必不可少的重要组成部分。尽管课内阅读对提高小学生的语文水平和获取知识经验所起的作用相当明显，而求知性阅读的辅助，通过有计划的、大量的求知性阅读，以及进行多种阅读方式的训练，可以拓宽读者的视野，丰富读者的知识，使读者具备较广阔的知识背景和认知能力。学生通过阅读教材掌握基础知识，通过阅读教辅材料巩固基础知识，通过阅读课外读物来拓展基础知识。成年人则是希望通过阅读生活常识类图书知道生活常识，阅读生产常识类图书提高工作效率，阅读百科知识类图书拓展社会知识。求知性阅读为读者提供了丰富的智力来源。

从生活娱乐的维度。休闲娱乐式阅读的需求比较复杂。有的人是为了猎奇。猎奇是指搜求新奇和异样的东西，阅读是为了寻找新奇事物来满足人们好奇心理。修养提高式的阅读，会选择励志类图书。有的人阅读就没有目的，纯粹是为了打发无聊的时光。生活情趣是人们生活中的喜好，也是人对精神生活的一种追求，每个人都有自己的生活情趣。良好的生活情趣可以放松紧张的情绪，驱走身心的疲惫，琴、棋、书、画等类图书丰富人们的生活内容，此类阅读有助于培养和提高个人的生活情调。

从研修提高的维度。研修性阅读的主要内容是哲学、经济、军事和古典著作。研修即研究修养，修养指个人学识品德的完美，即人们的科学文化知识、艺术欣赏能力、思想道德境界等方面所达到的一定水平。修养还指养成正确的待人处世态度。修养作为一种无形的精神力量，规范我们的行为，约束我们的言论。具有良好的个人修养，才会被人们所尊重。阅读是修养的必须路径。通过研修性阅读，养成良好的个人素质，是个人自觉地遵循社会道德体系，更好地履行个人的社会义务，不断地提升个人的人生境界的内在要求，也是阅读的内生动力。研修性阅读需要精读，对书中的内容要逐字逐句地细加思索，捕捉作品的内涵，从而理解其中的深奥哲理。人们的知识体系是通过各种阅读、学习和实践而逐渐建立起来的。阅读是人们运用语言文字来获取信息，认识世界，发展思维，并获得审美体验的活动。研修性阅读是陶冶人们的情操、提升自我修养的过程，是一种探究、理解、领悟、吸收知识的过程，可以改变读者的思想，从而也可能改变读者的命运。

3. 图书分类。阅读需求引申出阅读分群，阅读分群与图书分类关联。同一层次的读者，由于不同的阅读目的，读不同内容的书，形成不同的阅读群。阅读需求是图书分类的前提，也是阅读分群的基础。根据阅读分群的需求，图书分为知识常识类、休闲娱乐类、学科专业类、文化建设类等四类。

知识常识类图书。知识常识类图书是指各种介绍基本知识和生活常识的图书。知识是人们通过各种途径获得并经过总结、提升并凝固地对自然与社会的系统认识，并经过检验为正确真实，可以指导认识世界，解决实践问题的观点、经验、程序和策略。知识是构成人类智慧的最根本元素，知识从观察对象看可分为自然知识和社会知识，从指导实践看可分为经验知识和理论知识，哲学是关于自然知识和社会知识的概括和总结，也是经验知识和理论知识的融合和提升。常识是指社会中一个心智健全的成年人所应该具备的基本知识，包括基本的生存技能、劳作技能、自然知识、社会知识。生活常识指个人在社会生活中总结出来并应该具备的基本知识，包括生存技能、劳作技能、基础知识等。科学知识是人们对物质世界以及精神世界探索结果的总和，是可以指导解决学习工作实践问题的观点、方法、经验等信息。百科知识，即涵盖一个领域的全部基本知识。

休闲娱乐类图书。休闲娱乐类图书是指丰富生活内容、陶冶生活情趣、提高生活质量的图书。休闲娱乐类图书指松弛个人身心，满足个人爱好，增长个人见闻，培养生活情趣，发展个人特长的图书。这类图书帮助读者学会交流沟通，加强社会交往。休闲娱乐性读物也是知识重构的形式，通过休闲读物，也可获取知识，陶冶情操，提高文化素养。将休闲娱乐类图书转化为不断满足人的多方面需要，创造文化氛围，传递文化信息，构筑文化意境，从而帮助读者达到个体身心和意志的全面、完整的发展。让读者从阅读中得益，在阅读中提升。

学科专业类图书。学科专业类图书可分为学术成果和学术著作两类。学术成果是指对客观事物及其运动发展规律的学科化研究方面所取得的系统专门的成就。科研成果指研究人员在其研究领域内，通过调查研究、实验观察、综合分析等一系列活动所取得，并经过评审或鉴定确认具有学术意义和实用价值的创造性结果。研究成果按其性质可分为基础研究成果、应用研究成果和发展工作成果。学术成果和科研成果的表现形式为研究报告、论文、论著等。研究成果是研究者辛勤劳动的结晶，代表现阶段思想政治、文学艺术、科学文化最高研究水平，对我国政治、经济、文化、社会发展等具有积极推动作用，是一种具有特殊意义的生产力。

文化建设类图书。主要是指为推动国家文化建设，促进经济社会和谐发展和文明进步，由国家支持的具有文化传承和文化积淀价值的图书。文化建设类图书具有多种价值：图书规模较大，代表现阶段思想政治、文学艺术、科学文化最高研究水平；填补某一学科领域空白，对我国政治、经济、文化、社会发展等具有积极推动作用；具有重要思想价值、科学价值或文学艺术价值，对弘扬民族优秀文化和及时反映国内外新的科学文化成果有重大贡献；具有很高史料价值，集学术之大成；对维护国家稳定、民族团结具有特殊意义。

社会分层是阅读分群的基础，同一社会层级内，读者的喜好决定其对图书的选择。同一个社会层级会有不同的阅读需求读不同的书。不同的社会层级因共同的阅读需求读同一内容的书。同一社会层级，由于不同的兴趣而分为不同的阅读群体，但是，不一定完全反映其所归属的阅读群。从个人喜好的角度观察，阅读分为若干群。从图书价值的角度观察，阅读内容分为若干类。从内容深浅的角度观察，阅读程度分为若干级。不同的读者分层有不同的阅读需要，同一类型的图书会被不同层级的共同读者喜爱；不同等级的图书能满足各种层级共同读者的需要。阅读分群，帮助理解我们分析读者层级和阅读需求。编辑要善于组织作者，按内容分类图书，满足不同读者的阅读需求。

社会分层是读者分群的基础，同一社会层级内，读者喜好决定其对图书的选择。同一个社会层级有不同的阅读需求，会选择读不同的书；不同的社会层级因共同需求而可能选择读同一内容的书。同一社会层级，由于不同的兴趣而分为不同的阅读群，但不一定完全反映其所归属的阅读群。

图书是人们汲取知识与智慧的渠道。作为优秀文化的承载物，它在促进不同文化传播交流的同时，又承担着文化传承与发展的重任；作为文化建设的重要载体，它对科学文化进行了良好的宣传，引导着人们朝着先进的舆论方向发展；作为文化建设的基础，在启迪大众和文化发展上有重要作用。图书的生产过程，就是知识重构和创造的过程，在传递知识的同时，编辑也在传递一套文化系统。

三、内容分级与图书定位

阅读是通过图书等载体，用语言文字来获取信息，认知世界，发展思维，提升能力，并获得审美体验的活动。由于读者需求的特殊性和分层性，图书品种的丰富性和复合性，图书形式的同一性和差异性，在对读者分层、阅读分群、图书分类的同时，还有必要对图书内容进行分级。

1. 图书分级。图书内容分级是指根据读者认知能力对图书内容进行不同层次的分解，同一种阅读需求的人读同一类型的图书，不同的认知能力和读不同的书阅读。读者知识结构和年龄大小与图书内容分级关联，是图书内容分级的重要条件。内容分级一般是以不同年龄阶段和知识深浅程度来划分。由于读者知识结构和读者年龄大小不同，同一题材的图书要满足不同读者层次和年龄分段的需求，就需要采取不同层次的文本表现形式，就要会用不同的体裁表述方式，就应该有多种层次的语言表达方式来展示。

文本表现形式分级。用文本形式分级是指同一内容的作品，根据不同的读者层次和阅读需要，用不同的文本表现形式进行加工整理。文本形式分级在古籍整理出版和名著整理出版中表现典型。

古籍整理出版。古籍整理专指对中国古代书籍进行加工整理，便于当代人阅读的工作。古籍整理要求对古籍原典进行审定、校勘、标点、分段、注释、今译、复制。古籍整理是向人们展示历史，同时也是保留历史。古籍整理帮助人们在浩如烟海的古籍文献中，把握住中华民族文化发展的脉络，展示中华民族传统文化的精华。古籍整理有古籍影印本、古籍排印本、古籍校注本、古籍译注本等文本形式。古籍影印本指用照相的方法，将古籍原件制成印版进行印刷，用以复制古籍和文献资料。古籍排印本有点校本、注疏本、今译本等等。古籍整理的不同文本形式可以满足不同层次读者的需要。同样是古籍整理版本，研究者需要原版名家点校本，古文爱好者愿意读译注本，学生愿意读典籍故事绘本。

名著整理出版。名著整理是指对历史上有影响的重要著作进行整理编辑出版。名著可以用多种形式整理出版，主要的形式有原著复制、原著缩写、原著改编、原著节选、原著故事、原著绘本等。

文体表述方式分级。用文体表述方式分级是指不同的图书类型有不同的文体方式表述。文体是指作品的种类和样式。

图书文体指文章的写作样式，主要有记叙文、应用文、议论文等。不同的内容、不同的文本和不同的内容要用适合的文体来表述，才能起到应有的效果。

语言表达方式分级。用语言表达方式分级是指同一内容的作品，根据不同的读者层次和阅读需要，用不同的语言表达方式和不同的文图表达方式进行加工整理。语言表达方式分级主要指教材教辅读物出版和知识普及读本整理出版的语言表达分级形式。学生教材在分科内容基本相同的情况下，由于学生的年龄差异、知识结构差异和认知能力的差异，在语言表述时就得根据不同的年级要求，使用不同的语言风格和文本形式。小学本只告诉学生这样做；中学本要说清楚为什么这样做；高中本要引导学生去理性分析思考如何做得更好。

学会用不同的文本表现形式、不同的文体表述方式和不同的语言表达方式，对选题和文稿进行加工整理，是编辑的基本功。

2. 图书定位。读者是分层的，不同的读者需要不同层次的图书满足需要。阅读是分群的，每一个读者层次都会有不同类型的阅读需求，同一类型的图书会被不同层级的读者阅读。图书是分类的，每一种类型的书都可能分成不同层次的读本样式。认知是分等的，按阅读年龄，按认知能力分为不同的等级。内容是分级的，同一种内容的图书，可分解为若干水平等级。读者分层、阅读分群、图书分类、认知分段、内容分级、消费分档，要求编辑对图书要准确定位。

图书定位的内容。图书定位是指图书的市场定位。图书定位是选题论证和书稿审读必须明确的思路和方法。解决图书的定位问题是编辑要训练的基本功。图书定位要把握读者定位、作者定位、文本定位、装帧定位、渠道定位、价格定位等六个方面。

读者定位。读者定位是讨论卖给谁的问题，这是选题策划时首先要明确的。不同的读者，有不同的知识积累、不同的认知水平、不同的阅读需求、不同的阅读习惯。读者分层，阅读分群，内容分级，细分了市场，决定了图书必须准确定位，才可能把合适的作品推荐给合适的读者。在填写图书选题报告时，读者对象是必填的栏目。很多编辑在填写时，常误以为图书读者对象的范围越大越好，以为满足广大读者的需要就是最好的市场定位，似乎想说明所编图书面对的是广大的市场，面向众多的读者，一定会有很好的销路。其实，这是一个误区。实践证明，图书的读者定位越宽泛，想面对的读者群越庞大，其结果越是没有读者。就像市场上卖狗皮膏药的，常常把他的药吹得神乎其神，包治百病，事实上从来就没有万应药方。编辑要学会对图书市场、阅读群体准确定位，也要针对特定市场和阅读群体做到将图书准确定位。

作者定位。作者定位是讨论谁来写的问题，这是选题落实的关键。不同的读者对象有不同的阅读需求、不同的阅读习惯和不同的认知能力，这决定了编辑对作者必须要准确定位。不同的作者熟悉不同领域，擅长讲不同的故事，习惯于特定的表达风格，了解特定阅读对象的需求，就可能创作出读者愿意接受的作品。

文本定位。文本定位是讨论作品内容的表现形式。不同的内容有不同的文本选择，不同的读者有不同的文本喜好，文本风格是两者的有机统一。文本定位包括文本的选择、文体的运用、语言的表达、图文的配合等内容。宏大的山水意境叙事和细腻的人物情景叙事，散点透视和主题集束等艺术表现的手法，根据不同的读者对象进行不同的选择，内容和形式俱佳，作品的审美价值才能提升。

装帧定位。装帧定位是讨论图书外观的呈现形态。不同的读者群会对装帧审美有共同的喜好，不同的装帧风格和不同的表现方式会引起目标读者群的关注。不同的装帧还体现出购买者的社会身份和文化品位，这是编辑必须注意的。未来的图书是高档时尚品，必然是内容经典，装帧精美，文化性、审美性同步的产品。纸质图书的阅读将成为一种身份的象征，一种优雅的姿态，一种高品位的生活。

渠道定位。渠道定位是指图书的发行渠道和销售平台。每年的新书出版多达数十万种，茫茫书海中要寻觅自己中意的图书是十分困难的，图书分类的目的就是便于读者查找和选择。图书分类也形成图书专营，不同的发行渠道发行不同的图书，不同的读者通过自己熟悉的渠道寻找自己想买的图书。渠道不同图书折扣的差异很大，不仅网络书店的折扣令人眼花缭乱，在实体书店中，形形色色的折扣价层出不穷，也直接影响图书的定价。

价格定位。价格定位是指图书的定价方式。国内图书销售实行定价制，图书定价由出版社确定。图书的定价，由作者稿酬成本、出版管理成本、装帧设计成本、印制纸张成本、发行物流成本、税收等六个部分构成。实践中，我们会发现，图书定价与消费群体有关，不同的读者对图书消费有不同的观点。高端品质的图书，纸张和印刷装帧要求都较高，定价会稍高。图书的装帧定位也影响图书定价，不同的装帧材料和不同的印制工艺会影响直接成本的变化。渠道定位也会影响图书的定价。而发行渠道定位则直接决定图书的发行折扣。不同的图书要采取不同的定价策略，市场同类图书的定价是重要参照。

图书定位的六个问题是选题策划论证时必须明确回答的问题，也是编辑审读书稿时脑袋里必须紧绷的六根弦。

图书定位要求编辑学会把握选题方向，培养自己的作者团队，对知识进行分级解读，让作品形成梯次，向各个读者层次扩展，使选题策划形成波浪式推进，知识展示呈现螺旋式上升。

同一个主题从不同的角度和层次满足不同读者的需求，用不同的方式组织起相同阅读需求的读者。这就是出版人的价值体现。

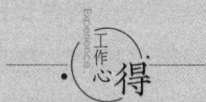

作者与读者直接交流对话，

创作意图与阅读反馈。

读者与作者直接交流对话，

阅读需求与创作建议。

读者通过编辑与作者对话，

归纳汇集与创意转换。

作者通过编辑与读者对话，

对象定位与阅读导引。

《资治通鉴全译》的读者定位

——古籍的文本转换与图书定位

我国辉煌灿烂的古代文化，在历史上对中华民族的形成和发展产生过巨大的凝聚作用。在当下，传播中华优秀传统文化，对弘扬爱国主义思想，建设社会主义精神文明，仍有巨大的现实意义。面对浩如烟海的古代文化典籍，由于时代的变异，语言的变迁，现代社会的多数人已难读懂，对经典古籍的传播和传承需要有一种思维转换。传统上对古籍整理的理解是校勘、标点就行，后来中央领导有指示，古籍整理"要有今译，争取做到能读报纸的人都能读得懂"，这是一个战略措施。为给读者提供一批优秀普及读物，20世纪80～90年代，贵州人民出版社在全国学术界专家的支持下，推出《中国历代名著全译丛书》，该丛书以"推陈出新、汇聚英华、弘扬传统、振兴华夏"为宗旨，精选我国历代经史子集四部名著50种，以全注全译的形式整理出版，化艰深为浅显，熔译注为一炉，使广大读者能对我国古代名著窥一斑而知全豹，在经典古籍的整理方面做出了有益的尝试。1988年我读研究生毕业后，到贵州人民出版社文史编辑室工作，适逢其会，有幸参与了《中国历代名著全译》丛书的工作，担任了《搜神记全译》《宋词三百首全译》《说苑全译》《新序全译》《博物志全译》《资治通鉴全译》6种书的责任编辑。其中《资治通鉴全译》是《中国历代名著全译丛书》的压轴之作，也是我编辑生涯的标志之作。

《中国历代名著全译丛书》以具有中等以上文化水平的读者为对象，重点选取我国古代具有典型意义的不朽巨著，又兼及历史上脍炙人口、深入人心的著名选本；既考虑所选书目应为当今的读者所了解，并通过整理使之世代流传下去，又顾及各书是否能够全部译成现代汉语的实际情况。根据上述原则，丛书对经部、子部的书选得较多；对集部的书主要着眼于一些有代表性的总集和选集，对历代文人的众多别集只选译一种作为尝试；史部的中国史学巨著二十四史因卷帙浩繁，工程巨大，一时不可能全译，若选其中某一断代史全泽，会有顾此失彼之虑，但丛书中不能没有史部的重要典籍，研究再三，选取了具有权威性的编年体通史《资治通鉴》，借以达到"以一当十"的效果，因此，二十四史而暂付阙如。

　　《资治通鉴》是我国古代编年体史书的鸿篇巨制，以政治、军事和民族关系为主，兼及经济、文化和历史人物评价，通过对事关国家盛衰、民族兴亡大事的描述警示后人，上起战国，下终五代，把中国古代 16 朝，共 1362 年的大事按年记载，一气衔接，成为连续古今的大编年史，是中国史学界的一大创作。

　　《资治通鉴》的作者司马光，字君实，山西涑水人，宝元进士。北宋时的大史学家和大政治家。他立志撰史，作为封建统治的借鉴。他自《十七史》外，博搜杂书稗史三百余家，用宋代的语言文字写成《资治通鉴》。从发凡起例到删削定稿，他都亲自动笔，劳精疲神，历时 19 年完成。《资治通鉴》原书是作为统治者借鉴的，如何通俗可读，是全译的重点和难点。要完成《资治通鉴全译》的工作，难点是作者的选择和全书文稿体例风格质量的整体一致。

《中国历代名著全译丛书》是我国古籍整理出版的工程庞大的丛书之一，而《资治通鉴全译》是丛书中体量最大的一种，原书有294卷，约300万字，分为20册，全注全译后有近千万字。要完成体量巨大的《资治通鉴全译》任务，对作者队伍有严格的要求。一是领衔人有学术名气，能把握《资治通鉴》研究方面的学术问题。二是能组建20个人以上的编撰团队，能保证在两年的时间内完成撰稿任务。三是参与者的学术水平整齐，能确保全书的整体质量。四是主持者要有学术领头和行政领导的双重身份，能保证全书的组织实施和撰稿要求的贯彻落实。

　　1990年底，在丛书编委会确定把《资治通鉴》列入全译丛书书目，我接受了负责组稿的任务后，为物色合适的作者，我上北京，转西安，奔驻马店，赶汕头，最后到武汉，在中国历史文献研究会的帮助支持下，与张舜徽先生取得联系，在知道我们的意图后，张舜徽先生欣然应允领衔主持，由华中师范大学中国历史文献研究所的学者专家组成编撰团队，接受全注全译《资治通鉴》的任务。

　　诚如本书领衔主持者张舜徽先生指出，编述一部大书，剪裁和熔铸的工夫最为重要，所谓剪裁，便是对丛杂猥多的材料进行审别，裁割去不需要的东西。至于熔铸，则是将各种不同的材料，整齐其笔法，使之成为前后畅通的文体。《资治通鉴全译》的编撰，也需要剪裁熔铸，每篇结构依次为"题解""原文""注释""译文"四个部分，作者要对《资治通鉴》原文进行精心校点，在题解、注释、译文上吸收历代学者对《资治通鉴》呕心沥血的研究成果，还要强调通俗性，做到学术性、资料性的统一，力图成为《资治通鉴》普及的总结性读物。参与《资治通鉴全译》撰稿的有20位作者，注译者的注释择项有多寡详略的差异，译述有舒放简括的不同，但不能各行其是，得有统一的撰写原则和行文规范，好在华中师范大学中国历史文献研究所人才济济，大多数是张舜徽先生门下弟子，所长李国祥教授组织调度有方，反复多次主持研究讨论，统一部署、统一思想、统一撰写体例，各位作者齐心努力，在规定的时间内很好地完成了校点译注工作。书稿送到出版社后，为赶时间，编辑室组成了近20人的编辑团队，参与此书的编辑工作。为保证全书的编校质量，也得有统一的编辑加工要求，我根据全书的编撰体例，拟定了编辑工作规范，并协调统筹把关，编辑诸君删削润色，规范统一，顺利完成了《资治通鉴全译》的编辑出版工作。

主持完成《资治通鉴全译》的组稿编辑出版工作，使我对编辑工作有了新的认识，特别是对大型经典古籍丛书的编辑出版工作有了进一步的熟悉了解，归纳总结为四条经验，即四勤、三统、二名、一定。"四勤"是指做编辑要能吃苦，更重要的是要做到脑勤、嘴勤、腿勤、手勤。编辑不仅是做伏案的文字加工，而且要贴近作者，面对读者，走向市场。"三统"是指大型丛书、套书的策划实施过程中，在顶层设计上，要统一编创思路，统一编写体例，统一编辑要求。"二名"是指古籍选目要选名著，重品质；古籍整理要选名家，保质量。传世经典都是脍炙人口、传之千古而不朽的文化珍品，为人们所喜爱，本身就具有很高的学术价值和保存价值，有较大的读者群。适应时代的要求对传统经典进行现代性释读转换，得找专家名家，因为他们功底深厚、学识广博，对古籍整理编译注释会有见地，能吸取前人的学术成果，正确引导读者的阅读理解，古籍经典才能够实现权威性和通俗性兼容，学术性和资料性并存。"一定"是指读者的定位，参加此项工作，我深刻认识到，同一部经典名著，按不同读者对象的阅读需求，经过出版人的策划组织，围绕确定的读者群，对传统经典加工整理，就能满足不同读者对象的阅读需求，而图书读者的定位准确，就可以获得较好的市场回报。在1994年武汉书市上，我社召开了"《中国历代名著全译丛书》出版座谈会暨《资治通鉴全译》新书发布会"，武汉各主要媒体都进行了宣传报道，引起了各界的关注，两天的书市，现场就销售了《资治通鉴全译》300余套。

基于对读者分层、阅读分群、内容分级的初略认识，《资治通鉴全译》出版后，由于有合作的基础，我与华中师范大学周国林教授和贵州社会科学院余民雄研究员合编了《中华大谋略》丛书，其中有一批资料就是在编辑《资治通鉴全译》时辑录下来的。其后还有《大众儒学书系》和《中华优秀传统文化读本》的策划和实施。

⊙ **思考**

读者分层、阅读分群、内容分级有什么意义?

《全球学》

贵州人民出版社　2007年出版

第六章　编辑与作者、读者的主体间性

关　键　词：编辑哲学；主体间性；认识论；方法论
学习目标：处理编辑与作者、读者关系是编辑工作的起点与
　　　　　归宿。

编辑与作者、读者的关系问题，是编辑在图书出版活动中要处理好的人际关系问题，是编辑价值观、认识论、方法论的体现。编辑如何看待自己，如何看待作者、如何看待读者，如何处理编辑、作者、读者之间的关系，是做好编辑工作的起点与归宿。主体间性是处理好图书出版活动中人际关系的认识论。

一、主体间性是处理人际关系的一种方法

人际关系指人与人在社会交往中所形成的心理关系，包括亲属关系、朋友关系、同学关系、师生关系、同事关系以

及领导与被领导关系等。人际关系的基础是彼此间的相互尊重与支持，相互性是人际交往的前提。人际交往，一般情况下，遵循保护自我、尊重他人、平等相待、互相交换、理解包容、信守承诺等原则。在社会生活中，人与人的关系表现为三种状态，即主体性、客体性、主体间性。

1. 主体性关系。主体指社会活动的主要部分，哲学上指对客体有认识和实践能力的人。主体性即从事认识活动和实践活动的主动性。主体因为客体而存在，是认识和改造的主导者。主体性即个体的社会存在性，自我存在的方式是社会性的。

2. 客体性关系。客体指社会活动的次要部分，即被主体认识和改造的人。客体性即实践活动和认识活动的被动性，是活动次要方面。客体性相对于主体而生存，是被认识和被改造的对象。

主体与客体的关系是认识和被认识的关系，是改造与被改造的关系，也是满足与被满足的关系。

3. 主体间性关系。主体间性指作为特定社会活动主体同时存在的人与人之间的关系。主体间性认为，在特定的社会活动中，人际关系不仅是简单的主客体关系，而且有双主体、多主体同时存在的情况，即便是只有主客体关系，在一定的条件下，主客体的角色也会互换。主体间性研究在特定场域中一个主体与另一个主体的互相作用。在社会学领域，主体间性关系表现出统一性、平等性和交互性等三个特征。

主体间性关系的统一性。主体间性的统一性特征表现在主体间是相互依存共生的。主体间性即群体的社会共在性。主体间性既包含个体性，也包含个体的社会存在性，反映了主体与主体间的社会共在性。主体间性研究涉及社会关系的统一性和价值观念的统一性问题。

　　主体间性关系的平等性。主体间性的平等性特征表现在特定社会活动中各主体的关系是平等的，没有主客观二分，也不是主动被动，而是基于社会活动中自我的存在和价值的实现。

　　主体间性关系的交互性。主体间性的交互性特征表现在各主体之间的作用是互相影响的，在一定条件下，角色是可以互换的。

　　主体间性是认识论的基本原理，是认识同一事物运动中人与人之间关系的基本原理。特定的社会活动中，在有多主体同时存在的情况下，主体间性是共生互利的群体价值观；主体间性是和谐相处的群体认识论；主体间性是调整人际关系的群体方法论；主体间性是处理群体活动人际关系的一种方法。

二、编辑活动中主体间性关系的认识

　　图书出版活动中的三个主体。图书出版活动是一种社会活动，有作者、编辑、读者三个主体同时存在。编辑作为图书出版活动的主体之一，必然要与作者、读者发生关系，必须要处理好作者与编辑、编辑与读者的人际关系。编辑学研究人际关系，主要是在图书出版活动中共生互利、相互依存、和谐发展的编辑、作者和读者三者的关系。在社会生活中，主体与主体间的关系不是直接的，而是间接的，它以主体间的关系为中介，包括以政治的、文化的、社会的、经济的产品作中介。作者、编辑、读者三个主体之间，就是以知识传递为中介，以图书形式为载体而发生关系。因此，三者的主体间性表现得更具有典型性。

1. 图书出版活动中主体间性关系的统一性。作者、编辑、读者之间的统一性首先表现在三者共生于图书出版活动中。三者都是因知识传递而相互聚集，因传递知识而共同生存，围绕知识而和谐发展。求知、阅读和转换是三者共同的追求。三者的统一性还表现在求知、阅读、转换的统一性。

2. 图书出版活动中主体间性关系的平等性。作者、编者、读者之间的平等性表现在求知的需求上是平等的，三者既是知识的需求者，也是阅读的消费者，同时还是知识的转换者。我们强调三个主体间的平等，是统一在图书出版活动中的平等。作者、编辑、读者的主体关系是基于社会活动中自我价值的存在和实现。图书出版活动中主体间性关系的平等性还表现在作者、编辑、读者的求知、阅读、转换的主动性。

作者创作构思的主动性。作者的主体性表现在作者创作构思不是被动的撰文，而是主动的创作。作者创作构思的过程，是阅读学习、知识汇集、知识转换的过程，同时满足了阅读的求知需求和转换的能量需求。

编辑阅读引导的主动性。编辑的主体性表现在编辑阅读引导不是被动的传递，而是主动的导引。编辑阅读引导的过程，是阅读学习、知识汇集、知识转换的过程，同时满足了阅读的求知需求和转换的能量需求。

读者求知需求的主动性。读者的主体性表现在求知需求的主动性。读者阅读需求不是被动的灌输，而是主动的吸纳。

读者对知识、对图书、对阅读都有主观选择性。求知阅读的过程，同样是阅读学习、知识汇集、知识转换的过程，同时满足了阅读的求知需求和转换的能量需求。

3. 图书出版活动中主体间性关系的交互性。图书出版活动中主体间性关系的统一性还表现在三个主体间的交互性。作者、编辑、读者之间的交互性表现在三者作为知识这一产品的生产者、分解者、消费者是相互依存、互利和谐的。三者的交互性还表现在能量的流动是交互的，知识的传递是波浪式的渐进和螺旋式的上升。在知识转换的同时，又产生了新的求知愿望、新的阅读需求，三者是互相促进的。在一定条件下，三者的角色还可能互换。

在图书出版活动中，提出主体间性关系的依据在于作者、编辑、读者三者的关系不是简单的主客二分，更不是简单的主体构造和客体征服，而是基于图书出版活动的主体间共在，是基于自我主体与对象主体间的知识传递和图书对话。

从编辑学的角度提出主体间性，突显作者构思创作的主体性，重构编辑阅读引导的主体性，强调读者阅读需要的主体性，进而明白三者的主体间性。认识到作者、编辑、读者的人际关系是主体间性，需要建立互相理解、互相沟通的交往理性，以达到图书出版的和谐互利，可持续性发展。

三、编辑与作者关系的主体间性

新时期的出版转型，最重要的是编辑观念的转变。如何建构新的编辑观，处理好编辑与作者的矛盾关系，需要深层次理念的转变，也就是需要从认识论的层面进行思考。处理编辑活动中人与人的关系，主体间性是我们的基本武器，主体间性主张在同一事物运动中不同主体的关系是共生、平等、交流的关系。在编辑出版活动中，编辑与作者的关系，就是典型的主体间性。作者是作品的创造者；编辑是作品的分解优化者；作品由创编双方共同转化为产品。编辑与作者职业的共生统一性、编辑与作者职能的差异互补性、编辑与作者作用的交融互动性、编辑与作者劳动的交易互换性、编辑与作者成果的共享互利性构成编辑与作者关系的主体间性。

　　1. 编辑与作者职业的共生统一性。主体间性研究的是同一事物运动中一个主体与另一个主体的互相作用问题。主体间性认为，自我主体是由其自身存在的"他性"而界定的，这种主体中的他性就是主体间性。现实社会中的人际关系是一种交往行为，人与人的交往行为就是主体间性行为。在同一事物运动中，自我主体与对象主体之间的共生统一性是主体间性的最基本涵义。所谓共生统一，讲的是双方互相依存、互相支撑、互相制约、互相转换，共处于一个统一体中。自我主体与对象主体都不可能独立存在，各以其对立面为自我存在的前提。编辑与作者之间的关系，是共生统一的关系。编辑与作者是图书出版活动中共生的两个主体。编辑与作者所从事的职业不同，角色各异，图书出版活动是编辑与作者共生其间的架构。编辑与作者以交流、对话、沟通、合作等方式支持并支撑着双方的共同生存，也支持并构筑起编辑与作者的实践理性。编辑与作者用图书出版活动的共同语言交流对话，得以形成双方共同的视野和普遍的尺度，编辑与作者两个主体间在共同的图书出版活动中彼此依存，互相理解，并服从于双方认同的行动规则，认同于在此规则的指导下解决不同主体价值观念的不一致。从选题策划、书稿创作、编辑加工到图书成品完成、市场推介的过程，就是编辑与作者共生统一的过程，就是编辑与作者关系发生与发展的过程。图书出版活动中，编辑与作者的中介就是书稿。作者为出书而创作，编辑为出书而审编，承担的是同一产品生产的不同流程工作职责，双方都希望作品能以最合适的形式奉献给读者。图书出版活动中，双方齐心合作，共同以出好书，服务于社会，服务于读者为目标，既体现了编辑与作者对图书的质量的共同追求，又体现了编辑与作者利益的根本一致。任何统一都是对立的，统一与矛盾是共生的。"事物矛盾的法则，即对立统一的法则，是自然和社会的根本法则，因而也是思维的根本法则。"只有统一，不是矛盾；只有对立，也不是矛盾。在同一事物运动中共生互利的不同主体，就是矛盾的主体。统一与对立是同时存在的，自我主体与对象主体的共生统一性就必然存在双方的矛盾制约性，编辑与作者又是相互制约的。好的书稿要碰上好编辑，好的编辑也得遇上好书稿才能够出名篇、出人才。作者的一部好书稿，遇上马虎的编辑，呈现出来的，可能是图书残次品；一位优秀的编辑，没有理想的书稿，也只能是巧妇难为无米之炊。这是编辑与作者互相制约的例子。共生互制就必然会有各种矛盾与斗争，就有矛盾的化解与改善，就有矛盾的运动推动出版活动的向前发展。

2. 编辑与作者职能的差异互补性。不同主体间如果没有差异性就不会有共生性。编辑与作者活动的共生互制性，源于编辑与作者职能的差异互补性。图书出版活动中，由于活动的编辑与作者职责不同、位置各异而出现职能的差异性。在图书出版活动中，编辑与作者职能的差异性主要有几个方面的表现。其一，扮演的角色不同。作者负责作品创作和内容提供；编辑负责图书呈现和内容传递。其二，思维方式不同。作者是以感性为主的创作思维，编辑是以理性为主的选择思维。其三，关注的视角不同。作者关注的是知识思想的个性表达，编辑关注的是知识思想的群体接受。其四，权衡取舍的不同。编辑与作者的职业职能的差异导致价值观与方法论的差异，决定两者权衡取舍的差异。差异是一种资源。同质竞争，差异互补，这是自然界的法则。编辑与作者的这种差异性同时也表现为互补性。由于思维的逻辑方式不同，看问题的角度和方式不同，思考的线性与网状结构不同，权衡取舍的价值观念不同，那么，在共同参与的图书出版活动中，反而是形成了差异互补，形成了优势互补，在一定条件下就形成了强强合作的态势。在图书出版活动中，编辑与作者的差异互补性在选题策划、书稿创作、编辑审稿、优化美化、印制发行、宣传推介的一系列活动中都始终如一。编辑与作者的合作就是充分利用差异互补，共享优势互补的资源实现效益的最大化。差异互补的前提是编辑与作者的相互认同。认同指各自独特的自我感觉。认同就是彼此的接受与欣赏。认同可以是多样的，认同建立在选择能力的基础上，认同就是差异互补。认同在任何意义上讲，都包含着差异，差异使认同感更加清晰与明确。差异就是矛盾。职业的差异性决定编辑与作者之间存在着矛盾。而职业的互补性又决定了这种矛盾是非对抗性的，是可化解的，可以用对立统一的原则化解。

3. 编辑与作者职责的交融互动性。编辑与作者职业的差异互补性，在图书出版流程中还表现为双方活动的交融互动性。主体间性有两重涵义。其一，处于同一事物运动中的不同主体之间不是主体客体的对立关系，而是自我主体与对象主体间的相互交往关系。主体间性认为，人与人的交往不是主客二分的主体构造和客体征服，而是主体间的共在，是自我主体与对象主体的对话与交流。其二，在如何对待自我与他人、个体与社会的关系问题上，主体性讲的是个性，主体间性讲的是社会性。主体间性认为，自我主体与对象主体是一种共在关系，是个性主体间的共在，而不是自我主体孤立的存在。主体间性不反对个性、主体性，认为主体间性是个性的普遍化存在方式。主体间性是一种交互主体性。人的自我存在方式是社会性的，即社会性存在的个体性。主体间性的概念，既包含了人的活动的社会性，也包含了活动的个体性。自我主体与对象主体以主体间的方式存在，主体间活动的表现是社会性的，其本质又是个体性的。主体间性的概念要求我们要正确处理主体间的关系问题。主体间性的交融互动，就是自我主体与对象主体之间的交往、对话、沟通、协商。编辑与作者的交融互动表现在几个方面：其一是在作品创作中的交融互动。其二是在选题策划中的交融互动。其三是在编辑出版中的交融互动。其四是在角色主次上的交融互动。著名作者在入道之初，一定是被苛刻负责的编辑反复捶打磨砺过；优秀编辑在从业途中，一定是被众多的优秀作者不断熏陶感染过。成名作者可以是好选题的策划组织者，优秀编辑同样也可以是选题的策划实施担纲者。编辑与作者就是在选题策划、书稿创作、编辑优化、装帧美化的过程中把两者的思想融为一体。在一定的条件下，编辑与作者角色的互相转换，也符合矛盾的双方向它的对立面转化这一原则。编辑与作者作用的交融互动性，还表现为成果的同一性。图书在一定条件下是编辑与作者的共同成果。虽然编辑与作者有署名权的差异，但是，一本好书，一定是编辑与作者用心血共同熔铸而来。

4. 编辑与作者劳动的交易互换性。编辑与作者的差异互补性和交融互动性，从经济学的角度观察，就是编辑与作者劳动的交易互换性。商业交换是人类独有的核心交换方式。主体间性的维持是由不同主体间的共同利益所决定的，商业交换是主体间性所依赖的互动行为。在最基本的层面上，商业交换行为是同一运动事物中两个主体能够共生统一的基础，主体间性在这一层面上是由商业交换行为所表现的。主体间性所附着的互动交往行为，很大程度上表现为商业交换行为。编辑与作者合作而共生于图书生产活动架构中，图书出版活动的商业交换性，决定了编辑与作者劳动的交易互换性。图书生产过程是两者对话、交流并共同参与活动而产生共同利益的过程。由于利益的一致，双方通过对话、交流得以形成共识，两个主体在彼此互动的行为中，服从于维持和扩展主体间的相互理解和可能行动的一般性意义、原则与价值，实现活动参与者之间尽可能一致。编辑与作者劳动的交易互换性既是社会分工的必然，又是利益共享的必须。图书出版活动是一种商业交换活动。编辑与作者职业的共生互制性决定了编辑与作者劳动的交易互换的可能。而差异互补性和交融互动性则是编辑与作者劳动交易互换的两种形态说明了交易互换的可行。这种作者以书稿创作为其主业，编辑以图书出版为主业，编辑与作者劳动的交易互换性，表现在三个不同的阶段：第一阶段，选题策划阶段。编辑策划组稿或作者策划投稿，交易互换可能是双向的。第二阶段，作品创作阶段。以作者创作为主，编辑参与为辅。第三阶段，图书成型阶段。以编辑编改为主，作者修订为辅。这种交易使编辑与作者的状况都变得更好。在不同阶段中，编辑与作者各自发挥比较优势。编辑与作者的交易互换是一种"参与和分享"，图书出版后，作者享有著作权，获取图书出版的创作利润；编辑享有出版权，获取图书的出版利润。编辑与作者劳动的交易互换性，说明了编辑与作者的关系不是天然的、永恒的，而是被社会经济的发展影响，随社会经济变化而变化的。交易互换性决定了双方在发展中对合作伙伴的可选择性。编辑与作者良好的合作关系建立在对彼此的身份、责任和价值的认同上，成名的作者会选择自己信任的责任编辑，优秀的编辑会打造自己心仪的作者团队。

5. 编辑与作者的成果共享互利性。一件优秀产品，是作者与编辑共同打磨的成果，凝聚着作者与编辑的共同心血，呈现出作者与编辑的共同智慧。作者依靠编辑的专业知识和经验，对作品内容文字优化，规范行文，纠正错误；对作品呈现形式美化，构筑通道，融入市场。作品通过编辑的加工而提升品质，提高了作者的社会知名度和美誉度。编辑借助作者与作品的社会知名度和美誉度，也同样提高自己的社会知名度和美誉度。

6. 编辑与作者主体间性关系认识的价值。通过前面的分析，我们可以看出，编辑与作者的关系，不是编辑主体与作者客体间的存在，而是编辑自我主体与作者对象主体间的共在。编辑与作者的关系不是主体性认知下主客体间的征服关系，而是主体间性认知下的自我主体与对象主体共生、平等、交流、共享的关系。编辑与作者的职业共生互制性、职能差异互补性、作用交融互动性、劳动交易互换性和出版资源共享性，就是主体间性的共生性、平等性和交互性特征在图书出版活动中的具体表现。用主体间性的原理来考察，编辑与作者在图书出版活动中的关系就是主体间性。

有利于激活编辑出版活动中各主体的积极性。提出编辑与作者关系的主体间性，重申作者是作品创作的主体，编辑是图书出版的主体，不是否认编辑与作者的各自作用，不是否认编辑与作者的各自贡献，而是强调编辑与作者都是图书出版活动的不同主体，是图书出版活动的动力与源泉。

有利于克服编辑出版活动中对各主体作用的偏见。提出编辑与作者主体间性，是要超越长期以来在编辑工作中广泛存在的主客体观念，清除"编辑无用论""编辑老爷观""为他人作嫁衣说""作者文责自负说"等观点的消极影响。我们要辩证地认识图书出版活动中编辑与作者的主体间性关系，既要看到编辑在图书出版活动中的引领作用，又要重视作者是作品创作的主体地位；既不要过于乐观地强调编辑的主导作用，也不能悲观地认为编辑只会做嫁衣裳；既不要夸大编辑与作者在现时代的矛盾，也不可错误地认为编辑与作者的利益完全一致。和谐的编辑与作者关系，不是没有矛盾，这些矛盾以非对抗性为主，因此，编辑与作者的关系以统一性为主要标志，两个独立统一的主体可以通过合作、对话、默契、妥协、协商、共赢而实现和谐。编辑与作者的关系不可能是永远和谐，永远稳定的，它需要编辑与作者共同不懈的努力，编辑盲目的自信自大或短视的自卑自贬，无视转型期图书出版工作的新要求，必然会导致编辑与作者关系的疏远和淡漠。

有利于确定编辑在图书出版活动中价值和贡献。编辑是一种使人充满着激情与享受的职业，因为编辑作品，你有机会结交一批最有影响的文化人，与一批最有创造力的人合作。与作者合作的过程，就是你不断学习和进步的过程。与作者的合作，最重要的是要赢得作者对你的信任；取得作者的信任，是激活作者创作力，使作者与你通力合作，打造精品的基本条件。编辑选作者，其实，作者也在选编辑，也应该选编辑。编辑主体间性的研讨，是发挥编辑的主观能动性的重要措施。一个编辑与一类图书出版是相关联的，编辑的离开，编辑团队的解散，出版这一类书的条件就消失了。以后可能会有新的编辑进入这个领域，也还是做同类型的选题，然而，你就会感到味道不一样了。

图书出版活动中编辑要发挥主观能动性。图书是作者思想的火花和智慧的结晶，也是编辑形象思维和逻辑思维的结果，图书得以成型为特定社会的商品，是作者与编辑共同劳动的实绩。通过编辑的有效劳动，经过筛选、发现、梳理、策划、加工、制作的一系列的编辑出版活动，作者的思想成为物化的精神产品。经过编辑创意加工的作品，已经浸润有编辑的智慧，留下了编辑的痕迹。主体间性的认识，有利于编辑的知识产权问题的处理；有利于编辑与作者的创作权与编辑创意权的划分问题；尊重编辑的策划创意权问题，有利于解决编辑的创意与出版社编辑的职务创造的权益归属问题。

编辑是要与作者沟通的。这种沟通建立在你对作者所从

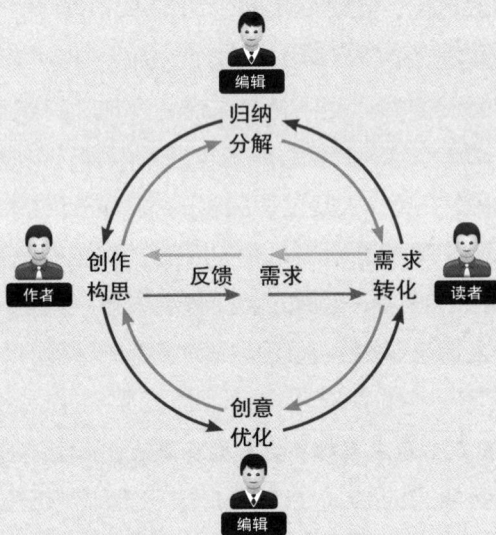

图 3. 读者、作者、编辑主体间性的互动示意图

事创作领域的熟悉，你对作品的理解，你与作者交流对话的话题能够引起共鸣的基础上。其实更重要的是，作者需要你在出版上给予他的帮助，你能提出有效的出版建议与意见。支撑你的意见有价值的是出版平台，在专业领域，在专家面前，大多数编辑只能是知道而已。编辑与作者对话的是作品的编辑出版话题，是从编辑的角度提出的关于作品如何投入市场，如何满足读者阅读需要等问题。搭建好编辑平台，这是编辑与作者对话的资本。

可持续发展理论的哲学基础在于人与自然、人与社会、人与人的关系协调发展和完美统一，图书出版业要实现可持续发展，就要处理好人与人的关系，编辑与作者的关系问题是关系到整个图书出版业的前途与命运的问题。构建和谐的编辑与作者关系是出版转型的重要基础，是出版创新发展的关键。主体间性的认识论，对我们认识与处理编辑与作者的关系有十分重要的意义。用主体间性作指导，建立编辑与作者的和谐关系，激发编辑的主观能动性，激活编辑作者合作互动共赢的创新力。

《全球学》的审改与"全球学书系"策划

——编辑与作者主体间性关系的认识

在世纪之交,随着现代化进程的加快,科技、信息技术的飞速发展,人与人、群体与群体、国家与国家之间的联系越来越多、越来越紧密,世界正逐步变成一个"地球村","全球化"成为一个使用最频繁、热度最高的概念。正是由于热度高,关注的人多,所以才出现了众口难辨的局面。事实上,关于什么是"全球化",它具体包含哪几个方面的内容,以及如何实现"全球化",现实世界中对实现"全球化"构成的障碍有哪些方面,等等,这些问题都是需要关心这一凌云的人士、学者所必须面对的。而用什么方式来呈现也是人们所共同关注的。

就是在这种背景下,社总编办公室给我送来了一部书稿,标题是"人人共享的全球化",书名和作者引起我的好奇。作者孙国强是政府公务员,著有《循环经济的新范式》等著作。据介绍,作者在工作之余,长期致力于经济全球化研究。书稿旨在以综合性、多学科与跨文化的视角,探索和理解人类社会全球化进程及其影响,研究诸如环境恶化、身份认同、和平与冲突、全球贸易与经济联系,乃至人类精神归属等全球性或跨国性问题。通过经济、社会、历史、环境、文化、生物、政治及其他视角来分析全球化现象,推动世界上不同文化与文明间的相互理解,培育全球意识,消除人类因地理、文化、语言与政治的差异而产生的隔阔。书稿立足于实现全人类共同利益，实现每一个人全面自由发展而人人共享的全球化的客观基础之上。作者孙国强以解放思想、实事求是、与时俱进的开拓精神和创新意识，在人类社会共同利益的基础上，揭示了全球化发展的客观规律。在分析了全球化理论流派、发展历史、科技、经济、文化、政治、问题、治理、价值、道路等各方面的内容之后，经过科学的理论分析，作者一针见血地指出，全球化"不是少数富国少数富人所独霸独享的全球化，而应该是人人共享、每一个人自由全面发展的全球化"。提出了全球化的新内涵：人人共享，每一个人自由全面发展。作者主观上着力于探索全球化的共享性研究，客观上却在致力于构建一个全球视野的全球学体系，建立起崭新的全球学体系。因此，编辑认为书稿名"人人共享的全球化"不足以体现全书的价值，不足于统揽全书的内涵，不利于引导读者的阅读，不利于学科研究的拓展，不利于学科建设[①]。

全球学的主题、本质及规律可以用16个字来概括：和平、合作、改革、发展、共享、进步、和谐、文明。具体说，在全球化的今天和未来趋势中，我们反对霸权主义论，反对均衡主义论，主张和谐进步论。因此，作者研究的目的，是试图以和平合作发展共享进步为主旨，以造福全人类为目的，以完成对全球化的整体的初步研究。在这个总框架中，本书试图探讨性地回答了全球化的四个历史性问题：究竟什么是全球化；全球化究竟为什么；究竟怎样推动全球化的健康发展；全球化的未来究竟向何处去。

---

① 谢丹华：《创造造福全人类的全球学——评国内第一部〈全球学〉》，载《理论与当代》2008年第8期，55~55页。

作者广阔的视野和敏锐的眼光，全方位地提出全球学的研究架构、研究思路和研究方法。编辑与作者就书稿立意、全书架构、内容支撑、内涵外延等进行了反复研讨，特别是对书名进行了长时间的推敲，对书稿的目标及预期达成共识，将书名确定为《全球学》，重新修改大纲，调整结构，借此建构一个全球学研究的体系。作者作为国内全球学学科的首倡者，提出了一系列的指导思想和原则规范，探索了指导全球化发展的科学理论。首次创立了全球学这门新学科，提出了18个方面的新理论：新全球化观、新利益观、新人权观、新矛盾观、新多元化观、新价值观、新发展观、新改革观、新合作观、新和平观、新安全观、新民主观、新目的观、新秩序观、新和谐观、新过程观、新生态观、新文明观。

"全球化"是一个大概念，是关于未来社会、世界发展的一种构想和预测，既然带有一定的未来性，那么它就必然会有不确定性和猜测性，这也正是为什么会有如此多的争论的原因所在。全球化又是一个体系庞杂的系统概念，它是一种关于未来社会总体蓝图的概括，必然要涉及社会生活的方方面面——政治、经济、文化、科技、价值、教育等。对于任何一个系统理论来讲，其中最基础和前提的问题，是对于核心概念的定义和解释，因为对核心概念的定义决定着其他方面问题的提出和解决。正如对于全球化问题，首要的问题就是关于全球化内涵的解释。

在《全球学》中，作者讲到，全球学的研究目的就是立足于实现全人类的共同利益，实现每一个人的全面而自由的发展。全球化的过程势必将人类社会的方方面面都牵涉其中，而不是某一个方面、某一个领域的"全球化"，是作为人类

"类"的生存和发展。

书中概括、评析了九种关于全球化概念的优缺点，它们分别是：科学主义技术的全球化，一元中心主义的全球化，全球化改革及替代主义，全球化反对主义，全球化问题与治理主义，全球化指数体系的统计主义，全球化的历史主义，全球化三种力量的分析理论，综合分析全球化前景的理论。每一种理论都有其产生的时代背景和着力点，都有着某一方面的积极意义。作者进而指出，之所以会造成这种概念上的混乱，一方面是因为全球化进程本身复杂，另一方面是学者的研究又往往从自身的学科出发，主观化概括全球化认识，形成杂乱无序的标签。事实证明，从以往单一学科的角度出发定义研究全球化都是片面的，而必须从一种新的高度、新的思维方式、新的综合学科视野出发，才能求得这一问题全面合理的解释。这也正是作者试图努力的方向——创立全球学的尝试。作者给全球化的定义是这样表述的：全球化是人类历史上出现的一种全新的、性质完全不同的历史状态和趋势，在新的多元化和全球化问题的基础上，产生出了人类社会的共同利益。我们每一个人的利益也包含其中。我们必须以全球合作进步的全球治理为手段，正确处理和解决多元化与传统一元化之间的矛盾及全球问题，促进多元主体在相互竞争的基础上推进合作共赢、人人共享、民主平等、社会和谐。通过全球改革走向共同化，建立起公正合理的全球政治经济新秩序，实现全人类社会的共同和平、共同发展、共同富裕、共同文明和每一个人的自由全面发展。这是一个充满了斗争、曲折、复杂和风险以及希望的漫长的历史转型过程，它仅仅是开始。全球化的目的就是把人塑造成"全球人"，进而成为"自由人";全球化的目的就是实现每一个人的自由全面发展,它的出发点是人,目的是人类社会发展取得的一切优秀成果人人可以共享。当然这是一个漫长曲折的过程,虽然现在实现全球化的条件已初见端倪,阻碍因素还有很多,但这并不妨碍学者理论的眼光和深度。理论并不就是完完全全的现实,理论的价值在于对现实的解释和批判,在于指明一个方向。社会需要理想,正如人需要梦想一样。理想的价值在于给予我们光明,指引我们前行。

《全球学》出版受到各界好评,引起学术界的高度重视。2011 年 11 月 18 日"百度书评吧"有读者评价说:孙国强的《全球学》一书以恢宏的篇幅、缜密的体系、广阔的视角,勾勒出了一个"全球学"的理论体系框架,作者在书中表现出了一种大气和高远的立场,透露出了一种为国为民、忧国忧民的知识分子情怀。读完全书,受益匪浅。《光明日报》2009 年 4 月 22 日第 12 版,发表方尔加的书评说:"孙国强先生所著《全球学》,是近年来全球化问题研究的一部力作。通过回顾人类全球化的历程,作者提出,全球化的动力就是全球人类的共同利益,即实现每一个人的自由全面发展。这个观点新颖独到,给人启迪。"认为"把全球化的研究上升为'学',本书形成了自己独到的理论体系。全书辨析了全球化的概念、梳理了全球化的历史分期、提炼出全球化的本质和规律,还归纳了全球化问题的研究领域:全球化科技、经济、文化、政治以及全球化的具体范例——中国道路等等。此外,作者还列出了全球目前急迫需要解决的一些问题,不失为一部有深度、成体系、对现实有指导意义的学术专著。"《全球学》还被推荐为干部学习管理的读本,实现销售近 10 万册。

《全球学》一书的出版，推动了一个学科的建设，确立了作者是全球学学科领域首倡者的地位，作者被邀兼任中国浦东干部学院、贵州大学等多家高校与研究机构的客座教授。上海大学全球学研究中心是国际全球学合作团队的成员组织。作者受聘为上海大学全球学研究中心研究员，担任"全球化与区域经济发展"研究方向的博士生导师。责任编辑谢丹华与作者建立起良好的编创合作关系，该书的出版还激活了作者的科研创作激情，作者曾感慨地对编辑说："找到一个认真负责的编辑，审稿后结合书稿的实际，提出更改书名和重新修改书稿的方案，颠覆了我对编辑价值的认识，也改变了我的学术生涯。""以后我要出版书，首选贵州人民出版社。"其后，作者提出了《全球发展学》《全球社会学》《全球经济学》的科研创作思路，提出了"全球学研究书系"的构想。该书系各书正在陆续编创出版中。我想，这应该是编辑与作者主体间性认识的最佳注脚。

⊙ **思考**

编辑与读者关系的主体间性有哪些表现？

《共和国领导者丛书》
贵州人民出版社　2007 年出版

第七章　法的遵守与法的维护

关 键 词：编辑法学；法律意识；守法；风险规避
学习目标：养成法律意识，遵守法律法规，规避法律风险。

　　图书出版活动是在法律许可的范围内进行。出版法规、出版政策是编辑应知、应会、应用的基本法律法规。编辑法学指导编辑学习法律法规，运用法律法规，遵守法律法规，编辑应提高在法律层面上思考和处理图书出版事务的意识和能力，认真履行法律赋予的责任，学会运用法律手段维护编辑的权利。

一、法律是社会规范的具体形式

　　法学是以法律、法律现象及其规律性为研究内容的专门学问，是关于法律问题的知识系统和理论体系。法律作为社会的强制性规范，其直接目的在于构建法制体系，维持社会秩序，实现社会公正。以法律为研究对象的法学，其核心就在对于社会规范与法律、秩序与公正的研究。

1. 社会规范。规范即对某些行为有明文规定或约定俗成的要求。因为这些行为无法精准定量而只能定性形成，所以被称为规范，后来引申为对思维和行为的约束力量。法律法规、制度纪律、伦理行为、公式定律都具有规范的性质。社会规范指调整人与人之间社会关系的行为规范。社会规范源于人们共同生活和共同生产的需要，同时也是人们生活生产的规律性表现。社会规范以一定的社会关系为内容，目的是维护一定的社会秩序。社会规范是由一定的社会组织提出的，是依据社会组织自身的利益需要及价值观确定的，具有鲜明的社会制约性。社会规范由风俗、道德、规范、法律等构成，可分为成文的和不成文的两类。不同的社会规范，反映了人们共同生产、生活的不同方面，对调整社会关系所起的作用各不相同。社会规范是个体社会行为的价值标准，是用以衡量个体行为的社会意义并对其判断的依据，体现了对社会成员的所有方面的要求。

2. 法律规范。法律规范是阶级社会特有的现象，是一种具有强制性的行为规范。法律规范指国家政府组织对其成员的法律行为要求，如国家宪法、各种法律法规等。法律规范由国家制定，体现了国家的意志，并由国家机构保证其实施。法律规范以全民的形式出现，在不同程度上反映了社会全体成员的共同愿望，因此法律规范具有普遍性和继承性。

3. 法律意识。法律意识是人们关于法的思想、观点、理论和心理的统称，是社会意识的组成部分。法律意识包括法律心理和法律思想两个部分，前者是人们对法的本质和作用的看法，对现行法律的要求和态度；后者是人们对法律的解释，或是对人们的行为是否合法的评价以及法制观念等。法律意识与人们的世界观、伦理道德观等有密切联系，具有强烈的阶级性，不同阶级有各自不相同的法律意识。

4. 编辑规范。图书具有极广泛的社会影响，因而在图书出版活动的过程中，必定要服从社会的管理和制约。这种管理和制约，主要来自三个方面：（1）司法部门。依据本国的宪法、法律进行监督；（2）政府专设的出版管理行政机构。出于国家统辖出版事业和出版活动的要求，实行规划、协调、规范和监督；（3）行业性组织。按照同业公认的原则进行协调。

图书出版活动受出版法律法规的约束。出版法律法规对出版工作进行引导、管理、奖励或惩戒，是执行出版法规的主要手段。中国的出版法规保护著作人的精神权利和经济权利，保护经国家正式批准的有出版、印刷、发行权的单位和个人的合法权益。从事图书、期刊、报纸、音像制品的编辑、出版、印刷（复录）、发行、物资供应、出版外贸、出版科研与教学的单位和个人，都有遵守出版法规的义务。增强法律意识，有助于人们更好地履行法律义务，依凭法律捍卫自己的权利。

图书出版活动要遵守出版法律法规。图书出版活动是一种文化传播活动，要遵守出版法。出版法是规定出版制度的法律规范的总称，又指单行的出版法规。出版法一般涉及出版物的出版程序、限制范围，作者、出版者、印刷者、发行者的资格或者责任，管理的权限、方法、程序等内容。现代出版法制主要分为预防制和追惩制两种。预防制是指出版物在出版之前，受政府主管部门检查、批准、登记或者履行其他法定手续，而且并不排除事后追惩。预防制有检查制、特许制、保证金制、报告制等四种形式。追惩制是指出版物在出版之前，不受任何政府部门事先干涉，自由印刷出版，仅在发行之后如果发现有违法事项，才由司法部门依照法律予以追究；出版法被认为是出版自由存在的法律形式，由于不同社会、不同阶级对出版自由有不同的理解和要求，因而就有不同类型的出版法。出版法包括了宪法的有关规定、有关法律、有关行政法规与规章等各种法律规范性文件。出版法规的形式有宪法、法律、行政法规、行政规章、地方性法规规章、国际条约、法律解释等。目前，中国图书出版法规以"一法三条例四规定"为基本框架，已形成了较为科学的出版法律法规体系。此外，《中华人民共和国国家通用语言文字法》和《中华人民共和国合同法》与编辑活动密切相关。

二、编辑工作的法律法规

编辑法学是研究图书出版活动中的法律、法律现象及其规律性的学问，是关于图书出版活动中法律问题的知识和理论体系。编辑法学主要关注的是编辑在图书出版活动中的法律问题。编辑活动是一种社会活动，受宪法约束。中华人民共和国成立后，几部宪法都确认中华人民共和国公民有出版自由，并予以切实的保障，但没有制定专门的出版法。关于出版的法律条文或规定散见于刑法、民法通则和其他法规之中。1986 年 4 月 12 日颁布的中华人民共和国民法通则，关于保护公民的姓名权、肖像权、名誉权、荣誉权的规定，保护公民、法人的版权的规定等，都是可适用于出版的民法条文。编辑活动是一种知识产权活动，受著作权约束。编辑活动是一种出版规范活动，受出版管理相关规定约束。

编辑是出版法律法规的遵守者，又是语言文字法的落实者，还是出版法律法规的执行者，要遵守相关的法律法规，还要维护相关的法律法规。编辑要遵规守法，首先要了解与编辑相关的法律法规。编辑必须熟悉和了解的法律法规有三类，即著作权法、出版行业法规和编辑业务相关的法律法规。

1.《中华人民共和国著作权法》(以下简称《著作权法》)由全国人民代表大会发布，1990 年 9 月 7 日施行。2001 年 10 月第一次修订；2010 年 2 月第二次修订；2013 年修改。这是我国出版领域的唯一法律。

《著作权法》是为保护文学、艺术和科学作品作者的著作权，以及与著作权有关的权益，鼓励有益于社会主义精神文明、物质文明建设的作品的创作和传播，促进社会主义文化和科学事业的发展与繁荣，根据宪法制定。

《著作权法》规定，中国公民、法人或者其他组织的作品，不论是否发表，依照本法享有著作权。外国人、无国籍人的作品根据其作者所属国或者经常居住地国同中国签订的协议或者共同参加的国际条约享有著作权。外国人、无国籍人的作品首先在中国境内出版的，依照本法享有著作权。著作权包括了发表权、署名权、修改权、保护作品完整权、使用权和获得报酬权等五个方面的人身权和财产权；与著作权有关的权益主要是指出版者、表演者、录音录像制作者等拥有的著作邻接权；侵犯著作权罪即是对上述著作权和与著作权有关权益的直接侵犯。同时为了加强对著作权的管理，《著作权法》对作品范围、著作权内容、归属及保护期限、侵犯著作权和与著作权有关权益的行为及法律责任等均作了明确规定。国家对作品的出版、传播依法进行监督管理。

2.《出版管理条例》由中华人民共和国国务院颁布，2002年2月1日起施行，2011年3月修订，共计九章七十四条。2017年再一次修订。

《出版管理条例》是为了加强对出版活动的管理，发展和繁荣有中国特色社会主义出版产业和出版事业，保障公民依法行使出版自由的权利，促进社会主义精神文明和物质文明建设，根据宪法制定。《出版管理条例》第二十五条规定，在中华人民共和国境内从事出版活动，适用本条例。条例所称的出版活动，包括出版物的出版、印刷或者复制、进口、发行。所称出版物，是指报纸、期刊、图书、音像制品、电子出版物等。报纸、期刊、图书、音像制品和电子出版物等应当由出版单位出版。公民可以依照条例规定，在出版物上自由表达自己对国家事务、经济和文化事业、社会事务的见解和意愿，自由发表自己从事科学研究、文学艺术创作和其他文化活动的成果。《出版管理条例》规定，任何出版物不得含有下列内容：（一）反对宪法确定的基本原则的；（二）危害国家统一、主权和领土完整的；（三）泄露国家秘密、危害国家安全或者损害国家荣誉和利益的；（四）煽动民族仇恨、民族歧视，破坏民族团结，或者侵害民族风俗、习惯的；（五）宣扬邪教、迷信的；（六）扰乱社会秩序，破坏社会稳定的；（七）宣扬淫秽、赌博、暴力或者教唆犯罪的；（八）侮辱或者诽谤他人，侵害他人合法权益的；（九）危害社会公德或者民族优秀文化传统的；（十）有法律、行政法规和国家规定禁止的其他内容的。出版单位实行编辑责任制度，保障出版物刊载的内容符合本条例的规定。

3.《音像制品管理条例》由中华人民共和国国务院颁布，1994年8月施行，2011年3月修订。

《音像制品管理条例》是为了加强音像制品的管理，促进音像业的健康发展和繁荣，丰富人民群众的文化生活，促进社会主义物质文明和精神文明建设而制定。该条例适用于录有内容的录音带、录像带、唱片、激光唱盘和激光视盘等音像制品的出版、制作、复制、进口、批发、零售、出租等活动。该条例规定出版、制作、复制、进口、批发、零售、出租音像制品，应当遵守宪法和有关法律、法规，坚持为人民服务和为社会主义服务的方向，传播有益于经济发展和社会进步的思想、道德、科学技术和文化知识。

4.《印刷业管理条例》由中华人民共和国国务院颁布，1997年3月施行，2017年再次修订。

《印刷业管理条例》是为了加强印刷业管理，维护印刷业经营者的合法权益和社会公共利益，促进社会主义精神文明和物质文明建设而制定的条例，适用于出版物、包装装潢印刷品和其他印刷品的印刷经营活动。条例共七章四十八条。该条例所称出版物，包括报纸、期刊、书籍、地图、年画、图片、挂历、画册及音像制品、电子出版物的装帧封面等。该条例所称印刷经营活动，包括经营性的排版、制版、印刷、装订、复印、影印、打印等活动。

5.《出版物市场管理规定》由国家新闻出版广电总局、中华人民共和国商务部颁布，2011年施行，2016年6月修订。

《出版物市场管理规定》是为了规范出版物发行活动及其监督管理，建立全国统一开放、竞争有序的出版物市场体系，满足人民群众精神文化需求，推进社会主义文化强国建设，根据《出版管理条例》和有关法律、行政法规而制定。规定适用于出版物发行活动及其监督管理。规定所称出版物，是指图书、报纸、期刊、音像制品、电子出版物。所称发行，包括批发、零售以及出租、展销等活动。规定所称批发是指供货商向其他出版物经营者销售出版物。零售是指经营者直接向消费者销售出版物。国家对出版物批发、零售依法实行许可制度。从事出版物批发、零售活动的单位和个人凭出版物经营许可证开展出版物批发、零售活动；未经许可，任何单位和个人不得从事出版物批发、零售活动。任何单位和个人不得委托非出版物批发、零售单位或者个人销售出版物或者代理出版物销售业务。《出版物市场管理规定》明确国家新闻出版广电总局负责全国出版物发行活动的监督管理，负责制定全国出版物发行业发展规划。规定了省、自治区、直辖市人民政府出版行政主管部门负责本行政区域内出版物发行活动的监督管理，制定本省、自治区、直辖市出版物发行业发展规划。省级以下各级人民政府出版行政主管部门负责本行政区域内出版物发行活动的监督管理。

6.《图书出版管理规定》由国家新闻出版总署颁布，2008年5月1日起施行。

《图书出版管理规定》是为了规范图书出版，加强对图书出版的监督管理，促进图书出版的发展和繁荣，根据国务院《出版管理条例》及相关法律法规而制定。该规定所称的图书是指书籍、地图、年画、图片、画册，以及含有文字、图画内容的年历、月历、日历，以及由新闻出版总署认定的其他内容载体形式。图书出版必须坚持为人民服务、为社会主义服务的方向，坚持马克思列宁主义、毛泽东思想、邓小平理论和"三个代表"重要思想，坚持科学发展观，坚持正确的舆论导向和出版方向，坚持把社会效益放在首位、社会效益和经济效益相统一的原则，传播和积累有益于提高民族素质、推动经济发展、促进社会和谐与进步的科学技术和文化知识，弘扬民族优秀文化，促进国际文化交流，丰富人民群众的精神文化生活。

出版行政部门对出版单位实施的管理主要包括以下六个方面：（1）出版单位总量控制和年检登记。（2）出版计划和重大选题备案制。（3）书号、刊号、版号管理。（4）质量管理。（5）样本管理。（6）人员管理。出版单位实行编辑责任制度，保障出版物刊载的内容符合本条例的规定。任何出版物不得违反《出版管理条例》第二十六条、第二十七条的规定。

7.《电子出版物管理规定》由国家新闻出版总署颁布，2008年4月起施行。

《电子出版物管理规定》是为了发展和繁荣我国电子出版物出版事业，加强对电子出版物的管理，促进社会主义物质文明和精神文明建设，根据《出版管理条例》而制定。规定所称电子出版物，是指以数字代码方式将图文声像等信息编辑加工后存储在磁、光、电介质上，通过计算机或者具有类似功能的设备读取使用，用以表达思想、普及知识和积累文化，并可复制发行的大众传播媒体。媒体形态包括只读光盘（CD-ROM）、交互式光盘（CDI）、照片光盘（Photo-CD）、高密度只读光盘（DVD-ROM）、集成电路卡（IC Card）和新闻出版总署认定的其他媒体形态。电子出版物的制作、出版、复制、进口、发行，销售计算机设备或者其他商品附赠电子出版物，举办电子出版物展览、展销、订货会等都适用本管理规定。出版单位实行编辑责任制度，保障出版物刊载的内容符合本条例的规定。任何出版物内容不得违反《出版管理条例》第二十六条、第二十七条的规定。

8.《互联网出版管理暂行规定》由国家新闻出版总署、信息产业部颁布，2002年8月1日起施行。

《互联网出版管理暂行规定》是为了加强对互联网出版活动的管理，保障互联网出版机构的合法权益，促进我国互联网出版事业健康、有序地发展，根据《出版管理条例》和《互联网信息服务管理办法》制定。规定从事互联网出版活动应当遵守宪法和有关法律、法规，坚持为人民服务、为社会主义服务的方向，传播和积累一切有益于提高民族素质、推动经济发展、促进社会进步的思想道德、科学技术和文化知识，丰富人民的精神生活。规定明确由新闻出版总署负责监督管理全国互联网出版工作。规定所称互联网出版是指互联网信息服务提供者将自己创作或他人创作的作品经过选择和编辑加工，登载在互联网上或者通过互联网发送到用户端，供公众浏览、阅读、使用或者下载的在线传播行为。明确规定从事互联网出版活动，必须经过批准。未经批准，任何单位或个人不得开展互联网出版活动。互联网出版机构出版涉及国家安全、社会安定等方面的重大选题，应当依照重大选题备案的规定，报新闻出版总署备案。未经备案的重大选题，不得出版。互联网出版物内容不得违反《出版管理条例》第二十六条、第二十七条的规定。互联网出版机构应当实行编辑责任制度，必须有专门的编辑人员对出版内容进行审查，保障互联网出版内容的合法性。

9.《中华人民共和国国家通用语言文字法》（以下简称《语言文字法》）由全国人民代表大会常务委员会发布，2001年1月1日起施行。

《语言文字法》是为推动国家通用语言文字的规范化、标准化及其健康发展，使国家通用语言文字在社会生活中更好地发挥作用，促进各民族、各地区经济文化交流，根据宪法而制定的法规。《语言文字法》确立了普通话和规范汉字的"国家通用语言文字"的法定地位。此法所称的国家通用语言文字是普通话和规范汉字。明确国家推广普通话，推行规范汉字。公民有学习和使用国家通用语言文字的权利。国家为公民学习和使用国家通用语言文字提供条件。地方各级人民政府及其有关部门应当采取措施，推广普通话和推行规范汉字。国家通用语言文字的使用应当有利于维护国家主权和民族尊严，有利于国家统一和民族团结，有利于社会主义物质文明建设和精神文明建设。国家颁布国家通用语言文字的规范和标准，管理国家通用语言文字的社会应用，支持国家通用语言文字的教学和科学研究，促进国家通用语言文字的规范、丰富和发展。国家机关以普通话和规范汉字为公务用语用字。法律另有规定的除外。学校及其他教育机构以普通话和规范汉字为基本的教育教学用语用字。学校及其他教育机构通过汉语文课程教授普通话和规范汉字。使用的汉语文教材，应当符合国家通用语言文字的规范和标准。汉语文出版物应当符合国家通用语言文字的规范和标准。

10.《中华人民共和国合同法》（以下简称《合同法》）由全国人民代表大会发布，1999年10月1日施行。

《合同法》是为了保护合同当事人的合法权益，维护社会经济秩序，促进社会主义现代化建设而制定。《合同法》共二十三章，四百二十八条。《合同法》明确规定，合同指平等主体的自然人、法人、其他组织之间设立、变更、终止民事权利义务关系的协议，规定了签订合同时必须遵守平等原则、自由原则、公平原则、诚实信用原则、遵纪守法原则、依合同履行义务原则等六条原则，并对各种合同的条文形式和内容做出明确规定。

三、编辑的守法意识和风险规避意识

1. 编辑的合同意识。图书出版活动是一种商业性活动，依法要签订有关的合同。合同对当事人具有法律约束力。当事人应当按照合同约定履行自己的义务，不得擅自变更或者解除合同。依法签订的合同，受法律保护。合同的内容由当事人约定，一般包括以下条款：（1）当事人的名称或者姓名和住所；（2）标的；（3）数量；（4）质量；（5）价款或者报酬；（6）履行期限、地点和方式；（7）违约责任；（8）解决争议的方法。

订立合同。当事人可以参照各类合同的示范文本订立合同。当事人订立合同，采取要约、承诺方式。

要约意识。要约是指一方当事人以缔结合同为目的，向对方当事人提出合同条件，表达希望对方当事人接受的意思。要约有两种情况，一是希望与他人订立合同。二是希望他人向自己发出要约的意向。发出要约的一方称要约人，接受要约的一方称受要约人。

要约不同于事实行为。要约作为一种缔约的意思表达，它能够对要约人和受要约人产生一种约束力。尤其是要约人在要约的有效期限内，必须受要约内容的约束。要约发出后，非依法律规定或受要约人的同意，不得擅自撤回、撤销或者变更要约的内容。

要约内容应当明确、具体，一旦受要约人承诺，要约人即受该意思表达的约束。承诺生效时合同成立。

2. 编辑要关注的合同。合同是经济活动中的一种约定。合同法是关于市场交易规则的法律，不仅与经营者的经营活动密切相关，也与人民群众的生活密切相关，因而是适用频率最高的法律之一。图书出版活动是一种经济交易活动，要遵守合同法。此外，还有用协议的形式来约束和规定双方的行为。与编辑工作相关的合同主要有约稿合同、图书出版合同、装帧设计合同、印刷合同、发行合同等五项。

约稿合同。约稿合同是由出版方与作者签订的双务合同，约稿合同的条款均由法律直接规定。在约稿合同中，明确作者具有的义务：（1）作者按约稿人的要求创作作品。（2）作者依约定时间交付书稿。（3）作者不得将所约创作的书稿投给其他出版人。（4）若约稿人对书稿提出修改意见，作者应根据意见修改书稿。约稿合同也规定了出版方具有的义务：（1）约稿人收到书稿后应在一定时间内将书稿审读完毕，并通知作者是否采用或退改。（2）约稿人审稿后如对书稿无修改意见，应与作者签订出版合同。（3）如作者提交的书稿不符合出版要求，则由约稿人提出修改意见，退回作者修改。（4）作者修改后稿件若符合出版要求，约稿人则应与作者签订出版合同，若仍不符合出版要求，约稿人可退稿，并向作者支付约定的稿酬。（5）书稿如达到出版水平，但基于一定原因不能签订出版合同的，约稿者应按一定比例支付基本稿酬。（6）出版者妥善保管书稿，如书稿不能采用，出版者应将作品退还作者。出版者若对书稿`有损坏或丢失，应承担赔偿责任。考虑到书稿有出版的不约定性，约稿合同要预留空间，由于作者的差异性，约稿合同中，对一些具体的、特殊的情况要有补充说明。

图书出版合同。出版合同是出版方与作者签订的关于图书出版的双务合同。出版合同规定了作者的义务：（1）作品不得一稿两投。（2）作者不得剽窃他人作品，作品不得侵犯他人著作权。（3）依约定期限交付作品。（4）在合同约定期限内作者（著作权人）要尊重出版者的专有出版权。出版合同也规定了出版方的义务：（1）依约定质量和约定期限出版作品。（2）不得擅自转让专有出版权。（3）支付稿酬。（4）尊重作者的署名权，保持作品完整性权。（5）重印、再版图书的应通知作者，并支付报酬。（6）因故不能出版的应按一定比例支付基本稿酬，并将稿件退还作者。（7）妥善保管原稿件，若原稿件毁损灭失，则承担不低于基本稿酬50%的赔偿责任。约稿合同是出版的约定性，目前采用的是比较规范的格式合同。由于作者的差异性，出版合同中，对一些具体的、特殊的情况要有补充说明。

装帧设计合同。 装帧设计合同是由出版方与装帧设计方签订的关于图书排版业务的双务合同。合同规定了双方的权利和义务。出版方向装帧设计方提供设计书稿的电子版和相关参考资料。装帧设计方根据出版方提供的资料及要求，在规定的时间内设计相应作品。出版方有权对装帧设计方的设计提出设计建议和修改意见，以使装帧设计方设计的作品更符合出版方的设计要求。在装帧设计稿确定后，装帧设计方须将设计文件打样稿交至出版方，由出版方核对确认无误，乙方设计工作完成，出版方按约定向装帧设计方支付设计费用。装帧设计费有封扉设计费、版面设计费、排版费、样稿打印费等。

印制合同。 印制合同是由出版方与图书承印方签订的关于图书印制业务的双务合同。印刷出版物的委托印刷单位和印刷企业应当按照国家有关规定签订印刷合同。合同规定出版方与图书印制方的责任、权利和义务。图书印制方按照出版方的要求，为其完成图书印制工作。出版方按合同约定给付印制费和材料费。出版方委托印制有印制方包工包料和出版方提供纸张、印制方只负责印制两种方式。一般情况下印刷批量小的图书，采用包工包料的方式，纸张、印刷材料等由印刷方提供。印刷批量大的图书多采用出版方提供纸张，承印方只负责印刷的方式。编辑参与的是有特殊制作要求的图书印制合同。国家实行印刷经营许可制度，未依照规定取得印刷经营许可证的，任何单位和个人不得从事印刷经营活动。因此签订印刷合同时要注意图书印制方的资质，有特殊印刷要求的图书，还要到图书出版行政管理部门办理相关的准印手续。印刷企业接受出版单位委托印刷图书、期刊的，必须验证并收存出版单位的印刷委托书，并在印刷前报出版单位所在地省、自治区、直辖市人民政府出版行政部门备案；印刷企业接受所在地省、自治区、直辖市以外的出版单位的委托印刷图书、期刊的，印刷委托书还必须事先报印刷企业所在地省、自治区、直辖市人民政府出版行政部门备案。印刷委托书由国务院出版行政部门规定统一格式，由省、自治区、直辖市人民政府出版行政部门统一印制。

图书发行合同。图书发行合同是出版方与图书发行方签订的关于图书发行代理业务的双务合同。发行合同规定了双方的责任、权利和义务。发行合同的主要内容有出版方委托发行方发行图书的品种、定价、发行方式、发行折扣、结算方式、付款时间、付款方式、退货处理等条款。

3. 出版法律风险的规避。出版法律风险规避指采取一些方法来消除法律风险或降低风险，减少风险造成的损失。规避侵权风险并不表示能完全消除侵权风险，只是降低损失发生的概率或者降低损失的程度。规避侵权风险主要是加强事先控制、事后补救等两个方面。在编辑工作中，规避侵权风险就是要求编辑要加强风险意识，避免造成不必要的损失。图书出版活动是一种创造性活动，编辑要加强著作权的维护，避免出版物侵权纠纷。常见的侵权纠纷有作者署名侵权纠纷、文字抄袭侵权纠纷、图片使用侵权纠纷、版式设计侵权纠纷、软件使用侵权纠纷、稿件遗失侵权纠纷、违反要约侵权纠纷等七种。

作品署名侵权纠纷。作者署名侵权是指在出版的作品上将别人作品的署名篡改为自己的名字，或者是在合作的作品中没有给合作者署名等行为。

文字抄袭侵权纠纷。文字抄袭侵权是指侵权人在相同的语境条件下，作品完全或者部分照抄他人的文字，或者是在文稿中引用了别人作品的文字没有注明来源和出处，文字抄袭是一种严重侵犯他人著作权的行为。

图片使用侵权纠纷。图片使用侵权是指在出版物中使用的图片侵犯了图片著作权人的权利。图片使用侵权纠纷主要表现为两种：一种是图片使用侵权。另一种是图片使用署名方式的侵权。读图时代，图文书逐渐增多，图片拍摄变得容易，图片获得路径变得便捷，《著作权法》里明确指出，如果没有相关的相反证明，在作品上署名的公民、法人或者其他组织就是图片的作者。适应这种变化，各种图片公司应运而生，各种图片著作权纠纷增多，著作权维权的商业机构也不断出现。这既为我们寻找图片提供了方便，也为著作权纠纷协调提供了便捷通道。图片公司展示图片的方式有两种，一种是在图片上加水印，以明确图片著作权人的身份。加水印的图片著作权人的身份是表达清楚的。另一种是图片公司出于商业考虑，为使图片清晰好看，所出品的图片都会选择不加水印，不展示图片著作权人的身份，但并不代表这些图片是可以随意使用的，随意使用也会构成侵权。随意使用未取得版权登记的图片也会造成侵权。根据《著作权法》规定，作品无论是否发表，都自动取得著作权。版权登记不是取得著作权的必要条件，不登记版权，著作权也自然存在，版权登记只是为预防出现著作权归属纠纷时，作为重要的著作权归属依据。书稿中，有两种情况下的图片使用要特别小心，一种是作者提供的图片中有大量别人拍摄的旧照片。另一种是单位作者提供的照片，要特别注意照片著作权人的授权。此外，出版社与作者签订新书出版合同时，如使用作者在已出版的其他图书中曾经使用过的其他人拍摄的照片时，也要有明确的图片使用授权说明。

版式设计侵权纠纷。版式设计侵权是指没有征得版式设计的出版人许可，使用其版式设计。或在版式设计时仿冒抄袭了别人的版式设计。按《著作权法》规定，出版者有权许可或者禁止他人使用其出版的图书、期刊的版式设计。版式设计的保护期为十年。

软件使用侵权纠纷。软件使用侵权是指软件开发时使用了与别人一样的代码而造成侵权。对出版社来说，软件使用侵权主要指出版社装帧设计时图书字体软件使用侵权、图片软件使用侵权和使用盗版软件造成的侵权。为使出版物装帧设计美观好看，很多设计者会采用不同字体进行设计装帧。设计公司对所开发设计的字体享有开发专利，不能随便使用，因此编辑要了解出版社与哪些公司签订了哪些字体的使用权，避免造成字体使用侵权。

稿件遗失侵权纠纷。稿件遗失侵权是指出版社因把作者的原稿遗失而造成的侵权，原稿遗失会对作者造成不可弥补的损失。也有不法分子利用出版社管理的疏漏，恶意制造稿件遗失的事故，引发稿件遗失的纠纷，敲诈出版社对遗失书稿高额索赔。笔者所在单位就曾遭遇过此类事件，由于证据收集齐全，法院判决制止了对方的恶意诉讼。但是出版社为应对事故，也耗费了不少人力财力。

违反要约侵权纠纷。违反要约侵权是指要约方不履行要约的条件。要约不同于法律行为。一方面，要约是要约人一方的意思表示，必须经过受要约人的承诺，双方形成合同，才能产生要约人预期的法律效果；另一方面，要约作为意思表示的一种，其约束力体现在"不能反悔"上，而不能直接产生设定权利义务的法律效果。要约人不得在事先未声明的情况下擅自撤回、撤销或者变更要约，如构成违反前合同义务的，要承担缔约过失的损害赔偿责任。

以上七种侵权行为中，有五种侵权行为是由于作者方造成，但在出现侵权纠纷后，出版社往往成为被告，要引起高度重视。

4.编辑的守法意识。守法意识是人们以法律作为遵守对象，所形成的人与人之间互动关系的意识。守法是编辑的职责所在，守法是编辑应尽的义务，培养守法的意识，形成守法光荣、违法可耻的社会氛围，编辑要增强编辑学法、尊法、守法、用法意识。守法的精神内核有两条，一是对自己权利的主张，二是对他人权利的尊重。对自己权利的主张是指珍惜与捍卫自己的权利，维护自己的权利。这种珍惜与捍卫是建立在对他人权利的尊重之上，这种尊重指承认与尊重别人的权利，维护他人的权利。承认与尊重别人的权利是建构法律上良好的人际关系的前提。当人们都普遍具有守法意识，就会由此而生发出自己与他人都有遵守法律的义务，并承担起法律的责任，一个健康的法治社会才有可能建构成型。

《共和国的领导者丛书》的编辑法学心得

——妥善处理图书中图片使用的侵权纠纷

随着生活节奏的加快，科学技术的发展，装帧印制的发达，图书的生产制作能力上了一个台阶，彩色制版印刷技术的提高，图书印装质量的提升，阅读形式也发生变化，进入"读图时代"，这是社会发展的要求，也是科技进步的表现。

一、图文书出版增加与历史文献图片使用侵权的矛盾

读图成为一种时尚，各种各样的图文书铺天盖地呈现在人们眼前。图片的直观易懂备受读者青睐，图像作为与历史共生、与文学并存、与社会同在的视觉产品，改变了人们的阅读观，成为一个时期的主导性阅读手段。历史题材的图文书也随之展示它的魅力。历史文献性照片的优点是场景复原、形象生动、信息量大，历史与图片同在，增添了历史叙述的真实感。文字与图片同在，增加了文字表达的厚重度，历史文献性照片在图文书中具有不可替代的价值。综合历史情景和当代叙事手法的图文书，成为满足人们阅读需求，展示历史的重要手段。图文书从形式美学到视觉美学都给读者以享受，图像的审美影响力和图像的视觉说服力，为历史文献性照片的读者解读拓展了空间。

早期的图文书中，图片只是一种点缀，对文字描述起到辅助作用。到了读图时代，文字表述不再是图书的唯一形式，图片不再是一种装饰，图文书也不是纯粹表现艺术作品。在图文书中，文字表述与图片表达形成两条叙事的路径和两种

表达的方法。20世纪末，由于受图片扫描技术和印刷技术的制约，也受消费能力的限制，出版社图文书制作相对比较困难，图文书的出版不多。随着照片获得的渠道较前拓宽，随着传播技术的不断提高，图片翻拍和制版技术提升，图文书出版势头越来越好，图片使用量增多。图片的来源是有限的，特别是重大历史事件和重要历史人物的历史文献性照片是有限的。在相机不普及，照片摄制的条件受限制的情况下，重大历史事件和重要历史人物的代表性历史文献片就是为数不多的几幅。图片使用是受限制的，它不能像历史文献一样地用括号标出所引原文，在文中注明来源出处即可。图文书的大量出现与图片的来源有限和图片的使用受限这一组矛盾，注定图片使用侵权纠纷增加。

出版物中使用图片和漫画侵权的纠纷一直存在，但随着读图时代的到来，出版物中使用图片和漫画的数量越来越多，类似侵权问题也越来越突出，纠纷发生数量与纠纷主体都发生了很大变化。据报道，近年来，在法院所受理的以出版社为被告的案件中，因出版社不当使用他人图片而引发的纠纷，所占比例逐年上升。早期出版物中照片侵权纠纷的双方，主要是出版社与图片拍摄者或图片著作权所有者，侵权纠纷数量都不大。随着著作权人的维权意识越来越强，收集侵权的证据方式越来越多，发生图片使用侵权纠纷也越来越频繁，图片使用侵权的官司也越来越多。近年来，以专业图片代理公司为主体发起的图片侵权纠纷案件明显增多，此类侵权纠纷案件的经济目的性也明显增强，这在全国范围内都具有一定的普遍性。涉出版社图片使用侵权纠纷案件，不管出版社是以原告还是被告身份出现，都存在着同一权利人分别起诉不同被告，或不同权利人共同起诉同一被告的系列案件、关联案件。同时，著作权侵权案件呈现上诉率和调解撤诉率双高现象。人民法院所受理的涉出版社著作权纠纷案件中，以判决方式结案的不多，而以调解撤诉方式结案的则占绝大多数。高调解撤诉率的背后首先反映了人民法院在处理此类案件时对调解撤诉工作的高度重视，以及法院法官为此付出了巨大努力。高调解撤诉率也从另一个侧面反映了此类案件侵权事实争议不大，出版社往往无法证明图片的合法来源，只能就原告的诉讼主体是否合法、赔偿数额是否过高进行抗辩。出版社一旦卷入著作权纠纷之中，在主观上和客观上都会给出版社带来名誉上和经济上的巨大损失。

二、我们也曾经历过图文书图片使用的纠纷

重大革命历史题材图书，一直是出版的热点，这些图书从不同角度将中华民族的奋斗历史和中国共产党的辉煌历程向读者全景再现，有着良好的社会效益。重大革命历史题材图书，主要是以其历史的真实性、思想的深刻性、艺术的丰富性，来再现波澜壮阔的革命斗争历史和革命领袖人物的光辉形象，让更多的群众更为普遍和深刻地认识党史、军史，以达到教育、鼓舞和激励人民群众的目的。一方面，出版发行重大革命历史题材图书，有利于强化出版社作为主流出版阵地的地位。另一方面，出版社塑造了自己的品牌特色。要维护好品牌，提升在社会上的影响力，在传播主流意识形态方面发挥更大的作用，出版发行重大革命历史题材图书也是必需的途径之一。图文书的出版形式对红色文化读物也产生影响，图文书是重大革命题材图书出版的热点。

2007年，我社出版的《军事统帅毛泽东》一书是中宣

部和新闻出版总署确定的纪念中国人民解放军建军80周年重点图书之一。该书出版的当年，即获第二届中华优秀出版物图书提名奖。随后我们将重大革命历史题材的选题系统化、规模化，《军事统帅毛泽东》出版后，我们又相继推出的《工运领袖刘少奇》《总设计师邓小平》《人民总理周恩来》《红色司令朱德》《财经掌门陈云》《组织大家任弼时》，以独特的视角，采用图文书的形式，形成图文版的《共和国的领导者丛书》系列，找到了重大革命历史题材和大众读者的审美情趣、阅读需求相结合的路子。

此系列书的出版过程中，我们也经历过图文书图片使用的纠纷。最先出的几本书中，由于编辑加工时著作权意识模糊，部分图片的来源不清楚，导致书出后与图片著作权人发生纠纷。第一次是图片著作权人在法院立案起诉我社侵权；第二次是著作权人委托律师向我社发出律师函，要求赔偿损失。我社主动配合法院，采取调解撤诉的方式，妥善解决了纠纷。我们吸取经验教训，在最后几本书的编辑过程中，先梳理清楚照片的来源，主动向图片著作权人发函联系，征求意见，签署授权使用协议。采取没有获得图片使用授权的图片不用的办法，避免了图片使用纠纷的出现。

三、图文书出版时照片使用需要注意的事项

编辑在对书稿编辑加工的过程中，没能对出版物中内容的著作权归属进行有效的甄别，进而导致出版社作为被告卷入著作权纠纷的情况日渐增多。图书被控侵权的案件增加，很多出版社因此花费了大量的时间，浪费了不少的人力物力。

虽然著作权人起诉的对象是作者，但是，出版社负有连带责任，再加上各种原因，向作者个人索赔不易，出版社成为图片使用侵权纠纷的主要受害者。一旦引起图片使用侵权纠纷，出版社轻则赔偿，重则要销毁所有已印好的图书，势必造成巨大的经济损失和人力物力浪费，出版资源遭到破坏。如何让图文书尽可能减少风险，避免纠纷，是编辑应该理性思考的问题。把握当下的时代文化主潮，规范我们的程序，让重大革命历史题材的图文书也尽可能实现社会效益与经济效益同步，重大革命题材图书图片使用的风险就会减少，经济效益就会更好。

编辑要加强版权意识，在图片使用时要注意以下六个方面：图文书中准备用的图片，要弄清楚图片的来源；图片的使用，要有图片著作权人的授权；图片授权使用协议中，要明确使用方式；图片使用时要有著作权人的署名；图片使用要向著作权人支付报酬；作者书稿中提供的图片，如果没有与图片著作权人取得联系，或是与著作权人不能达成协议的，坚决不能用。

同时也要注意，版权页上的"该书引用的部分图片，因无法与作者取得联系，希望作者见书后联系出版社，本社将支付报酬"这类说明无法律效力，不能成为出版社不经许可就使用他人作品的理由，也不影响法院对出版物侵权性质的认定。不要盲目轻信作者"文责自负"的承诺。《最高人民法院关于审理著作权民事纠纷案件适用法律若干问题的解释》第二十条规定："出版物侵犯他人著作权的，出版者应当根据其过错、侵权程度及损害后果等承担民事赔偿责任。出版者对其出版行为的授权、稿件来源和署名、所编辑出版物的内容等未尽到合理注意义务的，依据著作权法第四十八条的规定，承担赔偿责任。出版者尽了合理注意义务，著作权人也无证据证明出版者应当知道其出版涉及侵权的，依据民法通则第一百一十七条第一款的规定，出版者承担停止侵权，返还其侵权所得利润的民事责任。出版者所尽合理注意义务情况，由出版者承担举证责任。"这就要求出版社对作品严格把关。这不仅是保护著作权的需要，也是出版社保护自身利益的需要。

事前工作细致小心，避免侵权；事发时积极主动，妥善处理图片使用纠纷；事后总结经验教训，规避侵权风险。

⊙ **思考**

法的意识在编辑工作中有哪些要求？

《海雀，海雀》

贵州人民出版社　　2016 年出版

第八章　美的发现与美的传递

关 键 词：编辑美学；编辑审美；美的发现；美的传递
学习目标：提高编辑的审美意识和审美素养。

　　编辑是一种发现美和传递美的审美艺术，图书是编辑审美的主要表现载体。编辑审美集中表现在编辑对选题的立意、书稿的组织、文字的打磨、书籍的装帧、图书的宣传等问题的处理上。编辑美学是探讨编辑审美的学问，指导编辑懂得从多个角度去发现美，运用不同的方式呈现美，通过多条路径传递美。

一、美学与编辑美学

　　美学是一门研究审美艺术的科学。美学的基本问题是讨论美的本质、审美意识同审美对象的关系，是研究美的一般规律与原则。美学与文艺学、心理学、语言学、人类学、艺术等有着紧密联系。作为审美的学问，美学与艺术联系密切，审美是艺术的意象内核，艺术是审美的具象表现。美学讨论的艺术是指艺术家按照美的规律将他所认识和理解的现实的事物和人物、个人的情感和理念，用线条、色彩、造型、材质等表现出来。

1. 艺术形象。艺术作品指用富有创造性的方法，对社会生活进行形象的概括而创作的作品，包括文学、绘画、雕塑、建筑造型、音乐、舞蹈、戏剧、电影等，艺术作品的形象独特而美观。

艺术形象在美学理论中指各种作为审美对象的形象。主要是指艺术活动中能引起人的思想或情感活动的生动、具体、可感的人物和事物形象。艺术形象是艺术家创造出来的艺术成果，是艺术反映社会生活的方式，也是艺术家的美学观念在艺术作品中的创造性体现。艺术形象分为视觉形象、听觉形象、文学形象和综合形象等。视觉形象是依靠画面作为媒介来表现，由人的眼睛直接感受的艺术形象，主要有电影、电视、照片、绘画、画册等。听觉形象是依靠声音作为媒介来表现，由人的耳朵直接感受的艺术形象，主要有音乐、歌曲、朗诵、演讲等。文学形象是依靠语言文字作为媒介来表现，通过阅读而领会和感悟的艺术形象，主要指诗歌、散文、小说、报告文学等。综合形象是指综合运用各种方式表现的艺术形象，主要有话剧、戏曲、电影、电视等。

艺术形象是艺术家认知、体验、理解生活的结果，是艺术家审美意识的结晶。每个艺术形象都是以个别具体的感性形式出现，艺术家把生活中的人物和事物的外部形态及内在特征真实地表现出来。艺术形象具有艺术家审视、体验、理解生活时把握到的鲜活性和具体性，通过人的视觉、听觉等感官能够感受。在欣赏艺术品时，能感觉到有血有肉，有声有色。

2. 艺术的表现形式。艺术的表现形式大致可分为四种：以艺术作品的物化形式为依据，可以分为动态艺术和静态艺术；以艺术形象存在方式为依据，分为时间艺术、空间艺术、时空艺术；以艺术形象审美为依据，可分为视觉艺术、听觉艺术、视听觉艺术；以艺术作品的创意来源为依据，可分为表现艺术和再现艺术。

表现艺术。表现艺术是指艺术家运用象征、寓意、夸张、变形等艺术手段，在作品中表达自己的情感体验和审美理念，艺术家的表现对象不是具体的物象，而是抽象的观念。表现是艺术创作的基本方法之一，着重反映作者主观感受。艺术家运用艺术手段直接表达自己的情感体验和审美理想，理性的、情感的因素比较显著。在表现艺术作品中，艺术家偏重于个人情感和理念表达，在创作倾向上不求形似而追求情感的内容。

再现艺术。再现是艺术创作的基本方法之一，着重反映对象的客观特征。艺术家客观地将社会生活中的人物和事物，真实地再现在作品中。再现艺术作品中，艺术家对他所表达的对象或事物，感性的、理解的因素比较明显，具有真实写照、形神兼备等特点。在创作手法上，艺术家偏重于写实，即追求感性现象的真实和形式的完美。在创作倾向上偏重于再现现实。再现艺术指作品是创作主体对客观世界的模仿和复制，是将已经存在的事物用艺术的形式重复表现。再现艺术突出客观事物，但不是对现实的客观反映和机械复制，而是含有艺术家的选择、认识、加工、改造和提炼的内容。

3. 审美。审美是艺术创造和艺术欣赏中生发出来的复杂的思想活动。审美时，情感与形象相联系，情感还同认知相连接。美学与艺术形象关联。形象是艺术活动特有的存在方式，艺术作品作为人的精神产品，依存于一定的物质载体，这种物质载体必须是直观的、具体的、能为人的感官直接感知。审美包含情境审美和意境审美两部分内容，是构成艺术作品的基本要素。

情景审美。情景审美指艺术家按照美的规律将他所认识和理解的现实事物和人物、个人的情感和理念，用线条、色彩、造型、材质等表现出来。艺术形象的创造充满艺术家的感性。艺术作品中的形象是艺术家表达自己对现实生活中的人物事物的认知，通过艺术形象引导欣赏者对作品中情境的感性体味。

意境审美。艺术形象的创造又不能离开理性，艺术作品中的形象不是客观生活图景的简单照搬，而是艺术家经过选择、加工并融入自身对人生理解，是艺术家对人物事物理性认识的外化和对社会生活理性思考的彰显，渗透了艺术家深刻的理性思考。通过艺术形象激发欣赏者对作品中意境的理性体味。艺术家创作的理性思维，在把握时代主流意识、创意主题、遴选素材、构思情节、选择表现形式等方面具有重要的作用。

4. 编辑美学。编辑美学是研究图书审美的科学，是编辑学和美学、艺术美学、工艺美学等的交叉学科。以编辑实践中的审美为基本内容，具体研究编辑的审美心理、编辑对象的审美标准、编辑物化产品的编排美学原则和装帧的美学特征、编辑创造美的活动和编辑的美学素养等。通过研究，用这些理论去把握编辑工作的规律，以进行更美、更丰富的科学文化创造活动。编辑创意加工，把作品当作艺术品来打磨欣赏享受，就是编辑美学。自己参与创作，把选题当成艺术品来组织实施，就是编辑美学。美学是编辑必须掌握的重要内容，作为大众传媒的重要内容和文化建设的重要组成部分，编辑必须具有审美意识，具备发现美和传递美的能力。

二、编辑美学的内容

图书形象是文学形象和视觉形象的综合表达，所有用图片表现的视觉形象都可以用图书再现。编辑以图书为艺术形象表达。编辑美学是指编辑具有的美学品质、审美意识和美学价值。编辑审美的特性是区别于其他社会活动的标志。图书是编辑审美思想的结晶，是编辑审美创造的结果，编辑可以借助作者的作品表达自己的审美意识。图书不仅能以情动人，而且能以美感人。通过图书，编辑给阅读者一种美的愉悦体验和享受。

图书是一种艺术作品，具有艺术作品的各种特征，图书是静态的、时空的、视觉的、再现的和表现的艺术，是文学形象和综合形象表达的重要媒介。从作品的创意来源看，图书既是一种表现艺术，也是一种再现艺术。作为表现艺术，图书是编辑的选择和创意等主观思想情感的直接表现。作为再现艺术，图书可以用文学的形式描述，也可以用图片的形式再现各种艺术作品。图书本身也是表现艺术，除普适性的审美外，它由作品创意的内涵美、作品表达的结构美、装帧设计的形式美构成。

1. 作品创意的内涵美。作品创意是指一部作品所确立的主题创意，它包括作品的思想内容、作者的构思设想和书稿表达手法等。创意的内涵美是指作品符合社会发展的要求，内容健康向上，给人以激励和鼓舞，符合国家文化建设要求。从审美的角度观察，作品创意的内涵美表现在立意正确、主题突出、内涵丰富、创意新颖、内容健康。

立意正确。立意正确是对作品的基本要求。立意产生在创作之前，立意形成于创作之中，立意贯通于作品之内。所谓正确，是指所确立的创意反映了自然的本质和规律，反映了生活的本质和主流，符合自然和社会的发展。作为编辑学概念，立意的内涵要比主题宽泛得多。

主题突出。主题即作品所要表现的中心思想，泛指作品内容的主体和核心，是作者对现实生活的认识、评价和理想的表现。区别于立意，一般意义上所说的主题，只是指作品的中心思想、中心论点及基本观点，是作者对客观事物反复观察而获得丰富的主题思想。立意大于主题，包含主题思想，包含了主题的全部特征；而主题只表现了立意的部分内容。主题鲜明是指作者能旗帜鲜明地表示爱憎。主题是统摄作品的总纲，因此主题必须观点明确。

内涵丰富。内涵指作品内在的意涵和富含的哲理，是作品反映事物本质属性的总和。内涵丰富是指作品所确立的主题能反映生活的本质和规律，揭示事物所包含的思想内容。

创意新颖。创意是作品目的性和活动创造性二者的综合，来源于经验、直觉和灵感，是作者的逻辑思维、形象思维、审美思维等多种认知方式综合运用的结果。创意是作者打破常规的思维方式，用具有创新性的方法去解决问题。作者通过联想和讨论，产生创新理念，激发创新设想，并利用创意把现有的资源进行重新组合，形成新的构思模式，激活资源配置要素，进而提升资源利用价值的方法。创意借指对事物的认知与理解所衍生出的一种新的抽象思维和行为潜能。创意具有审美性、情感性、实用性、时尚性特征。创意与个性审美经验相关联，是作者个性审美经验的外化。创意与情感相联系，是作者情感的表达。创意与时尚相连接，是作者对时尚的洞悉。

内容健康。内容健康是指作品能给人以激励和鼓舞。立意高远是内容健康的前提；作品构思新颖，表现方式独特，审美形象确切，情感表达自然，作者的新认识、新感受、新观点，能给人以美的启示，是内容健康的保障。作品表达还应具有结构美。

2. **作品表达的结构美**。是指作品的结构布局合理、逻辑层次清晰。系统完整、要素齐备、结构严谨、层次清晰、编排有序、表达流畅是评价作品的标准，也是编辑审美的要求。

系统完整。系统是指同类事物按一定秩序和内部联系，由相互联系、相互呼应、相互制约的若干部分组合而成的有机整体。系统有三个特性：一是元素之间的相关性。系统内所有元素相互依存、相互作用、相互制约。二是元素构成的多样性。系统内所有元素是差异性的统一，组成系统的每一个部分具有特定功能。三是元素组合的整体性。系统是所有元素构成的复合统一整体。系统完整指书稿构成的系统是完整的。

要素齐备。要素是指构成一个客观事物的存在并维持其运动的最小单位。要素是构成事物整体的基本因素，又是组成系统结构的基础单元，还是系统运动、变化、发展的基层组织，是构成系统不可或缺的要素。要素是描述客观世界中的具有共同特性和关系的一组现象的抽象。要素齐备是指构成书稿的基本要素齐全。

结构严谨。结构是指系统内部各要素之间相对稳定的联系方式、组织秩序等内在表现形式。每一个系统都有一定的结构，系统是其构成要素的集合，结构严谨是系统稳定的基础。结构布局，就是作品章节结构的层次编排。作品的结构布局编排合理，可以帮助读者了解作品，吸引读者的阅读兴趣。

层次清晰。层次是指一个系统在结构或功能方面的等级秩序。层次具有多样性，可按物质质量、空间尺度、时间顺序、运动状态、组织程度等多种标准划分。层次还反映客观矛盾的各个侧面和事物发展的不同阶段。不同层次具有不同的性质和特征，既有共同的规律，又各有特殊规律。要素具有层次性，一个要素相对于它所在的系统是要素，相对于构成它的要素则是系统。要素在系统中相互独立又按比例联系成一定的结构，并在很大程度上决定系统的性质。同一要素在不同系统中其性质、地位和作用有所不同。系统中一个要素与其他要素差异过大，便会自行脱离或被清除。层次的安排是作品创作中最需要把握好的重要问题。层次一般要用标题或序码等形式来标明。好的作品其层次是内在的、隐性的，作者在行文格式上无任何标志，编辑要根据自己对内容的理解来划分。层次是事物发展的阶段性特征，是客观矛盾的各个侧面、人们认识和表达问题的思维过程在作品中的反映，体现着作者思路发展的步骤。层次与段落是从不同角度体现作者写作时的布局谋篇。层次与段落在形式上，有时具有一致性，即作品段落的划分正好反映内容的层次。但大多数情况下，层次大于段落，即由作品的某几个自然段组成段落群，表达一层意思。也有的作品，层次小于段落。层次着眼于内容的划分，段落侧重于文字表达的需要。为了显示层次的划分，行文还可采用层次标志，主要有标出序码，或以"首先""其次"等表示；或者用关联词、重复词语、过渡句段、小标题词语等转折；或者用空行来表示。

编排有序。编排是指将零散的、相关联的东西进行有序的整理和编排而形成整体。编排有序是指的是作品内容的表现秩序，是作者思维流动发展过程的具体体现。创作就是一种编排，将零散的、相关联的东西进行有序的整理和编排而形成系统整体的作品。

表达流畅。表达是指将思维所得的成果用语言反映出来。作品的语言美是指作品的文字使用准确、词语丰富多彩、语言表达流畅、情节妙趣横生。表达流畅的前提是准确规范。一部作品就是一个系统，其构成要素有机统一，前后照应，伏笔悬念，情节铺垫，浑然一体。作品在结构上的特点，一般有首尾呼应、伏笔回应、铺垫照应等编排方式。首尾呼应的作用是使文章结构严谨，浑然一体。伏笔使故事的情节更加合情合理，还可以设置悬念或推动故事情节的发展。铺垫推动了故事情节的发展。

3. 装帧设计的形式美。装帧设计是指对书稿进行艺术设计和工艺设计，是设计人员根据特定主题与内容的需要，运用造型要素和形式原则，将文字文本或图片文本，在预定的页面上进行有目的的组合排列并美化，把书稿转变为图书的表现样式。装帧设计是设计者美学观念在图书呈现形式中的创意表达，是设计者寻求用艺术手段来达成合理、独特视觉形式的一种创造性活动，依托视觉形式进行传达与表现，将好的想法和创意充分展现出来。装帧设计要达到形美、意新、规范、变化，取决于设计者的文化修养，也取决于编辑的审美素养。装帧设计的效果如何，是对编辑的美学修养和审美情趣的检验。装帧设计包括封面设计、版式设计、选用材料、印制工艺、装订工艺等五个方面内容。装帧设计艺术是编辑审美的组成部分，是书稿加工的重要环节。

封面设计。封面设计是指成书的封面设计，包括封面、护封、书脊、环衬、扉页、函套等内容。一本书给人印象最为深刻的是封面。很多时候，谈到某一本书时，浮现在人们脑海中的，首先是这本书的封面。相当多的人不一定记得住书名，却记住了封面特征，记住了由这一封面特征而引起的内容联想。

版式设计。版式设计是指书籍的内文排版样式设计。设计人员根据设计主题和视觉需求，在预先设定的有限版面内，运用造型要素和形式原则，根据特定主题与内容的需要，将文字、图片（图形）及色彩等视觉传达信息要素，进行有组织、有目的的组合排列的设计行为与过程，包括成书的开本、内文版式、插图、插页、版权页的排版样式。版式设计是现代设计艺术的重要组成部分，是视觉传达的重要手段。表面上看，它是一种关于编排的学问，实际上，它不仅是一种技能，更实现了技术与艺术的高度统一。设计者在进行平面设计时，会利用文字、图形、色彩来传达作品的内容结构和空间层次的信息，版式设计倡导一种阅读体验和一种阅读态度。

材料选用。材料选用是指书籍印装使用的材料。主要有书籍的封面制作材料、内文印制材料和书函装饰材料等。材料选用是装帧设计的组成部分。图书的选材用料要注意处理好美观与大方、精致与节约、普及与收藏的关系。当下，纸质图书作为家庭书房装饰陈列的一个部分，图书的装饰价值变得重要，选材用料时要考虑书籍作为一种陈列品、工艺品的审美效果。

印刷工艺。印刷工艺是指书籍印刷方式。书籍印刷工艺主要有胶版印刷工艺和数码印刷工艺，还包括印刷后加工的过胶覆膜、UV烫金、击凸打凹工艺等。

装订工艺。装订工艺与装帧设计要求相关。目前，书籍排版大多是横排，采用的装订形式有精装本、平装本之分；书脊有圆脊和方脊之别；装订有飘口、圆角、包角、毛边之类。

作品内容决定书籍的品质，装帧设计决定书籍的形式，印装工艺决定书籍的成型，编辑审美就是确保书籍从内容到形态达到完美和谐。很多编辑认为，装帧艺术是美术编辑的事，其实装帧设计与编辑密切相关，是编辑的"脸书"。这些知识看起来是一种经验之谈，其实与人的美学修养、美的体验相联系。

关于审美，常常是仁者见仁，智者见智。美有多种形式，朴素大方是美，典雅高贵是美，时尚流行是美，规范整齐是

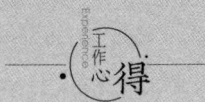

审稿与审美

先审题，再看目，最后读文理。

标题好，视角独，编创有新意。

章节目，要关联，层次要清晰。

文理顺，字规范，文稿定清齐。

内涵美，主题明，项目立意深。

结构美，体系成，框架有支撑。

文词美，重装帧，封面吸引人。

意境美，站位高，书评作导引。

美，心灵感应、醍醐灌顶、茅塞顿开都是美，残缺不齐有些时候也是美。美的评价不一而足，各有好恶。美因人、因事、因物、因景而异，没有统一的标准，但是，审美的受众被感动的效果是同样的。因此，审美只有审美原则，而无审美标准。一部具有审美意义的作品，要在特定的场景下进行观察，编辑审美要讲究作品内容和图书外观的统一。

三、编辑的审美实践与审美素养

编辑美学，主要不是研究美学的基本原理，而是研究美学的运用。编辑的审美实践包括了编辑发现美、编辑提炼美和编辑传递美等三个方面的内容，是编辑学研究的重要部分。作为大众传媒的重要媒体和文化建设的重要内容，编辑必须具有审美意识，具备发现美、表达美、审视美和传递美的能力。编辑的审美实践主要表现在发现作品创意的内涵美、打磨作品表达的结构美、审视装帧艺术的形式美和体验阅读引导的综合美等四个方面。

1. 发现作品创意的内涵美。选题策划就是美的发现与美的传递的过程。好的题材要有好的作者，要有创作能力的作者，但更要有创作激情的作者。编辑有对作品呈现的诉求，并且要把自己的诉求让作者明白，希望作者认同这种诉求，并转化为作者自身的诉求。命题作文是编辑选题策划的重要方式，是阅读导引的重要手段。编辑要在社会生活中发现美的主题，发现美的内容，发现美的形式，通过策划选题和选题论证，将美转换成图书文本形式。

2.打磨作品表达的结构美。美的表达与图书呈现相关联，编辑审美，就是在编辑加工优化中，将美表现在图书的各个方面。编辑要帮助检查作品系统，完善作品要素，检查层次逻辑，理顺编排秩序，删除冗余内容。编辑行业有自己的一整套系统、话语、流程、方式，要求你在系统内具有较强的综合素质。作为编辑，你要用编辑的眼光去观察、判断、处理书稿，加工作品，让作品成型。我们常说，搭建一个以编辑身份与作者对话、交流、沟通的平台。作者应该是他所从事行业的高手和行家，你必须以出版的高手和行家的身份，才能与之对话，你与作者对话的交集点是书稿，是如何将一部作品变成一本书。你是编辑加工的高手和专家，因此，才产生了你与作者的碰撞与合作。编辑要提高对专业书稿的综合鉴定评价能力，在书稿的专业知识面前，你应该是一个熟悉书稿所涉及领域作品的品读者和鉴赏者，你必须具备相关的知识，具有一定的水平，不但对作品能够鉴定，还要学会能够欣赏，编辑不能做专业知识的门外汉。编辑必须懂行，只有这样，你才能发现作品特点，展示作品亮点。编辑加工的任务就是表达美和丰富美。编辑的结构审美，就是帮助作者建构作品系统，完善要素，删除冗余内容，检查层次逻辑，理顺编排秩序。美有多种形式，但是在一般意义上，编辑审美还是讲究作品完整齐备，编排有序。规范有两层含义，一是作为群体的行为标准，二是作为产品的质量要求。编辑审美按照既定标准、规范的要求进行操作。

3.审视装帧艺术的形式美。装帧设计的要求就是装饰美和呈现美。编辑不一定是图书的装帧设计者，但要能对图书的装帧设计提出自己的想法和要求。装帧设计要达到形美、意新、规范、变化，取决于设计者的文化修养，也取决于编辑的审美素养。装帧设计的把握是对编辑的美学修养和审美情趣的检验。版式设计是寻求用艺术手段来达成合理、独特视觉形式的一种创造性活动，特别是进行平面设计时，会有表现主题及表现形式的需求。检查版式设计时，要注意封面设计、版式字体、色彩构图、材料选用，可考虑从变化与统一、结构与比例、对称与均衡、节奏与韵律、规范与突破、虚实与空白，审视装帧设计与书稿的内在联系和外在的形象。不同的编辑有不同的设计打算，不同的书有不同的版式要求。包括印张拼合，也是审美的一种表现，留白页的放前放后，既有方便节省的考虑，也有编辑审美的韵味。

4. 体验阅读引导的综合美。阅读引导是鉴赏美和传递美的重要路径。阅读引导有多种方式，书评审美是其中最重要的一种方式。编辑应该是最好的书评家，因为他参与了书稿加工的全过程，甚至参与了从选题创意到图书成型的全过程。书评是图书审美的综合表现。书评的撰写可以从创意灵感、策划理念、编著交流、问题处理、提炼提升、推敲打磨、学理探究、线索梳理等多个角度切入，对作者作品的把握，对读者阅读的导引，对编者拓展的启迪，落脚点都在阅读审美。阅读引导的效果要落实在被引导者的思想活动上。这种引导，包括了文化建设的各个方面，既有客观知识、逻辑方法、价值观念等理性成分，也有审美情趣、心理认同、情感认知等感性思维。阅读引导者要弄清楚哪些是被引导者易于接受的内容和诉求。最好的书评人是责任编辑。除了作者，对该作品倾注心血最多，投入精力最大，了解把握最深的莫过于编辑。一般人的书评，大多是泛泛而谈，责任编辑应该承担写书评责任。书评不是简单的作品内容介绍，而应该是美学欣赏，是编辑审美能力的一种展示，是编辑审美素养的集中体现。写书评是编辑的基本功，更是编辑提高业务能力和提升美学素养的重要路径。

5. 编辑的审美要求。编辑工作的对象，无论语言文字、伦理道德、科普文章、学术论文、图册画卷等都有美学价值。美的文学作品会在极短的时间内给人以强烈的刺激，让人的大脑、思维活跃起来，助推人的思想达到忘我的境界；精致的美术作品会给人以艺术的熏陶；优雅的休闲作品会给人以文化的品位；严谨的科学作品会给人以逻辑的训练。在多重审美活动中积累得来的美学体验，可以帮助编辑正确地进行审美。在选题策划时发现美，在书稿编辑加工时表达美，在图书导读拓展时传递美。图书是编辑审美思想的结晶，是编辑审美创造的结果。图书不仅能以情动人，而且能以美感人。通过图书，编辑给阅读者一种美的愉悦体验和享受。这是编辑审美区别于其他社会活动的标志。一个对选题、对作品缺乏认识的编辑是难以产生审美情感的。一个缺乏审美情感的编辑很难做到发现美和传递美，一个缺乏审美情感的编辑很难成为优秀编辑。

6. 编辑的审美素养。素养是指以人的先天禀赋为基质，在后天教育和实践的影响下逐渐形成并发展起来的内在的、相对稳定的、具有专业特性的身心品质，是人们关于某个方面的认知能力、行为能力和情感态度综合发展的水平，是个性特点的展示。审美素养是指人们在生活实践中培养和积累的审美经验、审美情趣等综合形成的一种美学修养。审美素养是编辑需要具备的职业素养之一，编辑的审美素养由文学素养、艺术素养、哲学素养、科学素养、美学素养等构成。

文学素养。文学素养是指人们对文学的认知水平和行为能力，包括阅读、理解、创作和赏析文字作品的能力。文学素养由文字的把握、辞藻的运用、典故的熟悉、表达的得当等内容构成，表现在用语言文字交流、创作、传播等方面。

艺术素养。艺术素养是指人们对艺术的认知水平和行为能力，包括对艺术作品感受、理解、表现、鉴赏的能力。艺术素养由线条的勾勒、光线的明暗、色彩的浓淡、意境的表达等内容构成，表现在用艺术形象表达、传递、鉴赏美等方面。

哲学素养。哲学素养是指人们对世界的认知能力和表达能力。包括对哲学的理解、应用、论辩能力。哲学素养由哲学知识、哲学品格、哲学态度、哲学能力构成，表现在人生追求、社会理想、哲学境界等方面。

科学素养。科学素养是指人们对事物的认知水平和行为能力，包括科学的认识、学习、应用等能力。科学素养由科学知识、科学方法、科学态度、科学应用等内容构成，表现在对科学知识的认知、科学知识的应用、科学方法的形成、科学价值的理解等方面。

美学素养。美学素养是审美经验、审美情趣、审美能力、审美理念等各种因素的总和。审美素养既体现为对美的发现能力和欣赏能力，又转化为对美的鉴别能力和创造能力，审美素养有助于编辑对客观事物的深层次认识，有助于激活编辑创意。

一本图书生产的流程，就是一个编辑思维活动的流程，也应该是编辑审美的流程。编辑审美表现在创意与审美同步，论证与审美同步，规范与审美同步，阅读与审美同步，书评与审美同步。编辑审美贯穿于编辑工作的全过程，但是不同的阶段有不同的要求。主题立意是美的探索，文字规范是美的表达，辞藻修饰是美的提升，装帧设计是美的再现，选材用料是美的表现，阅读引导是美的传递。在多重审美活动中积累得来的美学体验，可以帮助编辑正确地进行审美。

图书编辑是一门遗憾的艺术。编辑常常会碰上这样的情况：一个自己喜欢的选题，用心去做的选题，在印前检查时很满意的选题，在印制出来后，都会发现或多或少的问题，都会感觉与自己的预期相比有不到位的地方，都会总结出一些经验和教训，促使自己不断地去学习，去完善。

《海雀，海雀》的编辑审美维度

——书评是图书审美的一种表达

2014 年，贵州省毕节市赫章县河镇乡海雀村村支书文朝荣被中共中央宣传部评为"时代楷模"，我们配合宣传文朝荣的事迹，学习文朝荣的精神，策划了选题"咬定青山不放松——文朝荣与他的事业"即《海雀，海雀》一书，入围2015 年省新闻出版局的年度重点选题，列入 2015 年省委宣传部重点资助的文艺创作项目。

贵州省毕节市赫章县海雀村是吹响中国扶贫攻坚冲锋号的首发点，海雀村的发展变化，是中国扶贫攻坚工程的缩影。《海雀，海雀》以报告文学的形式，描写了海雀村彝族村支书文朝荣，30 余年带领全村脱贫攻坚，植树造林，改变村庄生态环境的动人故事，有历史的厚重感，时代的风尚感。该书体现了"中国梦"的时代要求，展示了人们追梦、筑梦、圆梦进程中的奋斗精神和奉献精神，具有弘扬民族精神，展示时代进步，引领社会风尚的思想内涵。本书出版后获贵州省委宣传部 2016 年优秀文学作品奖，并列入 2016 年贵州省农家书屋采购书目。毕节市委宣传部和赫章县委宣传部向党员干部推荐阅读，得到读者的充分肯定。编辑和学者的几篇书评，分别从不同的审美角度，展示了主题审美、情景审美和结构审美。

一、主题审美。该书的责任编辑闵英的书评"叩击心灵的感动"[1]，从主题审美作品的角度评价作品。她说：在我的编辑生涯和阅读经历中，《海雀，海雀》是贵州作家描写贵州人物的作品中最让我感动的一部。

一部让人感动的作品，首先是内容的丰富厚重。作家王华以时代楷模文朝荣的事迹为母本，用报告文学的形式，以中国扶贫攻坚的历史长卷和贵州自强脱贫的奋斗画卷为背景，以山区石漠化生态改造和海雀村的发展变化为案例，构成文本叙事的立体空间，成功塑造了一个农村基层党员干部感人至深的形象；一部让人感动的作品，也是作者的情感倾注。王华以本土作家特有的情怀，用真情描摹文朝荣的信仰理念，用事实展示人物的价值追求，写出了一个生动、可信、真实的人，写出了她的感动。

一部让人感动的作品，其策划创作时也会有许多让人感动的故事。与王华合作是一次偶然。在党的群众路线教育实践活动中，我们就开始策划宣传文朝荣的选题。2015年5月，在与王华讨论她的长篇小说《花村》的出版问题时，无意间，咖啡屋小桌上的茶品牌下方"远学焦裕禄，近学文朝荣"的宣传词，引发了我们探讨用文学形式来塑造文朝荣形象的话题，也谈到了我们为寻找合适作者而不遇的焦虑。王华被文朝荣的事迹所感动，也为我们执着的态度所打动，毅然决定，放下手中正在进行的创作项目，投入长篇报告文学的创作中。王华的创作构想得到省委宣传部张广智部长的鼓励与支持。在采访的过程中，毕节、赫章、海雀的人们对文朝荣的由衷敬意，给我们留下深刻的印象。在谈到文朝荣的事迹时，赫章县委宣传部朱大庚部长如数

---

① 闵英：《叩击心灵的感动》，载《贵州日报》2016年3月25日第12版。

家珍般娓娓道来，令我们感动。

一部让人感动的作品，必然会引发读者的共鸣。《海雀，海雀》的书稿送交出版社后，我们约请了几位不同领域的专家进行审读，得到一致的好评。在对作品提出修改意见的同时，省委政策研究室主任李裴百忙中抽空撰写了8000余字的推介文章；中国劳动关系学院新农村文化研究所所长彭维锋教授站在全国"三农"文学研究的高度，以"新世纪'三农'题材报告文学的创新与突破"为题，在《中国出版传媒商报》上发表了书评，认为这是21世纪"三农"文学作品中实现文学性与政治性融汇的经典作品。浙江台州读者谢竞在给编辑的来信中这样写道："作品确是刚柔并济，骨肉齐全；作者文笔细腻传神，又锋利见血，非常引人入胜！"表达了她的感动。《中国作家》2016年第3期头条，全文刊载了《海雀，海雀》。

《海雀，海雀》中没有华丽的词语，但是，在那种完全农村生活场景的、村邻聊天式的、朴实无华的故事和对话描摹中，你能强烈地感受到一种叩击心灵的感动，催人奋进。编辑是美的发现者与美的传递者，作为责任编辑，在选题策划和编辑加工的过程中，一次次学习文朝荣事迹、一遍遍审读书稿、一回回体悟感动。《海雀，海雀》让我感动，我想也同样会感动更多的人。我相信，所有读过此书的人都会因为感动而在心中滋生巨大的正能量。

二、情景审美。贵州省委政策研究室主任李裴以"把树种成一个大写的人"①为题，从作品的情景审美的角度对《海

---

① 李裴：《把树种成一个大写的人》，载《贵州日报》2016年2月5日第12版。

雀，海雀》评论，他说：忠实而富有激情地记录时代进程、反映时代精神、塑造现实形象，对作家是一个考验，需要厚重的历史责任担当，需要深切的民生情怀，需要丰富的生活积累，需要敏锐的现实洞察，需要对艺术表现和想象的熟练驾驭。阅读《海雀，海雀》，感佩于贵州省作家王华的现实勇气和想象底蕴，将一段波澜壮阔的时代生活，忠实而富有激情并艺术地予以表现，奉献给了广大读者一部具有较高思想性和艺术性的作品。全书以毕节市赫章县海雀村支部书记文朝荣的真实感人事迹为主线，诠释了一个基层党员干部的使命与担当，以文学的笔墨再现了贵州人民面对贫困落后的困境，面对石漠化的发展制约，百折不挠、自强不息、后发赶超的奋斗历程。

1.《海雀，海雀》描绘展示了一幅改革开放以来贵州农村翻天覆地变化的历史长卷缩影。党的十一届三中全会作出了改革开放的伟大战略抉择。改革开放首先从农村开始，贵州农村改革走在全国前列。

改革开放初期的毕节，是贵州水土流失最为严重的地区。农民日子不好过，上山开荒和增加劳动人口成为当地解决长远生计的不得已出路，结果陷入了"越贫越垦，越垦越贫""越生越穷，越穷越生"的恶性循环怪圈。一篇报道，让海雀以"苦甲天下"一举扬名，惊动中南海。国务院批复建立毕节"开发扶贫、生态建设"试验区；贵州省委将"开发扶贫、生态建设、人口控制"确定为毕节试验区的三大试验主题。从此，毕节成为我国第一个向贫困、向石漠化发起总攻的试验区，而海雀，则是这场攻坚战的发源地。

作品以小见大，以约显博，全面记录了海雀村改革开放几十年来，在各级党委、政府的关心帮助下，在村支书文朝荣的带领下，各族群众奋力拼搏，将万亩石漠化荒山变成林海，改写"苦甲天下"为"林茂粮丰"的艰难壮举。海雀村的蝶变历程，是毕节试验区乃至贵州改革开放以来以经济建设为中心，保护生态，推动发展，坚守底线，全面实施脱贫攻坚工程中取得伟大成就的一个缩影。

对于当下的思考和时代的意义来说，海雀村房子漂亮、村子干净、生态宜人，这都离不开文朝荣的功劳。海雀村是毕节试验区改革发展的一个缩影，文朝荣是贵州农村党支部书记的杰出代表，是全省党员干部学习的楷模，是第二批教育实践活动的一面镜子。各级领导干部要"远学焦裕禄，近学文朝荣"。

2.《海雀，海雀》描绘展示了改革开放反贫困历史时期农村人物的群像。作品以海雀村为背景，以村支书文朝荣为主角，以一群普普通通的人物为配角，用写实手法，通过现实和历史形成鲜明对比，以众多人物的活动，形象地展示了海雀人的奋斗足迹。

作者饱蘸情感的描写，几乎是完整地立休地记述了文朝荣的人生轨迹。作品抓住历史的关节点和人物的关键点，从人物事件的推进铺展笔墨，描绘了人们与老支书文朝荣一起，同甘共苦，共赴维艰，团结一心，抱团出击，建设新农村，走上新生活的色彩斑斓的全景群像。在描写主人公文朝荣与妻子、与子女、与村民、与村干部、与上级等方方面面的关系时，多有精彩之笔，细节生动鲜活，极为传神。真切反映了文朝荣在带领村民决战贫困、脱贫攻坚过程中的种种矛盾与冲突，忧虑与彷徨，质疑与挑战，凸显了他们自强不息、顽强拼搏、奋力开拓的精神风貌，讴歌了"艰苦奋斗、无私奉献、愚公移山、改变面貌、造福子孙"的文朝荣精神，引人深思、催人奋进。

3.《海雀，海雀》描绘展示了一幅富有贵州农村生活特色的风俗场景。乡土，是当代文学作品书写的一个重要领域和文学母本，很多人的创作都是从乡土开始的。在因生态破坏严重导致乡村贫瘠、荒凉、落寞的现实场景中，作者以细腻的笔触，艺术而本色地描画具有浓厚乡土气息的风俗画卷，描写之处，行云流水，全无刻意雕琢之痕迹，展现的都是生活的细节和人性的色彩，生活气息浓郁，让作品原汁原味、有滋有味。

在这样一个特定的真实的农村风俗画卷的场景中，作者通过家庭和邻里间的点滴小事，以及人物与人物间的质朴对话，展现了村民朴素、本真、执拗的个性和对美好生活的憧憬，勾勒出一幅在条件极其艰苦、环境十分恶劣的情况下，海雀人从求生存到谋发展的奋斗画卷。在原汁原味地呈现海雀具有独特地域特色的风土人情中，充满激情地赞美了海雀人挑战贫困的顺时乐天的生活观，颂扬了以文朝荣老支书为代表的人们追求幸福生活的坚定信念和不畏艰险、无私奉献、造福子孙的人性之美。

4.《海雀，海雀》展现了作者艺术描写的生动与深刻。从作品中可以看到，作者对农村生活很熟悉，这使得她对海雀村干部和海雀人的生存状态、情感状态、精神状态有着深入的了解和把握，能够"入乎其内，故有生气"；她深入地领会发生在人群里和人心中的巨大和细微的变化，以敏锐的触觉关怀关注海雀人的生存现实，深刻诠释了海雀人顽强与拼搏，自信与自强，艰苦奋斗、创造奇迹的生活态度，才能够"出乎其外，故有高致"。

作品有丰富开阔恢弘的场景叙事，有求实的写作态度和饱满的感情投入，有生活气息和时代气息的对话与思考，还有不少细腻生动的心理描写和情真意切的语言表达。作品从大处着眼，以丰富的细节、鲜活的人物、生动的场景，真实还原了一个有血有肉的时代精神践行者。通过一系列故事、细节将老支书文朝荣信念坚定、对党忠诚的政治品质，改变面貌、造福子孙的执着追求，艰苦奋斗、愚公移山的拼搏精神，勤政为民、无私奉献的高尚情操深刻地展示出来，让人感到真实可信、可亲可敬。

得益于作者对农村生活的异常熟悉，在处理叙事语言和人物对话时，能够做到与人物身份很"贴"，套用王国维《人间词话》中的说法就是"不隔"，特别是方言的恰当使用，为作品增添了不少韵味，让人物形象更鲜明生动。更难能可贵的是，作者从细微处入手，将日常生活碎片与时代潮流相映衬契合，写活了海雀村奋斗的时代精神，特别是文朝荣这名村支书在平凡生活中折射出的伟大精神力量，凸显了长篇报告文学的正能量与影响力。

5.《海雀，海雀》中主人翁一生的奋斗历程印证了守住"两条底线"的实践性和科学性。习近平总书记视察贵州时强调，要守住发展和生态两条底线。我们既要绿水青山，也要金山银山。宁要绿水青山，不要金山银山，绿水青山就是金山银山。

文朝荣带领海雀村人与天斗、与地斗，在恶劣环境中顽强拼搏、奋斗一生的历程，印证了海雀人守住发展和生态两条底线的辩证思维，通过将荒山石山变为绿水青山，又通过绿水青山带来金山银山，走出了一条石漠化山区经济发展、环境保护与社会进步相协调的发展路子。

作品中写到，人类当初改依赖肉类为依赖粮食而生存，是为了更优雅更有尊严地生活。然而那时候，完全想不到开垦会给我们赖以生存的地球带来危害，也想不到这样无休止地开垦下去，终有一天我们将会彻底失去优雅和尊严。这是多么深刻的思考和警醒。作者将文朝荣等种树人平凡而在今天看来可以称为"壮举"的事情定义为一种"还债"，还土地的债。因为我们的索求无度，让我们欠下养育我们的"母亲"——这片土地太多太多。

实践证明，我们必须在发展中保护生态环境，用良好的生态环境保证可持续发展。海雀村植树造林、恢复生态、脱贫致富的绿色发展实践雄辩地证明了这一点，为"两条底线"理论提供了一个鲜活的案例支撑，为"两条底线"找到了成功的"范式"和"样板"。

"十三五"时期，是发展相对滞后的地区必须奋发有为的重要战略机遇期。以文朝荣的艺术形象来感染人、启迪人，对于广大人民群众在这个重要时期鼓起劲来抓发展，弯下腰来拔穷根，携起手来奔小康具有很好的鼓动作用和情感激励效果。我想，这也许就是《海雀，海雀》微言大义之所在吧。

三、结构审美。中国劳动关系学院新农村文化研究所所长、教授彭维锋，以"新世纪'三农'题材报告文学的创新与突破"为题①，从结构文学审美的角度，对《海雀，海雀》

---

① 彭维锋：《新世纪"三农"题材报告文学的创新与突破》，载《中国出版传媒商报》2016 年 5 月 16 日第 7 版。

给以很高的评价，他说：

　　伴随着"三农"问题成为党和国家工作的重中之重，以及全面展开的社会主义新农村建设和新型城镇化实践，农民群体重新鲜明地进入了报告文学的视野。中国农村的巨变以及社会经济的转型，导致了农村社会和农民个体的生产关系、生存形态、生活方式、思想观念、道德品格和审美趣味的巨大变衍，也使得身处其中的作家们，用具有鲜明时代特征的报告文学作品书写了并正在书写着这一历程场景。一言以概之，"三农"问题的独特历史魅力，也生成了"三农"题材报告文学创作的丰富性，并在21世纪之后涌现出大量敏锐把握时代脉搏、反映"三农"问题的报告文学作品。这些文本所呈现的乡村现实——从经济到政治、从社会到文化、从精神到心理的乡村书写，包括乡村治理灰色化、乡村经济畸形化、乡村文化沙漠化、乡村生态污染化、乡村道德物质化、乡村精神破败化、乡村价值利益化、乡村社会分层化，如此等等，一次又一次触动中国社会敏感的神经，也一次又一次传达出当代中国"三农"问题的严峻与窘迫。我们要立足于中国"三农"现实，积极表现和探寻直面当下"三农"困局的实践经验及其发展路径。我们每个人内心深处都知道，与展示、揭露、批判相比，当下中国乡村更需要阳光、责任、美与爱，当下乡村社会更需要正能量，正如习近平总书记所言，"要充分发挥各方面英模人物的榜样作用，大力激发社会正能量，为实现中国梦提供强大精神动力"。贵州作家王华的《海雀，海雀》，成为新世纪之后颇具代表性的"三农"题材报告文学文本。

　　《海雀，海雀》秉持强烈的现实性、问题性和建设性的创作姿态，立足于当下中国扶贫开发的历史语境，叙述了在党支部书记文朝荣带领下，贵州省毕节市赫章县海雀村自1985年以来，广大干群紧紧围绕毕节试验区"开发扶贫、生态建设、人口控制"三大主题，自力更生，苦干实干，取得了荒山造林1.28万亩、森林覆盖率达70.4%、全村林场价值超过2500万元的辉煌成就，实现了生态与经济"双赢"，也实现了从"苦甲天下"到"林茂粮丰"，创造了中国扶贫开发主战场上颇具典型性的"海雀样本"。不仅如此，本书还以日常生活化的叙述话语，富于地域性的风情书写，以及颇具个性的农民心理的深刻挖掘，图绘和揭示农民生存状态与文化精神，洞悉和探究中国扶贫开发之路的历史境遇与未来走向，进而呈现和思考传统与现代、物质与精神、生存与生活、价值与意义等一系列形而上的宏观命题。概而言之，《海雀，海雀》充分实现了以下三个方面的突破与创新。

一是强烈的问题意识和鲜明的实践属性。我们看到，《海雀，海雀》紧密围绕"石漠化"农村如何脱贫致富这一问题展开叙述，文本透露出作家对于这一问题的深切关注和焦灼反思，其问题意识是自觉的、主动的、强烈的。其对于"海雀之问"的聚焦与执着，其文本意义和价值指向，最终都落实到如何认识和解决海雀村"石漠化"并实现脱贫致富这一核心创作理念上来。正是在这一问题意识和实践导向的指引下，文本通过对于文朝荣的个人事迹和海雀村的个案书写，作家已经部分地意识到自己笔下的"个体人物偶然遭遇到的是潜藏着'历史的必然'"（马克思《致拉斐尔·济金根》），也正是秉持此种"问题意识"，作家才能够在一定程度上，敏锐地谛听时代的声音，真确把握到时代的脉动，才能够正视问题、发现问题、揭示问题并努力探寻如何解决问题，才能努力在历史进程中以艺术的方式去呈现"历史的真实"。

二是明晰的价值立场和丰富的思想内蕴。我们看到，《海雀，海雀》客观而真实地凸显了"石漠化"地区"三农"问题的严峻迫切，呈现了农业经济的破败与凋敝，农村世界的疼痛与无奈，农民生活的窘迫与坚守，也深刻思考了海雀农民包括文朝荣的保守与激进、精神与欲望、富裕与穷困、勤劳与投机、选择与背弃、欢乐与苦闷、希望与绝望、幸福与苦难，以及由此导致的人性的裂变与新生。在一定程度上实现了"历史尺度"与"道德尺度"的有机结合，并始终贯注以犀利的理性反思和强烈的人本主义情怀。作家以审慎的、历史的眼光，秉持坚定的人文主义情怀、道德立场和底层关怀，歌颂在海雀村土地上绽放的那些阳光的、高尚的、先进的、真实的、善良的、美好的人性及其精神品格。艺术呈现文朝荣这样一个先进典型的同时，也突出并彰显了哲理性的思考，提供了美学的和思想的双重内涵。

三是宏大的叙事背景和立体的审美空间。毫无疑问，正是改革开放以来当代中国、当下农村的发展现实，构成了《海雀，海雀》之人物、故事、情节甚至修辞的背景与舞台。《海雀，海雀》直面改革开放以来我国"石漠化"农村发展创新、自力更生的现实境况，在宏大的历史场景之中展现"三农"问题的过去、现实与未来。正是因为文朝荣们的影响和努力，文朝荣们的以身作则、自力更生、艰苦奋斗和持之以恒的精神品格，文朝荣们那种对自我生存价值和生命意义的不懈追求，以及海雀村"富口袋"与"富脑袋"同步实施的发展路径，为内生性的中国特色扶贫之路提供了一种借鉴和经验。

由此，宏大的叙述语境与多元的叙述空间，创作主体的现实思辨、内在焦虑与深入反思，及其所采用的叙述话语、叙事策略和叙事技法，如此等等，紧密融汇在一起，共同生成丰富的、多层面的、整体性的审美张力和艺术空间。

　　纵观新世纪之后的"三农"题材报告文学实践，在某种意义上，我们似乎可以断言，《海雀，海雀》是一篇真正融汇文学性与政治性、思想性与艺术性、批判性与建设性的报告文学文本。王华以其《海雀，海雀》的创作实践告诉我们，真正优秀的"三农"题材报告文学作品，既非作家主观臆想的产物，也绝非是政治实践的报告文学重构；既非俯视式的苦难叙事、悲悯叙事所涵盖，也非仰视式的颂歌叙事、宏大叙事所包蕴。优秀的作家对"三农"题材文本的书写，既不必因为政治导向以理想主义简而化之，更不能因为主观臆想以虚假虚构敷衍推延；而是在此种真实性、艺术性的描绘之中，体悟到历史发展的真实，生命、生存的真实以及由此而生成的人情、人性的真、善、美的真实。这就要求我们的作家，应该站在一个更宏观的视角来书写当下的乡村世界和乡村英模，既不要简单地成为对既往世界的一种理想化追溯，也不要简化为对现实世界的单纯揭露与批判，更不要对书写对象一味认同赞扬甚至顶礼膜拜；它亟需当代作家立足于这个伟大时代，发出自己具有建设性、创新性和充满人文关怀的深切呼声；它亟需当代作家积极转变视域，聚焦当下新农村建设典范村庄和典型英模，真正担当起乡村叙述的历史重任，用优美的文字为新农村建设提供精神动力和文化支持。就如同习近平总书记在文艺座谈会上所指出的那样："我国作家艺术家应该成为时代风气的先觉者、先行者、先倡者，通过更多有筋骨、有道德、有温度的文艺作品，书写和记录人民的伟大实践、时代的进步要求，彰显信仰之美、崇高之美，弘扬中国精神、凝聚中国力量，鼓舞全国各族人民朝气蓬勃迈向未来。"事实上，只要当代作家脚踏实地地走进农村这片沸腾的土地，扎根于人民群众创造历史的伟大实践，探究新农村建设纷繁嬗变的深层本质，感应农村变革现场的鲜活脉动，就能够激发起强烈的创作冲动和热情，奉献出真正的、具有建设性的并充满正能量的精品力作。

封底的介绍词，"勾勒一幅中国扶贫攻坚的历史长卷，描摹一幅贵州自强脱贫的奋斗画卷，解读一篇山区石漠改造的生态试卷，诠释一份农村党员理想信念的践行答卷。"是我对文朝荣的先进事迹，对作者创作《海雀，海雀》一书的过程长期不间断地倾心关注的感言，也是作为编辑对报告文学的亮点的提炼。编辑要充满爱心，有爱心的编辑，才会去发现社会的真善美，才会去发现感动，并通过自己的工作，放大感动，传递感动，扩散感动。

⊙ **思考**

编辑为什么需要学美学？

《中国贵州民族服饰全集》

孔学堂书局　2019 年出版

第九章　编辑视域、编辑思维和编辑意境

关　键　词：编辑心理学；编辑视域；编辑思维；编辑意境
学习目标：拓展编辑视域，培养编辑思维，提升编辑意境。

　　心理学包括基础心理学与应用心理学两大领域。心理学的研究涉及人们的认知、思维、人格、行为习惯、人际关系、社会关系等领域。编辑心理学讨论编辑视域、思维、意境对图书出版活动的影响，解释编辑个体心理机能在出版行为与编辑活动中的作用，指导编辑扩大编辑视野、活跃编辑思维、提升工作意境。

一、视域与编辑视域

　　1. 视域。视域是指人的视力所及能看得见物体的范围，借指人观察事物的能力范围，是人的主观能力。视域是相对固定而有限的。无论你的视力有多好，看得见物体的能力总

是在一个相对固定而有限的距离范围内；就算是没有任何物体的遮挡，人的视力所及，最远也只能看到眼前天地间的交汇处，也就是人们常说的地平线尽头。视域是一个人在其中进行领会或理解的构架，既是看得见的，又是凭经验、素养而逐渐形成的，视域由两个部分组成，由眼睛直观看到的具象和由经验积累而逐渐形成的判断[①]。

视域范围。视域还包含这样的意思，即所有的理解都是在一个理智视域的背景下进行。视域的出发点是个体的、直接的、直观的，视域的终点是整体的、间接的、推测的。视域就是个体有限的固定性向整体无限的延展性过渡的状况。由于视域边界随着观察主体的运动变化，观察位置的高低变化和观察情绪的起伏变化，其边界可随时变化延伸，其范围只能是一个可以大致判断而无法明确划定，可以粗略描绘却永远无法到达的场所。因此，视域范围的固定有限性与被感知物体的直观实在性有关；视域范围的开放无限性与未被感知物体的想象可能性有关。

视域变化。人的视域界限又不是固定的，随着观察主体的运动变化、观察位置的高低变化和观察情绪的起伏变化，观察者的视角与视野会发生相应的变化，所观察到的视域边界也在不断地发生变化，从这个意义上讲，人的视域又是开放无限的。视域既是看得见的，又是凭经验、素养而逐渐形成的，视域不是一个僵化的界限，而是随着观察主体的活动而一起流动的。对于观察主体来说，视域的边界是永远无法达到的，可以说是开放无限的。随着观察主体的运动，视域

---

① 倪梁康：《现象学及其效应：胡塞尔与当代德国哲学》，商务印书馆 2014 年版。

可以随意地延伸；地平线是一个只能看到，而无法划定的场所。因此，视域的有限性与被感知的实在性有关，视域的无限性与未被感知的可能性有关。视域就是个体有限的固定性向整体无限的延展性过渡的状况。

视域构架。视域构架是指一个人在其中进行领会或理解的构架，由两个部分组成，即由眼睛直观看到的具象和由经验积累而逐渐形成的判断。它说明了单个对象与作为这些对象之总和的世界之间的过渡关系，说明了具体、充实的视域与抽象、空乏的视域之间的过渡关系。我们可以从两个方面来考察这种关系：从个别对象来看，对象视域具有一种不断超越自身的特征，最终构成世界视域；从作为对象视域总和的世界视域来看，世界视域是由各个对象视域的连续叠加而构成。每个人作为一个历史的存在者都处于某个传统和某种文化之中，并因此而居于某个视域之中。一个视域就是一个人的生活世界，不可能有绝对客观的、与人的特殊视域无关的理解。一种文本的意义是在某个领域中被确定的，一个视域本身就是一种文本形成的过程。

视域的哲学理解。人们常说的经济学视域、政治学视域、社会学视域，指的就是观察角度的变化。哲学概念的视域是指人的精神生活的一种看法和理解。当"视域"一词被作为哲学概念运用时，视域不仅与生理的或物理的"看"的范围有关，而且与精神的"观"的境域相关。因此，作为哲学概念的视域也可以解释为"观"域。从哲学的意义上讲，直观、判断、感知、想象等借助于已有的知识和经验、已知的任务和条件推测未知事物的意识行为，都具有自己的视域范围。从这个意义上讲，视域的内涵与外延在哲学领域得到了扩展，视域个体有限的固定性和整体无限的延展性两层含义在哲学中都被保留了下来。

2. 编辑视域。编辑视域是指编辑观察选题和审视书稿的范围，也指编辑观察选题和审视书稿的能力范围，也即编辑对选题、对书稿、对图书认识判断的基本范围。编辑视域的形成，取决于编辑自己的职业定位和职能定性，影响编辑的思维活动。编辑思维是编辑对选题、对书稿、对图书认识判断的基本活动。编辑思维的状况，决定了编辑工作的方式，影响编辑意境的形成。编辑工作意境的形成，来自于编辑视域，取决于编辑思维。反之，编辑的工作意境又促进或限制编辑的视野，影响编辑的思维。

编辑视域的特点。编辑的视域范围也具有个体有限的固定性和整体无限的延展性特征。编辑的视域是相对固定而有限的。无论你的观察能力和审视能力有多强，受所在位置的约束和所积累知识的局限，编辑对选题的观察和对书稿的审视总是在一个相对固定而有限的视域范围内；就算没有位置的约束和知识的局限，编辑观察选题和审视书稿的视力所及，最远也只能在图书出版活动和社会生活的交汇处，即编辑的人际关系线的尽头。编辑的视域界限不是固化的，随着编辑主体的运动变化、观察位置的高低变化、观察情绪的起伏变化，编辑观察选题和审视书稿的视域边界也在发生变化，从这个意义上讲，编辑的视域又是开放无限的。由于编辑的视域范围随着编辑观察的运动快慢、位置高低和情绪起伏的变化而变化，其边界可以随时延伸，其范围只能是一个可以大致看到而无法划定，可以描绘而永远无法到达的场所。因此，编辑视域的有限性与被感知

的选题、书稿的实在性有关；编辑视域的无限性与未被感知选题的可能性有关。

编辑视域的扩展。一种视域就是一个人的精神生活世界，作为社会生活的参与者，每个人都处于一种文化传统和文化精神之中，并因此而处于一定的视域之中，每个人的生活与工作，都与其对特殊视域的理解相关。一种视域观察本身就是一种视域文本形成的过程，对事物的所有理解，都是在一个理智视域的背景下取得的。从编辑的角度来理解，编辑视域就是编辑在其中进行工作的构架范围或视野范围。编辑的观察选题和审视书稿，其直观、判断、感知、想象等意识行为都是在编辑的视域范围内。

编辑的视域平台。编辑的视域平台是自己构建的。在这个平台上，就是要调整和扩大编辑的视域。对同一部书稿，作者与编辑会站在不同的视域去观察，去思考。因为观察的视域不同，编辑才能针对书稿提出自己的意见和看法。在大多数情况下，如果编辑与作者站在同一个专业平台上观察书稿，编辑的视域永远都不及作者的学识广博和视野开阔。在同一个编辑平台上，各人的眼界高低又决定了观察的视域的宽窄，不同的编辑，会对同一部书稿作出不同的判断。编辑视域边界的有限与无限，选题范围的固定与延展的问题，取决于编辑的思路。编辑视域个体的固定性和选题书稿整体无限的延展性两层含义在编辑学中也可以充分得到验证。编辑要扩大自己的视域范围，其路径有三条：第一条是学会在运动变化中进行观察；第二条是架构编辑工作的平台，提升自己的位置；第三条是提高自己的素养，控制自己观察选题和审视书稿的情绪。编辑对观察选题和审视书稿的视野越宽、范围越大，对选题和书稿的方向判断越准；编辑对观察选题和审视书稿的视角越小、聚焦越准，对选题和书稿的质量的把握越好。

二、思维模式与编辑思维

1. 思维。思维是指人用头脑对客观事物进行推导和认识的活动过程，是对新输入的信息与大脑内储存的知识经验进行一系列复杂的心智操作过程，是人们借助于各种工具对客观事物进行概括表达的反映过程。思维是人脑对客观事物本质属性和内在联系的概括和反映。思维是人类所具有的认知活动，以感知为基础，又超越感知的界限，是对事物的内部本质联系和发展规律认知过程的高级阶段。思维形式是人们看待事物的角度和方式，对人的言行起决定性作用。

思维的属性。思维具有间接性和概括性。思维的间接性是指人们对事物的反映是间接的，必须借助已有的知识去认识客观事物，依靠已有的经验判断面临的事物，或根据已知的条件推测未知的事物。思维的概括性表现在它摒弃事物非本质属性和提取事物的本质属性。

思维框架。思维框架是指以某种形式储存于人脑中的思维工具。思维框架能够把不同的概念和范畴组合起来，从而形成相对完整的思想，对观察对象加以理解和掌握，达到认识对象的目的。思维框架既是人的一种主观认知结构，又是人运用概念和范畴去把握客观事物的能力结构。

2. 思维的分类。人的思维有各种分类。从思维性质上讲，人的思维可分为线性思维和非线性思维等两种思维模式。不同的思维模式决定了不同的思维结果，不同的思维结果反映了不同的思维素质。

线性思维。线性思维是指思考者观察思考对象时的思维呈线条状况。线性思维表达的内容有空间的限制和时间的规定，是按事物发生的时间先后顺序和事物位置的空间远近距离表达。

非线性思维。非线性思维是指思考者观察思考对象时的思维呈相互连接、立体化、无中心、无边缘的网状结构或球状结构。网状结构类似人的大脑神经和血管组织，球状结构类似于皮球。非线性思维表达的内容则无时空距离的限制和逻辑顺序的规定，可以帮助建立系统完整的知识体系。

3. 思维的形态。从思维状态上讲，思维呈现点状思维、线性思维、平面思维、网状思维、球状思维等五种形态。

点状思维。点状思维是指人们思考问题时的思维呈点状。思考者把思考对象看作是孤立存在。采用点状思维的人对知识和信息记录的方式是孤立的，对事物的认识是局部或片面的。他们思考问题时只是根据他所遇到的问题从自己脑子里提出单个的信息，而没有在事物和事物之间建立起相应的关联。习惯点状思维的编辑，对选题的认识局限在某一个点上，他可能会在作者水平，或在书稿质量，或在市场销售等问题的某一个点上与你进行单独讨论，而无法把这些问题综合起来进行分析，点状思维的人只关注事物的局部，不会考虑事物的整体。

线状思维。线状思维是指人们思考问题时思维如线性状态。线状思维以一个时期的目标任务和行动步骤为起点，思考者可以往两头回溯形成一条直线。线状思维的人对知识和信息的记忆是根据具体的内容按照固定的思维模式来储存。线性思维的编辑，对作者水平、书稿质量和市场销售等三者之间关系有简单认知，并以此构成一条常见的思维直线，只考虑事物的纵向联系，不考虑事物的横向关联，不会把对事物认知进行横向拓展。

平面思维。平面思维是指人们思考问题时思维呈平面状态。思考者既注意事物的纵向联系，又考虑事物的横向关联，前后左右都能思考到。习惯于平面思维的人对知识和信息的储存方式是相关联的，在思考问题时多了几个角度，多了几条线索。但是，这种思考范围是平面的、有局限的。运用平面思维的编辑对工作的认识相对复杂一些。他可以就作者水平、书稿质量、市场销售等问题与你单独讨论，也可以就作者水平、书稿质量、编辑加工、宣传推介、市场销售等问题与你综合分析，但仅局限于单部书稿的编辑加工范围内，或者是局限在编辑工作流程的某个阶段。

网状思维。网状思维是指人们思考问题时思维如网状形态，思考者既注意问题的纵向发展，又注意事物的横向拓展；既考虑问题的直接关系，又考虑问题的间接影响；既认识到事物本身的客观现实存在，又会思考事物关联的主观联想空间。网状思维的人对知识和信息的储存和使用呈现出立体化的特点。网状思维的人善于从多个角度去观察事物，他能把信息与自己掌握的知识按照自己的方式组合成一个网络状结构的东西。当有需要的时候，他会利用网状思维，在相关的事物之间架设起有效的通道，会在学科交叉、学科交界的边缘找到学术的突破口。网状思维的编辑对工作的思考就会复杂得多，他会从作者团队建设、出版资源的整合、传播技术的运用、选题拓展的方向等问题上下功夫。

球状思维。球状思维是指人们思考问题时思维如球形状态。思考者把观察对象看作一个复杂系统，系统的形成是多元的，影响系统发展的因素是多维的，多维的因素之间有些又是相悖的，这些因素之间又是需要保持平衡的，整个事物的形象表面如同一个球形。球状思维是全面地、完整地、历史地、现实地、辩证地、联系地、发展地、统一地思考一切事物。

点状思维属于固化思维；线状思维和平面思维属于线性思维；网状思维和球状思维属于非线性思维。

4.思维的方式。从思维特点上讲，思维主要有逻辑思维、跳跃思维、发散思维、集束思维、立异思维、求同思维等六种方式。

逻辑思维。逻辑思维是指思维者按时间先后和距离远近的情况将思维内容联结、组织在一起的思维方式。逻辑思维者以概念和范畴为工具去观察思考对象。这些概念和范畴形成思维结构，以某种框架形式存在于人的大脑之中，从而对事物形成一个相对完整的印象，并加以理解和掌握，达到认识事物的目的。因此，逻辑思维结构既是人的一种认知结构，又是人应用范畴、概念去把握观察思考对象的能力结构。逻辑思维表现出思维活动的纵向阶段性和思维活动的横向关联性特征。

跳跃思维。跳跃思维是指不按事物发生时间顺序和位置距离远近进行思考。跳跃思维关注的是三个知识节点，即引发性知识、相关性知识和结论性知识，常常省略对三个知识节点之间的关联、判断、论证而直接得出答案。跳跃思维可以是横向跳跃，也可以是纵向跳跃，还可以在不同层面上跳跃。跳跃思维善于找出事物发展的规律，并将发现的规律应用于其他方面，表现出对事物的观察思考能够触类旁通的特征。

发散思维。发散思维是指人们思考问题时思维呈现出一种向着许多方向扩散的状态。发散思维的视野广阔，"一题多解""一物多用"等方式是其表现特征。发散思维是创造性思维的重要思维方式。发散思维在观察事物时，思维的扩展会产生多种可能的答案，容易产生有创意的想法，是思维者创造力表现的主要标志之一。

集束思维。集束思维是指人们在已知的众多信息中归纳集束，利用已有的知识和经验，把众多的信息、资源和可能，从多个方向往一点集中，使思维条理化、逻辑化、规范化，从中找出解决问题的最佳方案的思维过程。在集束思维过程中，思考者综合运用各种思维成果，进行综合的比较和分析。因此，综合性是集束思维的重要特点。集束思维的综合不是简单地对信息进行排列组合，而是有创意地对信息进行整合，思考者以目标为核心，对信息从内容到结构有目的地进行选择和重组。

求同思维。求同思维是一种有目的、有方向、有条理的收敛式思维。求同思维是统一的思维，从约定的目标出发，对客观事物本质及其内在联系作出统一的解释，从而形成普同性的思维结果。求同思维的特点是求真、求同。求同思维注意从不同角度、不同信息中找出共同结论，有助于对思维对象的内在本质把握。

立异思维。立异思维是一种反向思维。立异思维的特点是求新、求变。立异思维注意从不同角度、不同信息中，让思维超越常规，寻找出与众不同的看法和思路，使作品从外在形式到内在意境都表现出作者独特的艺术见地，有助于对思维对象的差异化把握，发现其新特质和内涵。立异思维是创新性思维的一种，思维者不只是在学科的主体上寻求突破，更多的是在学科边缘交叉处进行创新。

5. 思维的矛盾运动。思维的六种方式构成思维的三组矛盾运动。思维的矛盾运动集中表现在跳跃与逻辑、发散与聚合、立异与求同等三组思维活动中。

思维的发散与集束。发散思维与集束思维是思维的第一组矛盾，在网状思维中却和谐共生。网状思维是发散性思维，发散性思维的特点是充分发挥人的想象力，突破原有的知识圈，从一点向四面八方扩展开去，寻找更多的资源、知识或经验。网状思维又是集束性思维，它为同一个目标任务而聚合，把所有的资源、知识或经验向同一个目标任务去聚合，并通过重新组合,形成解决这一目标任务的最好答案和方法。发散思维的方向是多维的，其特点是充分发挥人的想象力，把视野从一个点向若干个方向去扩展；集束思维的目标是唯一的，其特点是充分发挥人的整合能力，从四面八方把资源向中心汇聚拢来。在网状思维中，发散思维与聚合思维具有互补性，不可偏废。发散是资源的梳理，聚合是资源的利用。网状思维要求在思维时把网络张得开，在得出答案时要收得拢，发散是集束的基础，集束是发散的升华。

思维的逻辑与跳跃。逻辑思维与跳跃思维是思维中的第二组矛盾，在网状思维中却有机同在。逻辑思维指的是观察事物时有严格的逻辑步骤，在同一层次和顺序进行论证和推导，然后得出解决问题的答案。跳跃思维是指思考问题时不依逻辑步骤，不进行论证和推导，直接从命题跳到答案；或是指在讨论问题过程中，不是专注一个主题，而是会变换方向，从对甲事物观察讨论，因某种灵感的触发而突然跳到对乙事物探索的一种思考模式。跳跃思维是创新的前提，逻辑思维是实现创新的保障。

思维的立异与求同。立异思维与求同思维是思维中的第三组矛盾，在网状思维中却相依并存、相互补充，形成完整缜密的思维体系。立异思维与创新性活动相关联，跳跃思维对立异思维有重要影响；求同思维与建构性活动相联系，逻辑思维在求同思维中起决定作用。网状思维中，立异是符合整体发展规律的立异，求同是保持个性运动特征的求同。在选题创意上立异，在实施路径上则求同。

6. 编辑的网状思维应用。网状思维是多种思维矛盾运动统一体。网状思维形式是三组思维矛盾运动形式的集中反映，网状思维的模式要求思考者的思维既是逻辑的又是跳跃的，既是发散的又是集束的，既是立异的又是求同的。

网状思维具有发散与集束共生、逻辑与跳跃并存、立异与求同一体的特点。编辑的网状思维以发散思维和集束思维为主。

编辑的网状思维中，发散与集束一般情况下有四种表现：其一，编辑向不同的方向、领域、角度去采集信息时是思维的发散；编辑将信息聚合形成选题创意时是思维的集束。其二，编辑在进行选题论证时是思维的发散；在选题实施时是思维的集束。其三，编辑在审读书稿时是出版经验和编辑理念的发散；规范书稿和装帧设计时是思维的集束。其四，图书的导读是编辑思维的发散；选题拓展是编辑思维的集束。

在编辑工作中，发散与集束同步，发散是探索的启动，集束是成果的展示，集束的结果又形成新的发散，从选题创意到选题拓展是编辑网状思维的四次典型运用。编辑在网状思维运动中，源源不断地用编辑的智慧创意策划选题，兢兢业业地用编辑理念审读书稿，绵延不绝地用编辑的认知传播知识。随着网络的普及，网状思维模式会慢慢成为思维的主流。

三、意境与编辑工作的意境

1. 意境。意境是指工作或生活中一种能令人有所感受领悟却又难以用言语阐释的意蕴和境界。意境是工作或生活中呈现的一种情景交融、生命律动、韵味无穷的诗意空间。意境是属于主观范畴的"意"与属于客观范畴的"境"二者结合的一种心理境界。意境包括了当事者和观察者两个方面。"意"由当事者的审美观念和审美情趣决定，有真假和深浅之别；"境"因欣赏者的审美观念和审美态度不同，有宽窄和层次之分。"意"是情与理的统一，"境"是形与神的统一，意境既生于意外，又蕴于形内，借助形象表现心境，寓心境于形象之中，是情理、形神的统一。在两者的统一过程中，情理、形神相互渗透，相互制约，就形成了意境，范畴

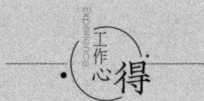

选题论证时的几个思考角度

编辑流程思考

文本转换情况

读者定位准确

主题政治定性

经费预算定量

人脉资源整合

审美意识强化

法律风险规避

传播手段适用

观察视域换位

阅读引导超前

内容极为丰富。

2. 编辑工作的意境。编辑视域是编辑工作范围内所能看到的观察对象，思维是工作范围内观察对象之间的本质和联系，意境是把这些观察对象有机地联系起来，描绘呈现结果达到的状况。视域决定思维，思维影响视域，视域与思维构成编辑工作的意境。编辑工作的意境，主要表现在编辑的选题策划能力上。

3. 选题策划的意境。选题策划是编辑最关心的话题，是编辑最关注的焦点，是编辑的基础工作，是编辑工作最重要的内容，是编辑的命脉。选题是编辑工作的源泉，选题策划是编辑工作流程的起点，选题策划是编辑工作经验的总结和提升，选题策划是编辑观察思考的结果，选题策划也体现编辑的工作意境。

重构选题策划的意识。选题策划对编辑来说是一个既熟悉而又陌生的话题。说熟悉，是指选题策划对编辑来说是日思夜想的话题。出版社的选题论证会，编辑为选题论证而认真准备，每个编辑都会尽力提出自己的选题。说陌生，是指迄今为止，没有一本书能够说清楚选题策划是什么？做什么？怎么做？关于选题策划，目前能看到的，大多是一些概而言之的定义。有人说选题策划"从本质上看，是一种文化设计、文化创造和文化引导；是一种编辑文化生产力。""编辑人员按照一定的方针和客观条件，开发出版资源，设计选题、落实选题出版及行销方案的创造性活动。""编辑人员根据编辑方针、市场需求和受众需要，分析工作目标和内容设计最佳工作方案的过程。策划本质上是一种运用脑力的理性行为。具体而言，策划是为达到预定目标，利用科学知识，进行发明创造、仔细盘算、精心安排的设计过程。选题策划中应用创造性思维独辟蹊径地考虑选题就是选题创新。""图书策划就是指为达到预期目标，通过有所创新和计划，并进行良好的包装的过程。选题策划与市场策划都从属于图书策划，是指对出版图书选题的策划，是图书策划最重要的组成部分。""策划优秀选题，提高选题质量，把有限的人力、物力、财力集中到社会效益、经济效益俱佳图书上。""选题策划重要的是扎扎实实地做好以下工作：深入、细致的市场调查，准确的读者定位和选题特色定位，确定选题框架，物色最佳作者，参与选题写作提纲的拟定和审定，培训与指导作者写作，在作者写作过程中积极做好稿件的工作。"这些表述通常把选题策划视作是可以意会而无法言传的话题。

选题策划的基本要求。选题是指编辑准备实施图书项目的一种设想。选题可能是一个图书项目设计方案的构思，或是拟定书稿创作大纲的设想，或是作者已完成书稿准备出版的打算。经过编辑认真思考论证后，准备申报立项而拟定的项目实施方案。选题策划是以项目准备出版为工作目标，做好了基础的准备工作，通过编辑论证认为可行，编辑准备介入推进实施，拟出切实可行的工作方案，可按出版要求组织完成。选题策划是拟定准备出版项目的工作方案，推动项目实施决策的准备过程，是编辑的一种理性思维过程。

4. 选题策划的形式。选题策划与书稿的来源有关。编辑的书稿来源一般有四条路径，即作者自由投稿、部门安排的书稿、编辑策划的选题、编辑策划组织实施的选题。从书稿的来源渠道和编辑参与工作的情况，选题策划可分为书稿编辑出版流程策划、学科出版资源组合策划、跨界出版资源整合策划等三种形式。

编辑出版流程策划。编辑出版流程策划是指编辑拿到作者自由投稿或部门安排稿件后，对书稿的加工流程做出工作设计和工作方案。编辑出版流程策划主要是对书稿进行出版流程处理，包括选题立项实施、出版经费落实、书稿编辑加工、书稿装帧设计、图书印制管理、成书推介发行等内容。编辑进行选题策划思考的要素：思考选题价值，思考经费的筹集办法，了解选题架构和选题的内容，思考图书呈现的方式，思考装帧设计和印制工艺，思考成书宣传推介，思考图书发行渠道和销售策略。图书出版流程策划是选题策划的第一种形式，要求编辑必须具备对编辑出版工作流程熟练掌握和把控的能力。

学科出版资源组合策划。学科出版资源组合策划是指编辑根据自己的经验和对相关专业学科的熟悉了解，对学科资源组合做出的选题策划。除了对书稿的加工流程做出工作设计和工作方案与图书出版流程策划相同外，学科资源组合策划主要是采取重新排列组合的方式对学科出版资源组合利用。进行学科资源组合策划时，编辑对学科知识、学科需求、学科前沿、学科市场、学科作者应该熟悉和了解，对选题有自己的认识和看法，能够协调沟通，一般是在编辑加工学科书稿的过程中，或是在与学科作者交流时，发现学科选题线索，然后由编辑提出选题，物色作者，策划实施选题。学科资源整合策划时，编辑可能在参与选题策划后，委托学科带头人牵头组织完成项目的编创工作。学科资源组合策划是选题策划的第二种形式，要求编辑具备对学科知识创造性转换和创新性发展的能力。

跨界出版资源整合策划。跨界出版资源整合策划是指编辑根据自己的经验和对相关出版资源的熟悉了解，整合多方资源做出的选题策划。跨界出版资源整合策划一般是指项目涉及的单位或部门较多，作者团队组成复杂，资金投入数额较大，图书形式综合呈现的项目，除了采取排列组合的方式对学科出版资源组合策划，对书稿的编辑加工流程做出工作设计和工作方案以外，跨界出版资源整合策划主要采取由编辑牵头主持，对跨界出版资源进行整合利用。做跨界出版资源整合策划时，编辑要思考项目的编创方案，编创团队的组合分工，项目经费的筹集落实，书稿图文的合成处理，传播介质的综合运用，装帧印制的工艺管理，发行推介的组织布置等，涉及整个项目的统筹安排。跨界出版资源整合策划是选题策划的第三种形式，是编辑选题策划的发展方向，要求编辑具备对编辑出版工作流程熟练掌握和把控的能力，具备对学科知识创造性转换和创新性发展的能力，具备对跨界出版资源熟悉并能整合协调的能力。

编辑选题策划的三种形式各有自己的工作要求，各自表现出不同的特点，由此形成文稿编辑出版流程策划的工作意境、学科出版资源组合策划的工作意境、跨界出版资源整合策划的工作意境等三种编辑工作意境。编辑视域、编辑思维构成编辑工作的意境，编辑工作的意境由编辑价值取向决定。

编辑的价值取向。价值取向是指一定主体基于自己的价值观，在处理各种关系时所持的价值立场和价值态度。心理学把价值取向定义为"在多种工作情景中指导人们选择、决策和行动的总体信念"。人的价值取向直接影响着职业态度和工作行为。人们在工作中的各种选择、决策和行为都有一定的指导思想和价值前提。编辑的价值取向是个体的文化倾向和人格倾向的表现。编辑的价值取向分为表层的工具性价值取向和深层的目的性价值取向，前者是为了达到工作目标所采取的手段，后者表明了编辑工作利益的终极倾向。编辑的价值取向决定编辑选择、编辑决策和编辑行为的观念形态，影响编辑素养的培育、编辑视域的扩展，编辑思维的丰富、编辑意境的提升，这种观念形态内化为人格结构的核心部分，表现在编辑的工作意境中。

选题策划是视域、思维、意境的综合表现。编辑视域是编辑对选题、对书稿、对图书认识判断的基本范围。编辑视域的形成，取决于编辑自己的职业定位和职能定性，影响编辑的思维活动。编辑思维是编辑对选题、对书稿、对图书认识判断的基本活动。编辑思维的状况，决定了编辑工作的方式，影响编辑意境的形成。编辑工作的意境，来自于编辑视域，形成于编辑思维，决定于编辑的价值取向。反之，编辑的工作意境又限制编辑的视野，影响编辑的思维，干扰编辑的价值取向。

选题策划是一个系统工程，除了扩展编辑的视域、训练编辑的思维、提升编辑的工作意境以外，还需要具备很多其他条件，编辑策划的选题属于命题作文，要物色到合适的作者，要让作者充分理解编辑的策划主题，要让作者创作出来的作品充分表达你的策划意图，有较大的难度，需要编辑做大量的工作。

《中国贵州民族服饰全集》的策划意境

——编辑心理学的一种综合体验

一、编辑的视域

这是一个在审稿过程中发现的选题。我受邀担任《中国工艺美术全集·贵州卷》的审稿工作。担任审稿人，必须对所要审读的书稿三个方面的情况有所了解：一是对书稿的背景了解，二是对书稿的任务了解，三是对书稿任务完成的情况了解。

《中国工艺美术全集·省卷·概览篇》中，介绍各省工艺美术的标志性品种必然是重要的内容。比如江西卷一定会提到景德镇瓷器；浙江卷一定会谈到东阳木雕；安徽卷一定会提到文房四宝，一定还会推出徽派建筑装饰的砖雕、石雕、木雕；其他如刺绣中的京绣、苏绣、蜀绣、湘绣等等内容，自然是各《省卷·概览篇》不可或缺之方物。

什么是贵州的标志性工艺美术品种呢？有人说贵州的标志性工艺有很多，如民族织造、民族印染、民族服饰、民族刺绣、民族银饰、民族面具。这些工艺美术品种在全国都很有名气，都是贵州工艺美术的亮点。记得2011年，《中国工艺美术全集》项目启动，要找五个省区作为试验省先行，全集办公室在北京召开试点省竞选会议，我受主编谢庆生的委托，在会上作主题陈述。恰好，我社重点推出的《中国贵州民族民间美术全集》（《银饰》《刺绣》《挑花·织锦》《蜡染》《傩面》五种）获第二届中国出版政府奖图书奖和装帧设计奖，我就带了一套到会场上作说明资料，此套丛书的展示受到与会者的好评，贵州省入围《中国工艺美术全集》编纂的试点省。

在对《贵州卷》书稿的审读中我们发现，省卷8册中，对贵州工艺美术中重要的品种如织造、印染、刺绣、服饰、银饰、面具都有专篇介绍，但是，这些篇章缺乏整合，缺少主线，没有形成统揽贵州工艺美术的标志性品牌。纵览全卷，贵州民族服饰并没有引起高度重视，描述平淡，没有把贵州民族服饰放在应有的位置。《贵州卷·服饰》虽然独立成篇，但受省卷立项规划设计的局限，没能完全展示贵州民族服饰的全貌，没有充分体现贵州民族服饰在中国传统服饰研究中的价值，没有突显贵州民族服饰在贵州工艺美术发展中的地位。

二、编辑的思维

中国历代服饰研究的书文字居多，图录较少，语焉不详。古代服饰研究，主要是从礼制的角度探讨，服饰的叙事纪事功能探索有限，服饰的艺术审美研究不多。

看了不少关于贵州民族服饰的图书，虽然对贵州民族服饰留下深刻的印象，但总体觉得这些书都是泛泛而谈，没有对贵州民族服饰工艺的记载，没有对服饰型款进行归类，差强人意，没能展示出贵州民族服饰的特点和亮点。

在编辑出版《中国苗族服饰图志》时作者吴仕忠曾经提到，他曾到沈从文府上请沈先生看过书稿。沈从文认为：苗族服饰款型丰富，是中国历代服饰的活化石。这句话虽然出处无考，但给研究服饰者提出一种研究的思路，指出一个观察的方向，贵州民族服饰的历史遗存性特征显著，值得整理。

贵州各民族在历史上迁移互动，形成大杂居、小聚居的分布格局，形成了多元文化的交织包容，造就了民族风情特色浓郁的工艺美术。贵州工艺美术除具有全国同类工艺美术的共同性外，还呈现出鲜明的地方特点，其特点可用类繁、料特、技精、型奇、遗古来概括。如《服饰篇》中提到贵州民族服饰多达百余种，仅苗族服饰就有 70 余种，几乎涵盖了全国苗族服饰的主要款式。又如《刺绣篇》中的锁线绣，在省内不同地方、不同民族中又技法不同、风格迥异。所谓用料特别，如蜡染中枫香染、牛油染等，均为全国独有，这些都是贵州民族服饰制作工艺的特色品种。

　　通读《中国工艺美术全集·贵州卷》8 卷 15 篇，我们发现有 6 卷 10 篇中介绍的工艺美术品种与民族服饰的内容相关。贵州民族服饰的丰富带动了相关工艺美术技艺的提升，各种工艺技艺的提高促成了贵州民族服饰的灿烂发展，美轮美奂的民族服饰成为多彩贵州的一个品牌。织造、蜡染、刺绣、银饰这些贵州工艺美术的特色品种，都是贵州民族服饰制作的重要工艺要素。综合上述因素，可以策划做一个介绍贵州民族服饰的选题来填补空白。

　　由于长期从事地方民族文化类图书的编辑出版工作，基于对民族文化的喜欢和对选题的敏感，我与张忠兰交换意见并达成共识，形成以贵州民族服饰为主题策划选题，组织编写出版大型图文书《中国贵州民族服饰全集》的思路，用图说话，以图为证。

　　三、编辑的意境

　　策划选题，编辑不但要学会确定选题方向，还必须学会描绘选题实现的意境。

贵州是古代百濮、百越、苗瑶、氐羌四大族系交汇的地方，又是汉族移民较多的省分，加之贵州地理环境的险要，山川的阻隔，历史上长期的封闭隔离，较少受到主流文化的影响，各种民族文化在这里形成多元的复杂体系，构成一个个相对独立的文化空间。各民族在迁徙、流动的过程中，逐渐形成"大杂居，小聚居""既杂居，又聚居"的分布状况。不同经济文化类型的民族，在贵州都找到了他们生存发展的空间，而且长期保持各自鲜明的文化特点。而服饰作为人类物质文明与精神文明的一种物化形态，是民族文化的重要组成部分，又是历史发展和社会时尚嬗替的标志之一，还是识别民族特点的重要标志之一。

贵州是一个多民族聚居的省份，有18个世居民族，贵州丰富的民族文化孕育出多彩的民族服饰。由于历史的原因，贵州民族服饰蕴含了独特的文化内涵，是贵州民族文化中最凸显的文化符号，是各民族历史文化、宗教信仰、婚恋丧葬、节日庆典的直观反映。其中，服饰型款、织造、印染、刺绣、纹样和银饰工艺尤能彰显贵州民族服饰文化的精妙与独特；古朴多样的纺织工具和印染方式再现了传统纺织印染技艺的流变；雅拙大方的图案纹样和服饰型款传递出古老的信息；巧夺天工的刺绣针法和银饰技艺将民族服饰点缀得绚丽夺目，集中体现了贵州各民族的审美意识，是民族服饰型款和工艺的宝库。但是，迄今为止，由于尚未有人对贵州民族服饰进行全面整理，更无人对此进行系统研究。

本选题意图将贵州民族服饰文化作为一个整体概念，重构贵州民族服饰文化研究的理论框架，探索并还原贵州民族服饰制作工艺流程体系，形成中国历代传统民族服饰型款系

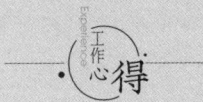

《中国贵州民族服饰全集》撰稿提纲

（全书为三个篇，约 50 万字，1000 幅图。）

第一篇：贵州民族服饰发展概述

第一卷：贵州民族服饰发展概况／第二卷：贵州民族服饰与中国传统服饰的关系／第三卷：文献记录中的贵州民族服饰／第四卷：贵州民族服饰的特点

第二篇：贵州民族服饰款型样式

第一卷：披挂式与款型演变／第二卷：贯首式与款型演变／第三卷：深衣式与款型演变／第四卷：对襟式与款型演变／第五卷：侧襟式与款型演变／第六卷：交领式与款型演变／第七卷：裤子式与款型演变／第八卷：裙式与款型演变／第九卷：脚装及不同式样／第十卷：围兜、围腰、围裙、腰带

第三篇：贵州民族服饰制作工艺

第一卷：贵州民族服饰·织造／第二卷：贵州民族服饰·印染／第三卷：贵州民族服饰·刺绣／第四卷：贵州民族服饰·纹样／第五卷：贵州民族服饰·结构／第六卷：贵州民族服饰·银饰／第七卷：贵州民族服饰·配饰／第八卷：贵州民族服饰·面具／第九卷：贵州民族服饰·头饰

列，从而还原贵州各民族经济、社会、文化、环境的发展和演进过程。本选题是对贵州民族文化及社会研究的一种创新性拓展，聚焦民族服饰，整合与服饰相关的品种，形成贵州工艺美术的标准性品牌。

编创团队拟以贵州民族服饰是贵州工艺美术的标志性门类的思路，通过编辑出版《中国贵州民族服饰全集》，打造贵州民族工艺和非物质文化遗产的品牌形象。

服饰研究分为服装型款样式和服饰制作工艺两个部分。《中国贵州民族服饰全集》从传统服饰制作工艺流程和中国历代服饰型款演变两个层面，以贵州民族服饰型款样式为主题，以贵州传统服饰制作工艺为主线，形成三个逻辑连贯的单元。

以贵州民族服饰的工艺是中国传统服饰制作工艺博物馆的思路，再现传统民族服饰制作的技艺。以家庭小作坊生产的中国传统服饰制作工艺和传统工具，自近代以来，受外来服饰文化的冲击，被工业化的生产技术和生产设备取代，在全国大部分地区已荡然无存，而贵州相对闭塞和落后，传统服饰制作的工艺设备和缝制技术仍然活态地在传承。《中国贵州民族服饰全集》按织造、印染、刺绣、纹样、结构、银饰、头饰、配饰、面具等九个服饰制作工艺流程的内容来编排，从贵州民族服饰制作工艺流程寻找中国传统服饰制作工艺的线索，借助活态的贵州传统服饰制作工艺技术与工具，复原中国传统服饰制作工艺技术。

以贵州民族服饰的型款是中国历代服饰型款活化石的思路，从现存的贵州民族服饰中扫描中国历代服饰遗痕。贵州民族服饰型款丰富多样，有130余种。其中，苗族服饰就有80余种。各民族传统服饰各具特色，按服饰型款的发展演变归类，形成中国服饰的11种典型样式，用民族服饰对照说明。

拟定《中国贵州民族服饰全集》的出版目标，梳理项目的重点和难点，力争实现树立三个形象：活态的贵州民族传统服饰文化立体展示；活态的中国传统服饰工艺流程系统演示；活态的中国历代服饰型款样本生动再现。于是，选题就形成了三个看点。

《中国贵州民族服饰全集》的第一个看点：聚沙成塔。将贵州织造、印染、纹样、刺绣、服饰、头饰、银饰、配饰、面具等多种贵州民族工艺美术的优势项目整合，构成色彩斑斓的贵州传统民族服饰文化立体展示。

《中国贵州民族服饰全集》的第二个看点：串珠成链。将贵州遗存的传统民族服饰制作工艺，串连为贵州传统民族服饰工艺流程，成为活态的中国传统服饰工艺流程范式系统演示。

《中国贵州民族服饰全集》的第三个看点：援古证今，以中国传统服饰型款发展演变为线索，梳理出贵州民族服饰的型款类别，将贵州民族服饰的各种型款与中国历代服饰型款对照归类，使之以活态的中国历代服饰型款样本生动再现。

把《中国贵州民族服饰全集》编成一本资料书，收集贵州民族服饰样式；一本科普书，介绍传统服饰制作工艺；一本工具书，研究传统服饰型款样式；一本学术书，形成贵州民族服饰谱系。

四、编辑心得

将民族服饰文化作为一个整体概念提出，并由此从服饰制作工艺流程的经线和历代服饰型款图案的纬线展开，是对贵州民族文化探究的创新，是对贵州地方民族文化整理的贡献，也是对中国传统服饰整理研究的贡献。

本项目是编辑视域、编辑思维和编辑意境的综合体验。最初从众多书稿中，发现贵州工艺美术中的亮点和特点，进行归纳总结——把众多的亮点聚合提炼，由此形成贵州民族服饰的特点——联想到《织造篇》关于"贵州织造是活态中国传统织造技艺博物馆"的述评，加之平时积累的关于传统民族服饰制作工艺的记忆打开，勾勒出贵州民族服饰制作工艺流程的思路——打通与地方民族文化知识关联的通道，激活在编《中国苗族服饰图志》获得的"苗族服饰是中国传统服饰的活化石"的信息。于此而展开，"贵州民族服饰是活态的中国传统服饰博物馆"的论点也就跃然而出。多年积累的区位优势资源、出版品牌资源、作者团队资源、社会人脉资源等出版资源又一次整合，组建有效的创作团队。这是一种体验，又是一种提升。如果编辑的视域不宽，思维机械，意境不高，就可能仅局限于解决书稿的具体问题，而不可能综合观察，提炼提升，创意出一个全新的选题。

选题策划引起各方的重视，通过协调沟通，整合跨界出版资源，各方达成共识，本项目实施过程中，贵州省博物馆作为主编单位，孔学堂书局作为出版单位，调集人手，全面铺开。该项目已经列入国家新闻出版署"国家'十三五'重点出版物规划"，预计 2019 年底出版。

⊙ **思考**

编辑的视域、思维和境域之间有什么关系？

《侗族大歌音图典》

孔学堂书局　2018 年出版

第十章 传播介质、传播技术与编辑嬗变

关 键 词：编辑传播学；传播介质；传播技术；编辑嬗变
学习目标：了解传播介质、传播技术与编辑理念的关系。

　　编辑传播学是研究知识传播方式、传播范围、传播速度的学问，也即是研究图书传播的效能、效率和效益的学问。编辑传播学研究图书传播的规律，传播介质、传播技术和传播理念是编辑传播学研究的重要内容，传播介质决定传播的内容方式，传播技术影响传播的速度范围，传播理念影响传播的效能质量。

一、文字文本的传播介质演化

　　在中华文明形成的历史长河中，汉文字文本经历了甲骨文本、青铜铭文文本、竹简木牍文本、缣帛绘写文本、纸质印刷文本、数字形态文本等六种传播介质形态。

1. 甲骨刻划文本。甲骨文是镌刻或写在龟甲和兽骨上的文字，是汉字的早期形式，距今有 3600 多年的历史。甲骨文最早出土于河南安阳殷墟，是商朝的文化产物，其内容绝大多数是王室占卜之辞，故又称"卜辞文"。这种文字基本上都是契刻而成，又叫"契文"。从用字数量和字体结构看，虽然甲骨文中原始图画文字的痕迹还比较明显，但是已有较严密系统，汉字"六书"的原则，在甲骨文中都有所体现。甲骨文是研究中国文字源流最早且系统的资料。

2. 青铜铸铭文本。青铜铭文是春秋战国时期的文字，因其铸铭或刻铭在青铜器上，故得名。周朝时铜又叫金，故又称作金文。青铜铭文在战国以前多为铸铭，战国时多为刻铭。青铜铭文内容多涉及春秋战国时期的重要战事、王室祭祀活动、王室与贵族关系等，不仅有重要的史料价值，而且铭文的字形、语句、文法、修辞、布局随着时代发展而发生变化，所以铭文也是青铜器断代的重要标准之一。青铜铭文是古文字学研究的重要材料，对青铜铭文的研究，属于古文字学的重要内容。

3. 竹简木牍文本。竹简指中国古代文字文本的一种记录方式。秦汉时期，都是把字写在竹片或木条上。写在狭长竹片或木片上的叫做简，写在较宽竹片或木片上的叫做牍，又称竹简木牍。

4. 缣帛绘写文本。缣帛绘本是指中国古代文字文本的一种记录方式。缣帛是一种细薄的丝织品。缣帛绘本发源于春秋时代，盛行于两汉，与竹简木牍等介质并存使用。造纸术发明前，人们以缣帛作为记录文字文本的载体。缣帛柔软轻便，幅面宽广，宜于画图，但其价昂贵，普通百姓用不起。

5.纸质印刷文本。纸质文本是指写或印在纸上的文字。造纸术的出现，印刷术的发明，是人类文明发展的伟大成就。纸张的使用和印刷术推广使得文字文本的复制变得更加容易，文化可以在更大的范围以更快的速度传播，更多的人可以在不同的时间和不同的空间分享文化的成果。纸质印刷物便于保存和携带，也方便了文化的积累和传承。纸质印刷文本经历了 2000 多年的岁月沧桑，记载下中华民族悠久的文明。

6.数字形态文本。数字形态文本是指利用数字技术处理的文字文本，在数字显示器上阅读的文本。数字文本建立在计算机技术、通信技术、网络技术、流媒体技术、存储技术、显示技术等高新技术基础上，将所有的信息都以统一的二进制代码的数字化形式存储于光盘、磁盘等介质中，信息的处理与接收则借助计算机或终端设备进行，是融合并超越了传统出版内容而发展起来的新兴出版产业，其主要特征为内容生产数字化、管理过程数字化、产品形态数字化和传播渠道网络化。目前，数字文本表现为融媒体出版物、多媒体印刷读物和手机出版物等三种主要形式。

融媒体出版物。融媒体出版物是一种新媒体文本形态，顾名思义即是多种媒体融合在一起。融媒体文本把图书、电视、广播等在表达方式和读者群体上既有共同性，又有差异性，还有互补性的传统媒体形态，在资源上进行全面整合利用，采用科技手段，把同一主题内容的文字文本、视频文本、音频文本、图片文本等融合在同一媒介上进行表现，实现"资源通融、内容兼融、传播互融"，把传统图书出版的优势发挥到极致，使其功能、手段、价值得以全面提升。融媒体出版物使媒介之间的边界由清晰变得模糊，借助融媒体出版，可将同一主题的文字、视频、音频、图片等珍贵资料进行数据库处理，建立特色"媒资库"，重新整合利用。目前的融媒体出版有两种形式，一种是多媒体印刷读物，另一种是手机出版物。

多媒体印刷读物。 多媒体印刷读物是指将现代二维条码编码解码技术、微距数码摄像技术、语音压缩及播放技术和现代出版印刷技术加以整合开发形成的一项专有创新技术，简称为 MPR（Multimedia Print Reader）。MPR 将纸质印刷读物出版物、音像读物出版物、电子读物出版物整合与嫁接，从技术应用、产品生产到消费者使用，构成了以纸质出版、电子阅读、网络平台相互链接的完整项目体系、产业体系、应用与服务体系。出版者在纸质出版物需要发声的内容处印上 MPR 码，并将与其文图内容对应的声像内容文件以整书为单位传输到 MPR 读书网，读者使用从网上下载了该出版物音频或视频文件的 MPR 阅读器，点击或扫描图书文本中的 MPR 码，即可实现闻、听、看、读同步进行。2011 年 12 月，国家质检总局、国家标准化管理委员会颁布《MPR 出版物》五项国家标准，MPR 出版物正式成为一个新的出版物种。

手机出版物。 手机出版物是指手机出版物服务提供者使用文字文本、图片文本、音频文本、视频文本等表现形态进行编辑加工，利用互联网技术、计算机技术、流媒体、云存储等先进的科学技术，制作成数字化出版物，通过互联网络，供用户利用手机阅读或下载的传播行为。手机出版物强调传播内容的移动化、传播载体的数字化和阅读消费的网络化，是传统数字出版物向智能数字出版物转换的一个重要标志，也是传统数字出版物借助移动网络技术的发展和智能移动设备的普及而出现的一种出版物形式。手机出版物使数字出版内容资源突破了两大发展瓶颈：一是实现了用户数量的飞跃，庞大的手机用户群体为手机出版物的传播提供了肥沃的土壤。二是解决了支付瓶颈的约束，手机本身的计费功能，解决了数字出版物阅读支付的难题。

数字出版。数字出版是指利用数字技术进行内容编辑加工，并通过网络传播数字内容产品的一种新型出版方式。科学技术的进步，特别是数字技术的飞速发展，人们对文本的记录、呈现、传播、利用有了新的认识，编辑既肩负着整理、保护、利用传统文本的责任，同时也面临着创新当代文本的挑战。

二、文字文本复制技术的更替

书籍复制是知识传播的重要手段，排版是书籍复制的重要环节。从先秦誊抄复制、汉代拓印复制、唐代雕版印刷、宋代活字排版印刷、现代石印、照相影印、铅字排版印刷、当代激光照排印刷，到最新的数字传输印刷，中国书籍排版业经历了九种书籍复制传播技术的更替。

1. 先秦誊抄复制。誊抄复制是指照原稿抄写。印刷术发明之前，先秦和两汉时期的书籍，都是靠人把书籍文献誊抄复制在竹简、木牍或缣帛上。誊抄复制是汉代以前书籍传播的主要方式，在湖南长沙马王堆遗址和山东临沂银雀山汉墓可以找到例证。湖南长沙马王堆汉墓出土的文物中，有《周易》《老子》和天文、医学、兵书、相马经等简书和帛书共28种，计12万余字。还有彩色的帛画《长沙国南部地形图》《驻军图》基本保存完好，具有重要的学术价值，令考古专家惊叹不已。在山东临沂银雀山汉墓群，考古人员发现了大量的竹简，出土一批珍贵的典籍，其中有中国古代四大兵书《孙子兵法》《孙膑兵法》《六韬》《尉缭子》，还有《墨子》《管子》《晏子春秋》《曹氏阴阳》等。这些古籍均为西汉时手书，是较早的写本。对于中国历史、哲学、古代兵法、历法、古文字学、简册制度和书法艺术等方面研究，都提供了宝贵的资料。

2. 汉代拓印复制。拓印是指用绵纸拓印石碑或木刻上文字的复制方式。拓印前先将绵纸浸湿，敷在石碑面上，然后用刷子轻轻敲打，使纸与碑粘合，待纸张稍干后用刷子蘸墨，把墨均匀地涂在绵纸上，然后把拓印好的纸从石碑上揭下来，一张黑底白字的拓片就复制完成。拓印和印章是中国印刷术的两个源头。汉武帝时"罢黜百家，独尊儒术"，当时儒家典籍全凭经师口授，学生笔录。因此，不同的经师在传授同一典籍时会有差异。东汉灵帝熹平四年（175年），朝廷将重要的儒家经典刻在石像上面，把刻有经文的石像立于学宫门外，作为学生校正经书的标准本。为了保证经书文字内容的准确，人们发明了拓印的方法。拓印与印章两种复制方法的合流，推动了雕版印刷技术的出现。

造纸术在中国古代早已有之。东汉时蔡伦扩展了造纸原料的选材，改进了造纸的工艺技术，提高了纸张的质量，降低了纸张的成本，其造纸术被普遍使用。蔡伦造纸与现代造纸术有密切的渊源，是中国古代四大发明之一，是中国古代劳动人民长期经验的积累和智慧的结晶。纸的出现为印刷术的发明准备了适用的介质。

3. 唐代雕版印刷。雕版印刷是指先在板材上雕刻文字，然后在雕版上刷墨，覆纸于雕版上进行印刷复制的技术。雕版印刷是世界最早的印刷技术，唐朝中后期普遍使用。宋代虽然出现了活字印刷术，但是在印书时普遍使用的，仍然是雕版印刷术。雕版印刷也是中国古代四大发明之一。

4. 宋代活字排版印刷。活字排版印刷是宋代毕昇发明的。毕昇是杭州书肆刻工，他根据实践经验，受印章雕刻的启发，发明胶泥活字排版技术。胶泥活字是仿印章制作的方法，在胶泥板上刻字，一枚一字，然后用火将胶泥刻制的字模烧硬，制成活字。排版时拣出需用的字模进行拼排，制成印版，然后施墨印刷。活字排版具有一字多用、重复使用、节约材料、省时省力等优点，是印刷技术史上的一次质的飞跃，对后世印刷术有着巨大而深远的影响。造纸术、印刷术、活字排版术的结合，使图书批量生产成为可能，为知识的传播和文化的交流创造了条件。

5. 现代石印复制。石印复制是近代从德国传入我国的一种印刷方法。它是根据石材吸墨及油水不相溶的原理创制的，用药墨将原稿誊写于特制纸后覆于石面，揭去药纸，在石版上涂上油墨印书。版面能够根据需要随意缩放，有单色和彩色两种石印复制也适合在宣纸上印刷。20世纪初，石印曾在上海风行一时，上海的石印书局多达百余家。20世纪中叶，石印复制被铅印复制逐渐替代。

6. 照相影印复制。影印复制是指用照相制版的形式，将原书经修整晒制成印版后，印刷复制。影印复制多用于古籍整理。

7. 现代铅字排版印刷。铅字排版是指用铅铸成活字，然后排成书版印刷。铅字排版是随着西方近代印刷机一起传到中国的。铅字排版主要有拣字、接引、拼版、刻字、铸字、浇型、制版等工序，排版完成后上印刷机印刷。在电脑激光照排出现以前，印刷厂普遍采用的是铅活字排版。

8. 当代激光照排印刷。激光照排是指利用计算机控制激光设备，将电脑里制作的文字和图像由电信号转变为光信号，进行光电转换，然后使胶片曝光，生成影像的排版制作技术，是电子照排技术中的一种。激光照排技术是 20 世纪 80 年代末，随着汉字输入法的出现在中国推广开来的电子排版技术。激光照排技术的推广使用，加快了排版速度，提高了排版质量，缩短了制作周期，特别是激光照排机自动将输入的彩色图文按印刷的要求，直接制作成高质量的四色胶片，为彩色图文书后期印刷提供保障，推进了彩色图文书的出版。随着汉字输入法的普及，传统铅字排版印刷基本绝迹。

9. 数字印刷。数字印刷又叫做无版印刷，是一种新型的印刷技术。数字印刷系统由印前系统、数字印刷机和装订机组成。各种文字输入法、数码照片和排版软件的广泛使用，支持在电脑上快速制作与编排图文。然后，将制作好的书稿电子文档，不用经过传统的分色、拼板、制版等程序，直接通过电脑传送到数字印刷机上印刷。

印刷技术随着科学技术的发展而变化，从手工印制到机器印刷，从排版、印刷、装订三道工艺工序的分离，到印前

系统、印刷系统和装订系统一体化的数字印刷系统，将三道
工艺工序无缝连接，电脑排版制作完成印前工艺后，将图文
信息通过网络传输到数字印刷机上直接印刷装订成型。复制
技术在不断改进，复制速度在不断提高，复制质量在不断
提升。

三、编辑职业的嬗变

编辑活动在中国文字发明的源头就随着文字的使用而诞
生。在中华文明的历史长河中，编辑职业的嬗变主要表现在
编辑的职业身份、对图书的认识和编辑的职能等三个方面。

1.编辑的职业身份变化。编辑职业的嬗变与文明进步、
国家统一、市场发展、个人素养等四个方面的变化同步。

编辑嬗变与文明进步同步。伴随着文字的出现，编辑活动
很早就出现了。远古人类为了交流而创造符号，进而演化为
文字，连成文句，达成人们所共享的文化传播活动，编辑活
动就贯穿于其中。在文化传播演化过程中，那些创造符号，
并整理、选择、改进、规范、定型成文字，使之成为社会共
享文化的人，无疑就是最早从事编辑活动的人。自从中国有
了文字，有了文字的排列组合，有了词语的句逗停顿，有了
文章的铺排衔接，有了典章的颁布诠释，有了文献的阐述解
读，有了历史的记录梳理，有了文章的发表流布，就有了编
辑的活动。据考古资料，商代已有文字记录的典册，那时就
有人从事编辑整理简策的活动。中国的编辑活动和中国的学
术文化活动一样源远流长，因为有了精湛的编辑活动，灿烂

的学术文化才得以更好地保存和发展。可以说，自从有了文字，就有了编辑的意识和编辑任务，编辑是人们自从学会利用语言文字进行交流之初就与生俱来的能力。

编辑嬗变与国家统一同步。秦朝建立，诸侯国各自为政，文字形制极为紊乱，这对政令的推行和文化的交流造成了严重障碍。统一六国后，秦始皇提出"车同轨，书同文，行同伦"，是第一个把文字规范放在国家统一的层面来认识，用行政手段来强制推行的人。自从有了"书同文"的制度要求，在统一的国家政权领导下，秦王朝设置专人对典章制度、书籍文献的书写规范进行检查，就开始有了编辑职业的管理制度。秦始皇令丞相李斯等人对文字进行整理，创造出笔画简略的秦篆作为官方规范文字，同时废除其他异体字。从国家对文字有统一规范的要求起，编辑就是国家意志的一种表现，是国家制度与生俱来的职业。李斯是官定编辑第一人。以后历代王朝主持的大型图书文化工程，都是国家政权的要求，都有编辑行为的规定。

编辑嬗变与市场发展同步。官府藏书、书院藏书、私家藏书是中国古代并存的三大藏书形式。私家藏书在我国文化传承中占有举足轻重的地位。从汉代开始，官府大量收藏图书，也刺激了私人藏书的市场，于是开始有了图书的交易，就开始有了书商，有了书肆。编辑活动伴随书肆的出现而活跃，随着市场的成熟而逐渐职业化，随着传播介质和传播技术的成熟而逐渐专业化，书肆业主是最早的编辑从业者，市场的需求催生了职业编辑。职业编辑的出现既是对传播技术传承，又是对传播理念创新，推动了书业的发展和变化。官府藏书编书，书坊印书卖书，是编辑职业的分野，两者的思路不同，手段各异。

编辑嬗变与编辑素养提升同步。编辑是一种基本的能力和素养。历史上，大学问家都是大编辑家，大学问家的作品中充满了学问的智慧，也映射出他的编辑智慧，反之亦然。经常有人说编辑无学，究其原因有三：一是编辑是实用之学，很难形成系统，很难有理论上的创新和突破。二是很多创新的编辑理念和编辑思想已经被融入各门专业学问之中，而无人去提炼。三是官府编书与书肆印书这两套系统构成中国古代的编辑学体系。今天的编辑工作，秉承了官府编书和书肆印书两个体系中各自的特点，但是在研究上并没有很好地整合。当代编辑的式微也与编辑职能和编辑素养的固化相关。

2. 对图书功能认识的变化。图书功能认识的变化，主要表现在图书分类的变化上。中国古代早就已经有图书分类的理念，中国图书分类历史悠久，最早对图书进行分类的是孔子；最早提出图书分类系统的是西汉刘歆；最早按四部来对图书进行归类的是《隋书·经籍志》。

孔子与六艺。六艺是指《诗》《书》《礼》《乐》《易》《春秋》等六种书，也理解为孔子提出的图书分类概念。《史记·孔子世家》中谈到孔子以"六艺教弟子"，这六艺既是孔子施教的基本内容，也是中华文化典籍中最早的图书分类方法，六艺反映了当时人们的阅读需求。

"七略"与《汉书·艺文志》。"七略"是汉代刘歆提出的一种图书分类法，即辑略、六艺略、诸子略、诗赋略、兵书、术数略、方技略。班固的《汉书·艺文志》根据刘歆提出的"七略"，对传统典籍进行归类，收录的图书分六类，38 种，596 家，13269 卷，是较早的目录学文献。每一类前有总序，每一家之后又有小序，对先秦时期的学术思想源流作了简明论述。刘歆提出的七略分类法比孔子提出的六艺进了一步，创立了第一个图书分类体系，分类基本涵盖了古代图书典籍，自此，中国图书典籍分类基本成型。

"四部"与《隋书·经籍志》。《隋书》为唐朝魏徵等奉敕修撰。《隋书·经籍志》所收图书分为经、史、子、集四部四十类，共著录存书 3127 部卷；佚书 1064 部；后附佛、道两录。"四部"分类法是中国传统典籍分类的进一步完善，《隋书·经籍志》在我国的图书分类史上占有重要地位，唐以后一直沿用四部分类法。

《四库全书总目》。《四库全书总目》是清朝乾隆时编纂《四库全书》配套的总书目。按经、史、子、集分为四大类，大类下又分小类，小类下又分子目，分类体系比《隋书·经籍志》更加完善，纲目更详细分明，集古籍四部分类法之大成，是我国古代最大的官修图书目录。

《中国图书馆分类法》。《中国图书馆分类法》是国家图书馆编制的图书分类法。该分类法按图书表现形式归类、按图书内容体裁归类、按读者阅读需求归类，把图书分为五大部类 22 个基本大类。中国古代图书归类法从孔子六艺算起，经过汉代"七略"和隋唐时"四部"演变，清朝乾隆时期编《四库全书》达到顶点。清末，西学东渐，新学科的出现推动了图书分类法的改进，新的图书分类法出现。目前，我们普遍采用的是《中国图书馆分类法》。

图书分类是读者阅读的需求，是文化发展的要求，是社会发展的见证，是文明进步的表现。图书分类的变化，对编辑的认识也发生变化。

3.编辑职能的变化。编辑职能的变化是随着对图书的认识和阅读需要的变化而发生，对中国编辑活动作梳理，可以看出，编辑活动主要有删削冗余、文字规范、分类编目、校雠辨伪、聚类辑佚、体例格式、图书定位、图书形式等八个方面的职能，也由此而构成我们今天的编辑职责的内容。

删削冗余。春秋战国时期读简策木牍，简策缮写错漏、编扎散乱、错位损毁等情况不可避免，自然就出现了厘定简策编次、添补简策缺失等工作。删削简策冗余是最早的编辑行为，孔子是文献记载中有编辑行为的第一人，他整理六经，删削诗书。而今天的编辑也有删削冗余的工作，特别要注意采用电脑排版时，剪切粘贴出现的错行掉字。

规范文字。规范文字是编辑的重要职责。史书上记载的法定文字规范行为当属秦朝，秦始皇统一六国后下令"车同轨，书同文，行同伦"，开启了国家统一规范文字的先河，也规定了编辑的任务。文字规范仍然是今天编辑审稿编稿的首要任务。

分类编目。分类编目是指古人对图书编辑整理收藏时进行分类编目登记。今天的编辑在申报选题和办理出版书号手续时也要完成分类编目的工作。分类编目也方便了图书出版后，经销商销售时的分类上架和图书馆采购后的分类登记、入库管理。

校雠辨伪。校雠是编辑活动的一项内容，本义是指校正书籍文字、厘定书籍篇次等两种职责。校订与"校勘""校雠"为同义语。校订是编辑的基本功。至清代，伴随着对传统典籍整理总结，校雠开始向理论化的方向发展，成为独立完整的校勘著作与总结归纳校勘原则、通例的专门学问，形成了校雠学学科体系，它涉及了古籍整理中版本考证、文字校勘、史实考订、古籍分类、目录编纂、内容提要等方面。近代以后，校雠学中的目录、版本、校勘等内容又分化独立。编辑学中，编校成为一门学问，校雠的内容范围缩小为校对工作，校订文字仍是编辑的基本功。

聚类辑佚。编辑要注意选题的聚类辑佚。聚类就是要求知识要成系统，图书要成系列；选题的创新，要填补空白。类书辑集与丛书集合是编辑选题思路开拓的重要方面。

体例格式。编辑讲究图书的体例格式。西汉司马迁的《史记》，创建了纪传体史书的体例，十表、八书是编辑工作的结晶；西汉刘向的《战国策叙录》有编辑《战国策》的编辑体例和编辑思想；东汉许慎的《说文解字》搭建起字典编写的架构；南朝萧统编选的《文选》明确了文章编选的原则和方法；北宋司马光的《资治通鉴》创建了编年体史书体例；明代的《永乐大典》是百科全书的体例；清代《四库全书总目》是图书目录的范例；现代张元济策划的《最新教科书》创新了教科书出版模式；今天的编辑也有创新体例格式的任务。

图书定位。编辑要把握图书定位，大众文化、学术文化、民族文化和文化建设等四类不同的图书，各有自己的要求，各有相应的系统和渠道。

图书形式。编辑要考虑图书的表现形式，关注图书的装帧设计和选材用料。不同作品、不同内容、不同读者需求和不同的发行渠道对图书的表现形式有不同的要求。当下，由于传播介质、传播技术的发展，编辑更应该注意各类传播介质和传播技术的应用。

古代编辑活动在这八个方面的职能，有的已经消失，有的发生了演变转换，有的则继续保持并不断拓展。编辑职能的变化导致编辑视域、编辑目的、编辑重心、编辑内容、编辑学识、社会对编辑的认知等发生一系列的变化。

无数编辑默默无闻的编辑活动，才有了中华文明五千年的文脉不断。令人遗憾的是，关于编辑活动，历代有编辑之事而无编辑之史，史书上缺少编辑的记载，我们只能从古籍的只言片语中，寻找蛛丝马迹。编海掠影，只能简单地勾勒出编辑活动的印迹。

伴随着人类文明的进步，我们能感觉到，编辑传播内容在丰富，传播范围在扩大，书籍材质更多样，书籍样式更精美，复制技术在发展，复制速度在加快，复制质量在提升，复制成本在降低，编辑的视域在开阔，编辑的思路在拓展……这些变化给编辑提出了新的要求。编辑传播学关注的，不是零散信息、独家新闻或单篇文章，编辑关心的是成簇的知识和系统的学问，关注的是文化的传播和传承。文化积累是人类文明的阶梯，史书连续是文化有序的记录，分类集聚是知识体系的保障，文化传承是编辑工作的职责。编辑因其职业的特性，需要关注读者需求，了解作者团队，熟悉图书介质，掌握传播技术，因此，在把握选题、整合资源、实施项目上具有更明显的优势。编辑要提升自己，跟上时代的步伐。

《侗族大歌音图典》的融媒体运作

——跨媒体合作的一种尝试

侗族大歌是广泛流传于贵州黔东南地区以黎平、从江、榕江县为中心的一种侗族民间歌唱艺术，因其无指挥、无伴奏、多个声部自然和谐、婉转动听等特点，2009 年被列入联合国教科文组织"人类非物质文化遗产名录"，是贵州一张闪亮的文化名片。但是，侗族无传统民族文字，侗族大歌无曲谱，传承靠口传心记、家族传授。近年来，受外来文化冲击，歌师流失，侗族大歌的传承链断裂，亟需进行抢救性整理保护，改变其传承传播的传统模式。

一、项目的特色

本项目秉承文化部将优秀传统艺术形式与现代科技手段相结合的宗旨，对侗族大歌这一具有较高审美价值、为人民喜闻乐见、公众参与度较高的民族民间演唱艺术，运用计算机技术、通信技术、多媒体技术和数字出版技术进行编译整理，采用融媒体数字出版技术制作，形成以大型数字化摄影图册《侗族大歌音图典》为展示载体，融合有关文论、照片、音频、视频、曲谱、侗汉双语歌词、大歌传承人口述史等七种文本形态为一体，组成侗族大歌多媒体数字资源包，实现侗族大歌融媒体数字资源出版和网络传播交流推广。

本项目以"生活中的侗族大歌，大歌中的侗族生活"为主题，由民族学、文化学、艺术学、传播学等多学科专家牵头，组成创作团队，以侗族大歌的传承地域、传承地域的生态环境、传承族群、传承族群的社会生活方式、传承物与族群社会生活的关联、传承人的生活状况、传承的场景及方法、传承中出现的流变等八个观察角度作框架支撑，对侗族大歌进行创新性组合整理，搭建侗族大歌立体的综合的整理、保护、研究、传承平台，形成以摄影画册为主要载体，融合了多层次、多学科内容的《侗族大歌音图典》，这是第一部对侗族大歌进行全方位多学科系统成果综合展示的集大成之作。

本项目具有以下四个特色：

特色一，本项目将侗族大歌演唱艺术与侗族社会文化生态摄影艺术结合展示。本项目从非物质文化遗产抢救性整理保护的视角，把侗族大歌从口头演唱传承，转化为用简谱注音的曲谱和侗汉双语记录的歌词传承，并从侗族大歌的传承地域、传承地域的生态环境、传承族群、传承族群的社会生活方式、传承物与族群社会生活的关联、传承人的生活状况、传承场景及方法、传承中出现的流变等八个角度，用图像人类学摄影艺术的方式展示，构建起从文化生态中观察研究侗族大歌的新视角和在社会生态背景下传承传播民族文化的新模式。

特色二，本项目将摄影艺术与演唱艺术有机组合进行展示。本项目充分发挥摄影艺术展示与演唱艺术展演的优势，用"生活中的侗族大歌，大歌中的侗族生活"为主题，发挥MPR复合型多媒体数字出版技术的优势，以摄影图册为主要展示形式，将视听两种艺术形式有机地融为一体，为读者营造动静结合的听读环境，在阅读图册时欣赏、感悟侗族大歌，在聆听歌声中体会、理解侗族文化。

特色三，本项目将摄影艺术与融媒体传播技术结合展示。本项目充分整合利用省内各方面的优势资源，改变传统图书单一的展示模式，以图册为载体，将有关文论、照片、音频、视频、曲谱、侗汉双语歌词、大歌传承人口述史等多文本形态整合融为一体，打造多媒体展示侗族大歌的新方式和多路径传播交流推广侗族大歌的新渠道。

特色四，本项目将传统艺术形式与现代科技手段紧密结合展示。"融媒体数字出版物"是一种新型出版物品种，集合了现代先进的二维条码编码解码技术、数字光电识读技术、音像压缩播放技术和现代出版印刷技术，以手机为阅读平台，通过特定的信息符号，将纸质印刷出版物的内容和与其相对应的多媒体音频、视频和图片内容相关联，将纸质印刷出版物、音像出版物、电子出版物等三大出版物整合嫁接为一体，同步呈现，构成了以纸质出版、电子阅读、网络平台相互链接的完整项目体系和应用与服务体系。在融媒体数字出版物中有声音、有图像、有文本，可满足阅读者多感官、抽象化与具象化组合、全方位获取信息的需求，是数字技术对出版形式的突破，是一种全新的出版物种。

二、项目的出版价值

本项目是一次融媒体数字出版技术运用的尝试。以大型彩色摄影图册为展示载体，最终形成的"侗族大歌多媒体数字资源包"，充分发挥新型数字化出版形态优势，融合跨学科观察研究成果，整合多媒体传播传承资源，突出了现代数字出版的优点，借助阅读器，侗族大歌数字化摄影图册实现了侗族大歌传播交流推广的数字化转换，并可借助网络出版和电子图书渠道进行传播交流推广。

本项目采用跨学科、多层次、多媒体、数字化的手段对侗族大歌进行整理，以数字化摄影图册为展示载体，并由此整合成侗族大歌多媒体数字资源包，对侗族大歌的传播交流推广具有6个方面的价值。

1.这是将传统艺术形式与现代科学技术手段相结合，采用新技术、新方式和新手段对世界级非物质文化遗产项目侗族大歌进行传播交流推广，具有创新性和示范性。

2.这是采用多学科参与、多媒体手段、数字化技术对濒危的少数民族文化遗产侗族大歌的信息资料进行采集、整理和编码，具有抢救性和保护性。

3.这是将无传统民族文字记录、无曲谱注音、靠族群口头传承的侗族大歌，经各科专家按专业的标准，转换为多文本形态记录，多媒体技术保存，数字化技术整理，网络化信息传播。作为侗族大歌传承传播的教学辅助工具，这种转换具有开拓性和创造性。

4.这是对多学科专家整理研究成果进行整合性展示，对了解和研究侗族大歌具有重要的文献资料和百科工具书价值。

5.这是搭建侗族大歌多媒体资源整合传播交流推广的数字化平台，以摄影图册为载体，融合数字技术、信息技术、多媒体技术和数字出版传播技术，对侗族大歌进行全方位多媒体网络化展示与传播，具有时代性和跨越性。

6.这是中国少数民族传统文化对外宣传交流推广的新型展示品，具有立体感和时尚性。

三、项目的内容构成

侗族大歌融媒体数字出版物的内容丰富，由10个部分构成，覆盖侗族大歌的主要知识和学科领域。

1.侗族大歌概说（约 10 万字）。

2.侗族大歌原唱录音音频（100 首）。

3.侗族大歌曲谱简谱记音（100 首）。

4.侗族大歌歌词侗语整理（100 首）。

5.侗族大歌歌词汉语翻译（100 首）。

6.侗族社会文化生态照片（300 幅）。

7.侗族大歌演唱场景视频（30 分钟）。

8.侗族大歌相关名词注释（80 条）。

9.侗族大歌知识典故链接（20 条）。

10.侗族大歌传习人物口述史（国家级、省级传承人 10 余人）。

四、项目主创团队的跨学科组建

创作团队由对侗族文化与侗族大歌的研究有长期深厚积累的跨学科专家组建。项目团队各子项目负责人都是该学科研究或媒体中长期关注侗族大歌的专家。团队构成体现了跨学科融媒体的特色。

"侗族大歌与侗族社会生活"文论撰稿：龙耀宏，侗族，1962 年生，贵州民族大学教授，贵州省侗学会副会长。获文化部授予的"全国德艺双馨文艺工作者"称号。在本项目中负责撰写主题为"侗族大歌与侗族社会生活"的 10 万字散文体文论。

"侗族大歌的社会文化生态"照片拍摄：卢现艺，汉族，1959 年生，贵州省摄影家协会副主席。获文化部授予的"全国德艺双馨文艺工作者"称号，获第十届"中国摄影金像奖"。其代表作大型彩色摄影图册《符号与仪式——贵州山地文明图典》和《亚鲁王书系》获中国出版政府奖图书奖。在本项目中负责提供侗族大歌流传地的自然、社会和文化生态摄影图片。

"生活中的侗族大歌"音频收集整理：吴培安，侗族，1971年生，贵州大学艺术学院民族音乐教研室主任，副教授。长期从事侗歌演唱和侗族大歌的整理编创工作。在本项目中负责侗族大歌音频及侗语大歌歌词（侗、汉双语）100首的音频采集、简谱记音和侗语歌词的编译。

"侗族大歌的传播与传承"视频编制：唐亚平，汉族，1962年生，贵州广播电视台"唐亚平工作室"负责人。曾获"全国百佳新闻工作者"称号。贵州电视文艺专题《侗族大歌》《苗族舞蹈》《布依歌舞》总编导。在本项目中负责"侗族大歌传播传承"视频的编制。

侗族大歌融媒体资源包合成：曹维琼，汉族，贵州人民出版社原社长，编审，省管专家。2009年被新闻出版总署评选为"百名有突出贡献的新闻出版专业技术人员"。主编的《亚鲁王书系》获中国出版政府奖图书提名奖。出版过《苗族口传活态文化元典》（MPR出版物）。在本项目中负责《侗族大歌音图典》的合成。

贵州省文化厅将此项目列为2017年贵州省非物质文化遗产整理保护重点项目，当代出版传媒集团从2016年起投入大量的人力、物力组织实施，并对后期工作提供保障。

侗族大歌列入联合国教科文组织"世界非物质文化遗产名录"，用什么方式，从什么角度切入，是整理、保护、传承侗族大歌的一个重要课题。经过反复讨论，我们选择了"生活中的侗族大歌，大歌中的侗族社会生活"这个主题，从侗族大歌与侗族社会生活切入，以音图典的形式来表现侗族大歌。

五、项目是传播学知识的综合运用

提出"生活中的侗族大歌，大歌中的侗族社会生活"这个主题，是基于侗族喜欢唱歌，并且会唱好听的歌。侗族是一个文化悠久、生活多彩的民族，"饭养身，歌养心"，是千百年来侗族形成的民族共识和民族习惯，遇事遇人，即景即兴，侗家人都可以信手拈来，信口开唱，以歌传情，以歌联谊，以歌叙事，以歌纪史，以歌明理，以歌达德。侗族大歌的内容来自于侗族社会生活，而侗族大歌歌词表达了侗族社会生活的内容，侗族大歌与侗族社会生活融为一体，大歌与生活互动，生活与大歌共生。离开了社会生活，侗族大歌就缺少了灵性；离开了侗族大歌，社会生活就失去了欢乐。侗族大歌是传唱生活中故事的歌，了解侗族大歌需要深入侗族社会生活。

提出"生活中的侗族大歌，大歌中的侗族社会生活"这个主题，是基于少数民族非物质文化遗产项目的整理、保护、传承、传播是一个系统工程，应该从非物质文化遗产项目的传播区域和传播区域的自然生态、非物质文化遗产项目传播的民族或族群和其社会文化生态、非物质文化遗产项目的传承人和传承方式、非物质文化遗产项目的历史与现状等七个主要方面去探索的认识理念。在这种理念的指导下，呈现给世界的才可能是一个完整的、活态的非物质文化遗产项目，《侗族大歌音图典》应该体现了这个理念。

提出"生活中的侗族大歌，大歌中的侗族社会生活"这个主题，是基于创作团队的成员对侗族大歌数十年的探索形成的共识。这是一次跨学科对侗族大歌的集大成整理，从选题动议立项到完成，历时三年。而所有的参与者都有着数十年关注、研究侗族大歌、侗族文化的经验和资料的积累。无论是侗族文化探索研究者，民族音乐的整理传承人，侗族社会生活的图片摄影家，还是视频编导者都自觉地遵循这一基本理念。本书是多方面专家共同合作完成，用各自的手段在表达各自的认识，"侗族大歌与侗族社会生活"这一主题聚合了众人的智慧。歌是来源于生活、来源于民间的歌，文是来自于田野、来自于体验的文，图是摄取于村寨、摄制于鼓楼的图，呈现给读者的是一幅系统的、活态的侗族大歌图景。

提出"生活中的侗族大歌，大歌中的侗族社会生活"这个主题，是基于我们已经进入了融媒体数字化传播的时代，融媒体数字化传播需要有内容支撑，声、影、文、图的多型态展示需要有多媒体数字化技术支持，这次采用融媒体数字化技术对侗族大歌进行综合展示，是技术的进步，是时代的要求。侗族大歌与侗族社会生活是音、色、文、图俱可表达的民族文化事相，适合于用融媒体数字化呈现，而融媒体数字化表达为侗族大歌展示提供了多视角、多形态的空间。

提出"生活中的侗族大歌，大歌中的侗族社会生活"这个主题，是基于编辑的责任意识和出版创意。创作团队的成员分散于各个单位，从事各自的职业，互不统属，需要编辑去黏合。借助编辑的优势，发挥编辑的作用，整合协调资源，充分利用技术，发挥创意策划。从选题创意、团队组织、经费筹集，到图书的合成，都浸润了编辑的智慧和汗水。

侗族大歌的整理恰逢其时，侗族大歌的整理研究者恰当其任，多媒体数字化技术恰合其用，编辑策划者恰司其职，于是就有了《侗族大歌音图典》这本讲大歌的书，会唱歌的书。《侗族大歌音图典》也是编辑学传播介质、传播技术和传播理念的一次综合运用。

⊙ **思考**

编辑了解编辑发展史的目的是什么？

微
观
编辑学

Microcosmic Editing & Publishing Science

曹继成 张龙兰 / 著

人民出版社

《微观编辑学》

人民出版社　2018 年出版

第十一章　建构编辑学体系框架的遐想

关键词：编辑生态学；编辑学理论；体系框架；建构
学习目标：了解生态学原理与编辑学体系框架的关系。

编辑在编辑生态场域中生存，编辑生态学研究编辑生态场域的问题。编辑平台搭建、共生群体互动、知识循环转化、能量转移流动、信息传递方式、系统运行范式是编辑生态空间格局构成的六个要素，也是编辑生态学观察的六个维度。对编辑学的不同认知构成编辑学的不同体系，我们尝试用生态学原理来建构编辑学体系框架。

一、编辑生态学是研究编辑生态场域的学问

1. 生态学。生态学是研究自然界特定环境中物种繁衍、群落共生、物质循环、能量流动、信息传递、场域运行的学科。随着研究的深入，社会学家把生态学理论引入社会科学

领域，拓展成为研究人与自然、人与社会、人与人和谐共生、持续发展的生态理论，并逐渐深入社会科学研究的各领域。

生态。生态通常是指生物的生存状态，指生物在一定的自然环境下生存和发展的状态，也指生物的生理特性和生活习性，以及生物之间、生物与环境之间的关系，属于自然科学的范畴。

场域。场域是物理学用语，指在一定的空间范围内，具有一定性质的物体对类似物体施加的力。场域是具有相对独立性的社会活动空间，相对独立性既是不同场域相互区别的标志，也是不同场域得以存在的依据。

场域空间。场域空间是人们参与社会活动的可选择空间，它为在场域中活动的社会成员标出了待选项目，但没有给定最终选项，个人可进行多种搭配选择，不同的选择会出现不同的结果。选择的结果，一方面可以体现出选择者的意志，即个体的创造性；另一方面又体现出场域的框架要求和限制。从社会生态学的角度观察，场域指人们进行社会活动的空间领域①。

2. 生态场域。生态场域是生态学领域的一个主要结构和功能单位，是由生物群落和与之相互作用的自然环境以及其中的能量流动过程构成的系统。在一定空间范围内，植物、动物、真菌、微生物群落与其非生命环境，通过能量流动和物质循环而形成相互作用、相互依存的动态复合体。生态系统是开放系统，为了维系自身的稳定，生态系统需要不断输入能量，否则就有崩溃的危险；许多基础物质在生态系统中

---

① 李全生：《布迪厄场域理论简析》，载《烟台大学学报》（哲学社会科学版）2002 年第 2 期，146 ~ 149 页。

不断循环。生态场域也是社会学概念，不仅指特定群体参与特定社会活动的区域范围和活动环境，还包括在这个特定区域内活动的其他群体行为以及相关因素对该群体行为的影响。所有生物都是在特定的区域中生活，生态场域的相对独立性既是不同场域相互区别的标志，也是不同场域得以存在的依据。其中内含有活力的、有生机的、有潜力的物质存在。

社会生态场域。社会生态场域指围绕特定物质生产而形成的社会生态场域。生态场域理论是关于人类行为的一种概念模式，是社会学的主要理论之一。研究者把生态学研究的方法引入社会科学，生态学涉及的范畴也越来越广。社会生态学与场域理论结合，进而形成了社会生态场域理论。从社会生态学的角度分析，一个场域可以被定义为在场域范围内，各种物质位置之间存在的客观关系的一个网络或一个构型。社会生态场域空间不能简单地理解为被一定边界物包围的领地，也不等同于一般的领域，而是以某一种产品生产为纽带而形成的相对独立空间，由参与某一特定商品生产活动的社会成员，按照此商品生产的特定逻辑要求，共同建设的活动场域。社会生态学讲的场域，不单指自然的或物理的环境，也包括场域内其他人的行为以及与此相联的许多因素，社会生态场域对人的行动产生影响。研究社会生态场域的目的是使在场域中活动的群体，按场域中合理的秩序运作，倡导多元、尊重差异、协同合作、有效发展，确保人与物各得其所，使人与社会、人与人进入良性循环状态。

3. **编辑生态学。**编辑生态学是将社会生态学原理引入编辑学研究领域而形成的学科。编辑生态学的结构层次可分为编辑个体生态、编辑群落生态、编辑系统生态三个层次。微观编辑学研究的是编辑个体生态，解决三个方面的问题：其一，研究编辑生态场域的主体；其二，研究编辑生态场域中各个群落的相互关系；其三，研究编辑生态场域的运行模式。讨论编辑生态场域，讨论编辑的活动空间，就是以此为路径来帮助梳理编辑的知识，搭建编辑的平台，拓展编辑的视野，提高编辑的素质。编辑生态学是社会生态学理论在编辑学领域的一种论证，是社会生态学场域理论的重要组成部分。

编辑生态场域。编辑生态场域是指以图书生产为纽带，而形成编辑出版活动的空间，由参与图书出版活动的社会成员，按照此图书生产的特定逻辑要求，共同建设的活动场域。编辑生态学将生态场域理论应用于编辑学研究，对编辑生态系统空间格局的问题进行探讨。编辑生态场域研究既是编辑工作的现实问题，也是研究微观编辑学构成的理论问题。

二、编辑生态系统的空间格局

编辑生态系统的空间格局是指围绕知识传播、选题策划、作品创作、图书生产与阅读消费相互作用而构成的一个生态学单元。根据生态学的原理，编辑生态系统空间格局由编辑活动平台、编辑共生群体、知识循环转化、能量流动转移、信息传递形式、系统运行范式等六个要素组合而形成独立完整的生态系统。六个要素是研究编辑生态系统形成的六个板块，也是观察编辑学的六个维度。

1. *编辑活动平台。*编辑活动平台指编辑的生存、活动和发展的空间，是编辑进行交流、交易、学习、提高，展示自己能力的平台。编辑平台由编辑工作条件和工作氛围两部分构成。工作条件指工作中的设施条件、工作环境、劳动强度、工作时间和工作报酬的总和。工作氛围指在一个单位中长期形成的，具有一定特色的，可以被单位成员感知和认同的环境氛围和人文氛围。从生态学的角度观察，编辑活动平台包括编辑的职业、职能、职责；编辑的个人素质、专业知识、理论素养；编辑技能提高和编辑业务培训；探讨环境对编辑心理和编辑行为的影响；研究编辑对生态环境的适应性；研究编辑工作中各种生态因素的稳定性与趋向性的界限；编辑与编辑生态场域的关系等方面的内容。编辑活动平台是客观存在的，也是能够主观改造的，具有很强的互动性，编辑活动平台是编辑存在和成长的基础条件，靠编辑自己去营造和维护，决定并影响编辑的发展，好平台造就好人才。编辑平台可在实践中自我完善并不断发展，只要能够最大限度地实现编辑知识和编辑经验的复制，就是最好的编辑活动平台。我们常说编辑要想与作者平等对话，要搭建与作者对话的平台，就是此意。选择编辑活动平台应遵循三条原则：其一，选择适合自己特质的编辑平台。其二，没有平台会专为你而构建，需要靠自己努力去营造。其三，在编辑发展的不同阶段，选择与自己能力相匹配的平台。

2. 编辑共生群体。共生群体指社会活动中按某种特征结合在一起的群体。群体与个体相对，是个体的共同体。编辑生态系统中的共生群体指作者、编辑、读者这三个群体。每个群体按其在编辑出版活动中的特征结合在一起，共同活动、相互依存、相互交易、相互影响。编辑生态学研究编辑生态场域中共生群体的构成；共生群体各自的地位；共生群体的关系；共生群体之间各种活动的相互影响；研究编辑的传播构成的生态链；研究读者的需求，研究作者的创作，研究共生群体与编辑生态场域的关系。

3. 知识循环转化。编辑生态系统以知识传播为主题，以图书生产为纽带而构成。在编辑生态系统中以图书为载体，知识的循环转化即知识从选题策划、作品创作到图书制作的演变与循环。编辑生态学研究知识的分类分级；研究作品的内容与形式；研究编辑生态场域中知识循环；研究知识在作者、编辑、读者之间的循环规律；研究编辑阅读引导对读者的影响；研究阅读需求对作者创作的推动；研究编辑加工的流程及对作品的影响；研究如何做到知识循环的波浪形推动和螺旋式上升；研究知识循环与编辑生态场域的关系，研究物质循环的状态、速率、周转率。知识循环的状态指知识循环的形式，编辑生态系统中的知识循环可分为知识循环、概念循环和思想循环。知识、概念和思想以图书为表现形式，在作者、编辑和读者之间流动和转移。知识循环的速率指知识流转的速度。知识流转的速率在空间和时间上有很大的差别，影响图书循环速率最重要的因素有三种：其一，图书创作的质量和被读者利用的方式，读者对图书的需求；其二，作者的创作条件和创作环境；其三，编辑的选题眼光和策划实施能力。三个因素决定了知识能否迅速重新进入循环。图书循环的周转率指作者的创作率、编辑的转换率、读者的需求率。知识循环的周转率也即知识的换手率，知识循环中，周转率越大，周转时间就越短，换手率就越高，知识的更新也就越快。

4. 能量流动转移。所谓能量，就是指在某一个系统层次上可以驱使构成该系统的亚系统或者质量运动和变化的事物。能量在物理学、生态学和社会学中有不同的含义。能量并非可视可触的实体，而是观察者对物体的运动能力的抽象，以及对其运动能力大小的量度。因此，我们可以把任何可以导致和维持物体运动的事物称为能量。能量是人类理智的抽象物，并不具有实体性。能量以多种不同的形式存在，不同形式的能量之间可以通过物理效应或化学反应而互相转换。能量是一种物理学概念，是物质的时空分布可能变化程度的度量，用来表征物理系统做功的本领。各种场也具有能量。在生物学中能量指食物链。生物学中的能量分植物的能量和动物的能量。在社会学研究中，能量指人做事的动力和情感，或指驱使社会主体的行为，维持社会主体存在的力量，即社会能量。社会能量表现为两种形式，一是以商品为代表的物质财富，二是以知识为代表的精神财富。社会能量通过多种文本形态进行传递，图书因其承载了社会历史文化的内涵而成为社会能量的重要载体。社会能量的传递，即社会的各种观念形态的相互作用和相互影响。无论是物理学中的能量，还是作为推动人类个体行动的动力的价值物，均是人类理智的抽象物。编辑生态场域中的能量流动包括道德观念、文化内涵、价值取向等方面的内容，也就是我们常说的情感、态度、价值观的流动。编辑生态学还强调在相关学科之间吸收养分，转化为能量。编辑生态学研究阅读引导、选题策划、内容提供等能量传递形式；研究作品的道德观念、文化内涵和价值取向；研究作品在情感、态度、价值观方面的表达；研究主流意识在作品中的表现；研究群体在能量流动中的互动；研究能量流动与编辑生态场域的关系。社会能量有正效应和负效应。我们常说的"正能量"，就是指健康乐观、积极向上的动力和情感，能激励社会生活中积极向上的行为。当下，"正能量"一词已经上升为一个充满象征意义的符号。图书应该是正能量传递的工具。

5. 信息传递形式。信息传递是生态系统研究的重要内容。编辑生态场域中的信息传递指知识的传播介质、应用技术和编辑理念的运用。编辑生态学研究知识传播的介质；研究知识传播的技术；研究编辑的传播理念；研究传播介质、传播技术和传播理念对传播速度和传播质量的影响；研究宣传推介的方式；研究发行渠道和方法；研究阅读引导的方式与路径；研究传播质量、传播速度、传播理念与编辑生态场域的关系。

技术指设计产品的知识、加工产品的工艺、生产管理的服务。技术是人类在认识自然和利用自然的过程中积累起来并在生产劳动中体现出来的经验和知识，是人类利用自然、改造自然的方法、技能和手段的总和。技术是解决问题的方法及方法原理，是指人们利用现有事物形成新事物，或改变现有事物功能、性能的方法。技术应具备明确的使用范围和被其他人认知的形式和载体。信息传播技术指编辑工作中采用的各种技术手段。编辑在信息传递的过程中，具有三种功能：第一，信息互连。编辑通过读者分层、阅读分群、内容分级，可以有效促进作者群和读者群的信息互通。第二，数据处理。编辑提供包括信息和知识分组过滤、分组转发、阅读引导等服务。第三，信息管理。编辑提供包括知识配置管理、流量控制和流向引导等服务。

6. 系统运行范式。系统运行范式指编辑场域的运作模式，或维护编辑生态平衡的运行方式。生态平衡指在生态系统中的生物和环境之间、场域中各个种群之间，通过能量流动、物质循环和信息传递，相互之间达到适应、协调和统一的状态。生态场域的维护是生态平衡的要求，编辑生态场域的维护指编辑活动的管理制度、活动规则、编辑理论、编辑体系的建立。范式是不同场域中获得最广泛共识的单位，可以用范式来区分不同的学科场域。范式具有三层内涵：一是哲学范式，讲信念和形而上思辨；二是社会学范式，讲工作习惯、学术传统、学科成就；三是行为范式，讲规章制度、典型案例、从业经验、答疑释惑。范式能够将存在于学科场域中的不同范例、理论、方法加以归纳并相互联系起来。范式是实现场域活动目标的基本保证，也是维护场域活动有序的必要条件。编辑范式包括经验总结、制度建设、理论提升和体系建构。编辑范式是编辑群体所共同遵从的世界观和行为方式，是全体编辑所接受的理论、准则和方法的集合，是开展编辑研究、建立编辑体系、运用编辑思想的基本方式，是编辑理论、编辑准则和编辑方法在编辑心理上形成的共同信念。编辑生态学研究编辑案例，研究编辑理论，研究编辑规章制度，研究编辑范式对编辑场域中活动群体行为的影响，研究编辑场域建设与编辑生态场域的关系。编辑范式的确立不可能一蹴而就，需要靠长期积累而逐渐形成。

三、编辑生态学是搭建编辑学体系的设计图和黏合剂

1. 编辑学理论的来源。微观编辑学理论体系建构的三个

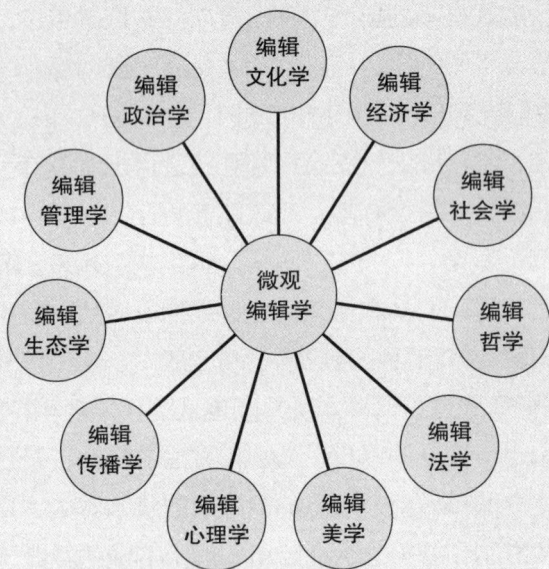

图 4. 微观编辑学的理论框架体系图

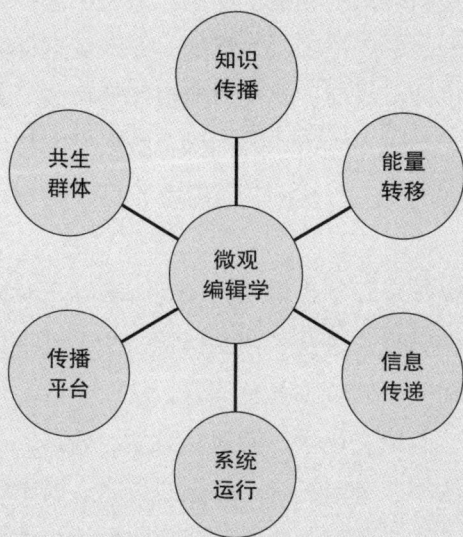

图 5. 微观编辑学的空间格局图

来源是编辑实践经验的提炼、传统编辑学理论的继承、相关学科理论的融入。构建一个完整而系统的编辑学理论，推进编辑学建设，首先要对编辑学进行全面而完整的学理论证，进而构建完整的编辑学理论，为编辑学建设提供理论阐释和理论导引。这是编辑学建设的基础工程，对编辑学建设具有重大影响。目前我们的编辑学理论，都是由编辑经验和编辑规范组成，编辑学理论则付之阙如。要改变这种情况，为编辑学建设提供理论支撑，必须对编辑学的形成、编辑学的性质、编辑学的内涵、编辑学的结构、编辑学的特点和编辑学的方法等基本问题进行全面的阐释和论证，构建完整的编辑学理论系统。

2. 微观编辑学的体系构成。微观编辑学研究编辑的个体行为，其原理吸收并融合了社会科学各个基础学科的相关理论，解答编辑工作领域中各种问题，从而形成编辑管理学、编辑政治学、编辑文化学、编辑社会学、编辑经济学、编辑哲学、编辑法学、编辑美学、编辑心理学、编辑传播学和编辑生态学等十一个观察视角。这些学科理论是建构编辑学体系的大梁和支柱。微观编辑学由编辑管理学、编辑政治学、编辑文化学、编辑社会学、编辑经济学、编辑哲学、编辑法学、编辑美学、编辑心理学、编辑传播学和编辑生态学等十一个分支学科共同构建。编辑学借助相关学科的理论和方法，构成编辑学框架体系材料。

编辑管理学。编辑管理学解决编辑工作的流程管理、编辑的职业定性、编辑的职能定位和编辑的职责定岗问题。需要了解图书生产流程，熟悉编辑加工、装帧印制、发行宣传的工作要点和基本原则。

编辑政治学。编辑政治学解决选题策划和书稿审定中的主题立意和主流意识问题。

编辑文化学。编辑文化学解决编辑工作中的文本梳理、文本转换和文化传承问题。

编辑经济学。编辑经济学解决编辑工作中的资源配置、资源整合和资源利用问题。需要知道出版资源构成，学会利用区位资源、品牌资源、作者资源、人脉资源，学会配置出版资源，懂得整合利用出版资源。

编辑社会学。编辑社会学要求熟悉图书的分级分类，理解图书的知识性、休闲性、研修性、建设性的差异，准确定位图书的对象，满足读者的要求，学会运用排列组合的方法，重构选题，拓展选题。

编辑哲学。编辑哲学解决编辑的世界观、价值观和方法论的问题；解决图书出版活动中作者、编辑和读者之间的主客体关系问题；应熟悉参与编辑出版活动的作者群体和读者群体，弄清角色定位，养成正确的编辑价值观、编辑文化观、编辑事业观。

编辑法学。编辑法学解决编辑出版活动中法律意识、法律遵守和权益维护问题。

编辑美学。编辑美学解决编辑出版活动中编辑审美、美的发现和美的传递问题。

编辑心理学。编辑心理学解决编辑的视域、编辑的思维和编辑工作意境的问题。要求拓展编辑工作的视域、培养编辑工作的思维方法、提升编辑工作的意境；提高书稿编辑加工、选题策划创意、参与编创活动的能力；提高编辑工作素养。

编辑传播学。编辑传播学解决图书介质、复制技术和编辑方法的问题。熟悉编辑传播形式，了解图书的介质属性，掌握传播规律，掌握编辑出版专业知识、相关学科专业知识、公共学科基础知识，胜任图书出版活动中编辑的角色任务。

编辑生态学。编辑生态学研究编辑生态场域的空间格局和生态平衡问题；打造编辑活动平台，协调共生群体关系，推动知识循环转换，促进能量转移流动，加快信息传递方式，形成系统运行范式。编辑生态学关注编辑工作流程中，编辑的职业、职能、职责定性定位与激活编辑的内生活力的关系，解决主观意愿与客观环境的矛盾问题，营造编辑活动平台。编辑生态学关注系统共生群体的相互依存、相互制约的关系，解决编辑、作者、读者的矛盾问题。编辑生态学关注知识循环转化中知识、概念、思想循环的形态、速率、周转率，解决出版资源稀缺与出版资源利用的矛盾问题。编辑生态学关注编辑价值观、编辑文化观、编辑事业观对能量转移的影响，解决社会能量生产与社会能量效应的矛盾问题。编辑生态学关注的是当代图书生产和推介技术手段，研究新技术带来的影响和应对措施，解决技术运用与内容提供的矛盾问题。编辑生态学还关注编辑视域、编辑思维和编辑意境的关系；编辑加工、创意策划、参与编创和图书质量的关系；编辑专业知识、学科专业知识和公共基础知识与编辑素养的关系；编辑理论与编辑实践、职业愿景与发展趋势、编辑个案与编辑普适的关系，解决个人素养和行业要求的矛盾问题。

在这十一个分支学科理论中，要特别强调的是编辑生态学的作用。编辑生态学既是解决编辑生态场域空间相关问题的工具，又是各学科理论在编辑学中运用的黏合剂，还是搭建编辑学框架的一种设计图。编辑生态学观察的六个维度，不但涵盖了编辑学研究的所有问题，而且提供了一种新的观察角度。

3. 编辑生态学研究的启示。编辑生态学用整体的、抽象的、联系的、动态的方式去观察编辑问题，它以编辑工作中的若干矛盾作为编辑生态学研究的基本内容，梳理生态场域中各种物质的相互关系，以人与人和谐相处、人与社会和谐共生为宗旨，强调编辑的自觉与自律，强调编辑的素养和追求编辑工作的意境，强调编辑与读者、编辑与作者相互依存、相互促进、共生共荣，既追求人与生态环境的和谐，也追求人与人的和谐，而且人与人的和谐是人与社会和谐的前提。以建立可持续的生产方式和消费方式为内涵，以引导人们走上持续、和谐的发展道路为着眼点。

编辑生态学用和谐共生的观点去保持编辑出版生态平衡。用主体平等的观点去维护相关利益，用共生互荣的观点调和系统关系，用持续发展的观点去整合出版资源，对维护编辑生态学的平衡和可持续发展具有重要意义。

编辑生态学用和谐共生的观点去维护编辑出版活动的有序开展。知识是编辑生态场域的产品，图书是知识的载体。作者是知识的传播者，是作品的创作者，也是第一阅读者；编辑是知识的分解者，作品的传播者，阅读的引导者；读者是知识的消费者，阅读的需求者。编辑生态学的观点认为，人的知识，很大一部分来源于阅读，作者和编辑是知识的传播者，又都是读者。编辑生态学讲的和谐是三者的有机统一，三者的关系不是主客体关系，也不是统领与被统领的对立关系，而是相对平等的主体间性关系。在编辑生态场域中，编辑、作者、读者是三个平等的主体，要用和谐的观点维护编辑生态场域的平衡。

编辑生态学用主体平等的观点去调整各主体间的利益。传统编辑学认为，编辑与作者是主客体的关系。根据社会生态学原理，在特定生态场域中依存的群体是共同的主体。编辑、作者、读者这三个群体在编辑生态场域中互相依存、和谐共生、持续发展，形成了编辑生态场域的共同体，在编辑生态场域中都占据主体地位。编辑生态场域中和谐共生共同体的主体观念，彰显了作者的作品创作主体性地位，重构编辑的阅读引导主体性地位，树立读者的阅读需求主体地位。一个时期以来，编辑为了不断追逐物质财富的增长和科学技术的进步，其阅读引导主体地位被现代文明的物质力量和技术力量所异化。在此过程中，编辑精神的内生需求、编辑文化的创造性被抑制，人性中贪婪、逐利的属性被过度的张扬，导致编辑不再是自觉的主体。编辑生态学重构编辑的阅读引导主体性地位，本身就是对编辑属性的反思、重构和提升。编辑生态学强调编辑要全面发展，和谐共处，凸显了编辑生态场域中共生群体平等相处、和谐发展的核心理念，其平等性主要体现在和谐性。这种平等要求编辑尊重作者、尊重读者，不损害任何一方的利益，实现和谐相处。

编辑生态学用共生互荣的观点协调系统内的关系。编辑生态场域中的三个群体，虽然都是共同主体，但是不可能凌驾于作品之上，而是生存于阅读之中。作者、编辑、读者三者的关系平等，这种平等是相对的，不是绝对的，是三者共同发展前提下的平等，其条件或者其边界就是编辑生态场域的边界。编辑生态场域存在的前提，是创作系统、编辑系统、阅读系统的共同发展。因此，编辑、作者、读者之间的平等，指三者的和谐共生、协调发展，要用共生互荣的观点调和群体关系。

编辑生态学用持续发展的观点去整合出版资源。编辑生态群落中，不同群体在生态系统中处于一定的地位和作用，分为生产者、消费者、分解者。知识的生产者是作者，通过作者对知识分解、构思创作，为读者提供阅读的作品；知识的消费者是读者，读者的阅读需求对促进知识循环起重要作用；知识的分解者是编辑，他将阅读需求收集归纳传递给作者，将作品优化美化传播给读者，促进了知识的循环。知识是文化之基，知识是创作的源泉；阅读需求是创作的动力，没有阅读的需求，就没有创作；没有阅读的需求，没有作品，就没有传播，也就没有编辑生态场域。作者是知识进步和文化发展的产物，是在阅读的需求下出现，在阅读环境中生存，与阅读一起发展成长的。读者是知识的消费者，是阅读的需求者，也是潜在的创作者。阅读促进知识化，知识化又促进创作。发现阅读需求，组织创作作品，优化美化作品，传播引导阅读是编辑的职责，也是编辑群体存在的理由。编辑生态系统的各种成分之间是相互联系、相互依存的，缺一不可。某一成分发生变化，往往会引起其他成分的相应变化，甚至整个生态系统也发生一系列变化。一个健康的生态系统是稳定的、可持续发展的，在空间上能够维持场域内的物质循环和能量流动有序，在时间上能够保证场域物种繁衍和信息传递的连续，因此，要用持续发展的观点去整合出版资源。

编辑生态学用生态平衡的观点去建构编辑学体系。编辑生态场域由生产者、分解者、消费者构成单一的生态系统结构。生产者、分解者、消费者是编辑生态场域赖以生存的物质基础，三者丰富和完善了编辑生态场域结构。离开编辑生态系统，作者的才智无处施展，编辑的潜质无以开发，读者的需求无法满足。

编辑生态场域研究还要注意把握经济生态、政治生态、社会生态、文化生态等四个方面的内容。编辑生态学研究提醒编辑要注意编辑学各部分间的关系，意见如何保持平衡及可持续性发展。编辑生态学研究是编辑学的理论与方法的完善与补充，研究成果对微观编辑学的建构有重要意义。编辑生态学研究，指导我们多一个视角看编辑，多一条思路想选题，多一道关口保质量，多一种手段谋发展，以实现编辑生态场域的和谐共生、良性循环、正向效应、持续发展。编辑生态学研究的展开，推动编辑学由定性研究趋向定量研究，由静态描述趋向动态分析，与其他学科的交叉研究日益显著，逐渐向多层次的综合研究发展。

编辑生态学与生态文明建设密切相关。生态文明建设是以人与自然、人与人、人与社会和谐共生、良性循环、全面发展、持续繁荣为基本宗旨的社会形态。生态文明是人类为保护和建设美好生态环境而取得的物质成果、精神成果和制度成果的总和，是贯穿于经济建设、政治建设、文化建设、社会建设全过程和各方面的系统工程，反映了一个社会的文明进步状态。编辑生态学是生态文明建设的成果在编辑学中的转换和应用。

《微观编辑学》的编辑生态学认知

——探索从编辑经验总结到编辑理论提升的路径

知识结构指一个人经过学习培训后所拥有的知识体系的构成情况与结合方式。合理的知识结构是从事专门职业的必要条件，是从业人员成长的基础。现代社会需要从业人员的知识结构合理，能根据职业要求，将自己所学知识科学组合起来，适应社会发展，服务于社会。所谓合理的知识结构，就是既有一定深度的专门知识，又有一定广度的文化知识，还要有一定高度的理论知识，三者构成从业需要的最合理、最优化的知识体系。出版人才应该具备系统的知识结构，理论认知是培养编辑理论素养的重要内容。培养出版人才，首先要培养编辑对编辑职业、对编辑职责、对编辑学有正确的理论认知。培养出版人才，就是帮助编辑对出版知其然，知其所以然。也即是说，培养出版人才，就是帮助编辑掌握编辑基础知识；熟悉编辑技能，明白编辑学理论；最后要达到熟练运用编辑学知识和理论，在出版实践中做出成绩和贡献。编辑实践对编辑理论认知具有决定作用，是编辑理论认知的来源和动力；指导编辑实践是编辑理论认知的最终目的，而编辑实践是检验编辑学理论正确与否的唯一标准。

我们对编辑学理论的认知，经历了从编辑业务知识介绍、编辑实践经验总结、编辑问题理性思考、探讨编辑理论构成、编辑实践案例解析到形成编辑学认知体系等六个阶段。这个过程，是编辑理论认知不断拓展深化，编辑思考不断发展成熟的过程。从讲座讲稿撰写，到讲稿集"编辑的 N 空间"的汇编到《微观编辑学》论著的转换，是我们对编辑理论认知的一次蜕变，也是编辑理论素养提高的一条路径。

一、从"编辑的 N 空间"编写讲起

讲稿集"编辑的 N 空间"的编写，缘于笔者在出版社编辑业务培训班开讲座。2006 年，我任贵州人民出版社社长，此前由于各种原因，我社已有若干年没有招聘编辑，编辑队伍青黄不接。2008 年开始公开招考编辑，才入行的新人需要培训。2009 年的出版改制，使相当一批有经验的资深编辑因符合转制时人员分流的条件而提前离岗，队伍结构不合理的情况更加凸显，编辑队伍的建构迫在眉睫。为解决编辑素质的提升和业务能力的提高，我建议举办编辑业务培训班，并在全社推行编辑导师制，强化编辑业务知识学习。编辑从业人员，来自不同的学科专业，拥有不同的知识背景，但是，绝大多数没有接受过系统的编辑专业培训。最初的设想是以讲座的形式来组织学习，交流编辑工作经验，帮助青年编辑学习掌握编辑工作最基本的知识，促使他们尽快履职。

在讲课形式上，用经验介绍和案例说明是编辑业务培训的通常路径。开讲座，原想用经验总结和分析案例的形式，与编辑们沟通交流，互相启发和帮助，目的是促使编辑们尽快地熟悉编辑工作。讲座的对象是青年编辑，讲课的内容要能激起他们的兴趣，激活他们的内生力，所讲的内容必须要结合编辑工作实际，能解决工作中遇到的问题，笔者就从自己经历过的编辑案例入手。笔者认为只要是编辑用心策划实施的选题，大多数都是有故事的，都是有经验可以总结的，也都可以当案例进行分析的。几次讲座后，有编辑提出，只讲经验和案例太实，建议把经验总结、案例分析与编辑理论结合，以编辑实践经验介绍和案例分析为基础，用理论作指导，把经验总结和案例分析提升到理性认识的高度来认识。

在讲课内容上，有编辑提出要避免内容重复的问题，建议从不同学科角度切入，把各学科理论与编辑学研究的问题结合，这样既可以解决编辑实践中的问题，又可以丰富讲课的内容。笔者没有受过编辑学的专业训练，也没有系统的编辑学理论支撑，只能摸着石头过河。习惯上，我们研究和分析社会现象和社会问题，都是从政治、经济、社会、文化几个方面切入，很自然地，我也把编辑与政治、编辑与文化、编辑与经济、编辑与社会作为主题选择的方向，作为编辑业务培训讲课的基本内容，结合编辑工作中的实际问题，再逐步展开。带着问题去学习相关学科理论，根据理论去总结编辑实践经验，并结合自己的体验提出自己的看法，再用这些看法去检查指导自己的编辑实践。将编辑学理论与经验总结、案例分析结合的方法取得了较好的授课效果。在教学交流中，不断丰富讲座内容，不断完善交流的渠道，逐渐形成自己的讲座风格，从讲相关学科基础理论入手——探讨基础理论与编辑工作的联系——探索相关理论在编辑学的应用——用编辑案例验证分享的结构模式。从编辑与政治、编辑与经济、编辑与社会、编辑与文化的角度切入，用各学科的理论指导，解读编辑基础知识和编辑实践经验。讲座的备课过程，是编辑理论认知的过程和编辑理论完善的过程，教学相长，不断加深了对编辑学的认识和理解，也不断丰富和完善了编辑职业培训的内容。

随着探索的深入，我们发现编辑学研究可以从多个角度切入。编辑工作除了与政治、经济、文化、社会有密切联系外，还与管理学、哲学、法学、美学、心理学等学科理论相关联，这些知识都是编辑必须具备的知识。随着讲座推进，讲稿逐渐形成规模，朋友们建议把讲稿结集出版，拟名为"编辑的 N 空间"，其义为"N"表示未知，编辑学研究领域博大，而我们的探知有限；同时，"N+"表示知识的逐渐增长，编辑学学问虽然高深，我们能够认识一点，就进步了一点。

二、编辑学与生态学的融合

讲座的内容是开放式的，讲座结合编辑实践经验总结和编辑案例解析，援引相关学科理论，解答了编辑学的具体问题，各次讲座的内容之间并没有因果顺序关系。但是要将讲稿整理成书，就必然要考虑每一个讲座讲述内容的主题意图、叙事逻辑和相互关系，考虑框架结构。可是，事先并没有编辑成集的打算，更不可能对讲稿集编撰铺陈设计，只是以讲稿凑成"编辑的 N 空间"的内容，但讲稿集如何编排，各章节之间的内在关系如何，并没有充分地考虑。在文稿编排时，有编辑提出要注意全书各章的逻辑关系，思考讲稿集的整体构架问题，建议寻找一条路径来串联，或寻找一种方法来衔接。

参与编辑贵州省中小学《生态文明建设读本》，生态文明建设倡导保护生态环境，主张人与自然、人与社会、人与人的共生和谐，可持续发展的理念给我们以启示。

生态文明建设的基础是生态学。生态学讲究系统的整体性，以生态平衡和谐为宗旨，研究生态系统中各种物质之间的关系，研究共生群体彼此间行为的影响，以及保持生态系统平衡的重要性。生态学观察生态系统有六个维度，即物种繁衍、共生群体、物质循环、能量流动、信息传递、生态秩序，六个要素构成生态系统。生态学研究各要素之间的相互关系，研究生态活动场域中的人如何共生依存、平等互利、和谐发展的理念给我们启发。我们尝试着将生态学观察生态系统的思考，转换为观察编辑学问题的维度，把编辑学研究的问题用生态学研究原理进行识读，发现编辑学研究的内容能够用生态学的要素进行分解和归纳，生态学理论能够解决讲稿集各部分的串联问题。生态文明建设的理论，特别是生态学提倡的系统、整体、和谐、发展的理念，也符合编辑学研究的整体性要求。

我们尝试用生态学理念对编辑学的观察维度进行转换。经过分析研究，我们发现，编辑出版活动是以知识传播为核心，以图书制作为介质，以作者、编辑和读者为主体，由编辑工作平台、系统共生群体、知识循环转化、能量转移流动、信息传递形式、系统运行范式等六个要素组合而形成的独立完整的生态系统，编辑出版活动在这一特定的生态场域中进行。把生态学理念融入编辑学研究，将生态学观察视角转换为编辑生态学观察视角。在编辑学研究中，各学科理论解决编辑工作中的具体问题，而生态学理念解决编辑学框架体系的建构问题和各学科理论在编辑学中应用和衔接的问题。换言之，各学科理论是建构编辑学系统的材料，生态学理念是搭建编辑学框架的设计图，编辑生态学的理念决定了框架结构的形式和材料布置与运用。在对编辑生态学认知的基础上，我们用生态学理念去梳理"编辑的N空间"，发现讲稿集涉及的11个方面、50余个问题、300余个知识点，用编辑生态学理念去归纳，基本上可以用编辑生态学的六个板块覆盖，能满足编辑生态学研究的条件。

对编辑学的不同认知构成编辑学的不同体系。将生态学的理念融入，使讲稿集的编撰从随意的编排转为有机的归纳，从未知的摸索提升到有序的黏合，讲稿集的性质悄然发生变化，一种编辑学理论的全新认知体系呼之欲出。要适应这种变化，书名也必须作出相应的调整。因为我们是从编辑的视角观察编辑学，用编辑的语言描绘编辑学，拿编辑的案例诠释编辑学，以编辑的探索丰富编辑学，而本书讨论的都是编辑工作的具体问题，这样的认知是局部的、具体的、微观的，因此，我们把书名改为《微观编辑学》。

用生态学系统整体性的理论指导，将分散的编辑学各科理论整合，搭建起编辑学框架体系，探索建构编辑学研究的新范式，是我们编辑学理论认知的突破，也使我们编辑学理论认知水平的明显提升。

三、《微观编辑学》的内容与意义

《微观编辑学》分十二章，围绕编辑工作平台、系统共生群体、知识循环转化、能量转移流动、信息传递方式、系统运行范式等六个方面展开。

编辑工作平台，指编辑个体的发展。编辑学研究编辑个体的行为、能力、素养及其发展的问题。系统共生群体，指作者、编辑、读者等三种人。研究他们之间的关系，他们活动的相互影响。知识循环转化，指读者阅读需求，编辑阅读导引，作者构思创作的流程中，知识如何循环转化。编辑学研究知识循环转化的方向和方式。能量转移流动，指知识循环的过程中如何转化为能量。编辑学研究能量转移流动的速度与频度。信息传递方式，指知识传播的方式。编辑学研究传播的介质，传播的技术，传播的理念。系统运行范式，指编辑系统运行的秩序。编辑学研究编辑出版活动的行为范式、规章制度、编辑理论。

《微观编辑学》撰写案例，对编辑经验总结与编辑理论提升等两个方面都具有现实意义，表现在四个方面：其一，梳理出一条编辑从实践到理论，又从理论到实践的编辑理性认知路径。其二，拓展了编辑学研究的视野，丰富了编辑学研究的内容。其三，搭建起编辑学的编辑认知体系。其四，为编辑学的定性提供一种学理上的支撑。

微观编辑学研究编辑的个体行为，其原理吸收并融合了社会科学各个基础学科的相关理论，解答编辑工作领域中各种问题，从而形成编辑管理学、编辑政治学、编辑文化学、编辑社会学、编辑经济学、编辑哲学、编辑法学、编辑美学、编辑心理学、编辑传播学和编辑生态学等11个观察视角。本案例拓展了编辑学研究的视野，丰富了编辑学研究的内容。这些学科理论是建构编辑学体系的大梁和支柱。

编辑学理论框架的搭建，为界定编辑学的属性打下了基础。提高编辑理论素养是出版人才培养的一个重要内容。从编辑业务培训讲座讲稿的撰写，到讲稿集"编辑的N空间"的整理，最后拓展成编辑学论著《微观编辑学》的过程，是我们对编辑学理论的认知由浅入深，对编辑学理论的运用从自然走向自觉的过程，也应该是提高出版人才理论素养的一条路径，做此梳理，供大家分享。

⊙ 思考

编辑学和编辑生态学研究有哪些异同？

《经典咏流传·苔》

中央电视台　2018 年 2 月 14 日播出

第十二章　微观编辑学的理论辨析

关 键 词：微观编辑学；理论；实践；辨析

学习目标：通过理论辨析，了解微观编辑学研究的任务。

　　编辑学研究可以从多个角度切入。微观编辑学研究编辑的个体行为，从编辑的视角观察编辑学，用编辑的语言描绘编辑学，拿编辑的案例诠释编辑学，以编辑的探索丰富编辑学，其原理吸收并融合了社会科学各大领域的相关理论，利用各学科知识架构起微观编辑学的理论体系，是对编辑学研究的视野扩大和研究的内容充实。

一、编辑学的宏观与微观

　　1. 编辑学的微观与宏观。像所有学科一样，编辑学也在不同的层次上进行研究，根据研究的角度和研究的方式，可分为宏观编辑学与微观编辑学两个不同的领域。宏观是指从大的方面去研究，对象是上层的、宏大的、抽象的、全局的、整体的。微观是指从小的方面去观察，对象是基础的、微小的、具体的、局部的、个体的。

宏观编辑学。宏观编辑学是以图书出版活动总过程为研究对象，研究影响图书出版活动整体的力量和发展趋势。

宏观编辑学包括宏观出版理论、图书出版政策和图书出版计量模型等三个部分。宏观出版理论包括：出版投资理论、出版周期理论、出版增长理论、出版输出理论。图书出版政策包括：出版政策目标、出版政策工具、出版政策机制、出版政策效应与运用。图书出版计量模型。这些模型可用于理论验证、发展预测、政策制定以及政策效应检验。宏观编辑学主要考察图书出版活动发展规律、图书出版发展模式、等图书活动行业全貌。宏观编辑学是用编辑整体活动规律、图书出版活动整体过程、图书出版活动整体发展趋势等总体性概念来分析图书出版活动运行规律的一个研究领域。宏观编辑学主要是为国家管理图书出版活动服务。宏观编辑学是概念性的思考。是表达性的研究。它研究图书出版整体现象，研究影响图书出版的因素，研究图书出版活动的规律，研究图书出版发展的趋势，涉及伦理、价值的判断。

微观编辑学。微观编辑学是研究图书出版活动中单个编辑的行为学说。微观编辑学研究的基本问题是编辑的活动，微观编辑学研究编辑工作流程、编辑行为理论、编辑选择决策等微观编辑学的中心理论，研究图书出版活动中编辑个体的行为，讨论编辑如何做出决策，编辑如何进行交易。微观编辑学从图书出版资源是一种短缺资源，图书出版活动是以编辑个体如何利用短缺资源这个基本概念出发，认为所有编辑个体的行为准则在于设法利用有限资源，取得最大回报，并由此来考察个体取得最大收获的条件。微观编辑学是实证研究。实证研究是描述性的，表达编辑工作是什么样。微观编辑学的许多内容是实证的，通过实证来力图说明图书出版活动怎样运行。微观编辑学还有规范的目的，就是如何让图书出版活动运行得更加有序和更好。规范研究是概念性的，表达编辑应该是什么样。

2. 微观编辑学与宏观编辑学辨析。微观编辑学与宏观编辑学是密切联系的，相互依存、相互补充，共同丰富和完善编辑学理论体系。整个图书出版活动的发展变化来源于若干编辑个人取舍决策，不考虑编辑个人选择而要去理解整个图书出版的发展规律是不可能的；而只注意个人的选择而不关注整个出版的运行和发展，同样是不可能的。微观编辑学是在宏观编辑学影响下，研究编辑如何做好自己的事。宏观编辑学是在提升微观编辑学实践的基础上明确编辑的整体发展方向。每个编辑的个人选择都受出版发展的整体态势影响，在宏观编辑学理论的指导下进行。尽管宏观编辑学和微观编辑学之间存在固有的联系，但这两个领域仍然是不同的。由于它们强调的问题不同，观察视域不同，路径与方法不同，所以，得出的结论也不一样。

编辑学研究在其发展的历程中，形成了四个流派：其一，宏观趋势研究。其二，学院理论研究。其三，实证经验研究。其四，微观技能研究。四个流派的形成与宏观编辑学和微观编辑学研究的分野有直接的联系。

二、微观编辑学理论与编辑实践

1. 微观编辑学理论的三个来源。微观编辑学理论的第一个来源是对传统编辑学理论的继承。第二个来源是从编辑实践经验的提炼。第三个来源是由相关学科理论的融入。

微观编辑学理论来源于对传统编辑学的继承。编辑在中国是一门古老的职业，但绝大多数编辑，将其经验、认识、理念用在编纂、编辑图书上，很少有人把其编辑经验、理念写成文章，更很少有人把编辑经验、理念上升到理论的高度去探索、去思考、去提升。历代著名的编辑，对编辑学的认识和见解，多散见于所编书籍的例言、序跋、书录、题记中，雪泥鸿爪，可惜不成系统，编辑学应从传统编辑学文论中去寻找。

微观编辑学理论来源于从编辑实践经验中提炼。从编辑学的角度，在总结编辑实践经验中回答编辑学问题，形成微观编辑学理论。带着编辑的实践问题，去探索编辑学的问题，是编辑学理论体系逐渐形成并不断丰富和完善的路径之一。微观编辑学是应用性科学，主要观察解决图书出版活动中编辑的个体活动需解决的问题。理论是日常思考的提炼。对日常思考提炼出来的理论，在大多数情况下适用。经验缺少了理论是"盲目"，而理论缺少了经验是"跛脚"。微观编辑学理论基于编辑经验，微观编辑学理论的提出，都有具体的编辑实践案例作支撑，都用编辑的实践进行了检查。从经验总结向理论提升，又从理论学习向编辑实践转换。微观编辑学理论可以指导实践，微观编辑学理论是结合要解决编辑实践的问题进行分析研究而得出来的，这些理论对编辑的实践可以起到引领和支撑的作用。从编辑的实践经验中提炼提升，形成微观编辑学理论。再用微观编辑学理论指导解决编辑实践的问题，编辑学体系就这样不断地丰富完善。

微观编辑学理论来源于从相关学科理论中融入。微观编辑学借助各相关学科中对编辑学有用之理论，解决编辑学的实践问题是微观编辑学理论形成的一个来源。微观编辑学是一个交叉性学科，它是在不同学科之间相互交叉、融合、渗透而形成的既是传统而又是新兴学科。图书出版活动中许多问题的解决，特别是数字化带来的传播介质和传播路径的变化，常常涉及不同学科之间的相互交叉和相互渗透。微观编辑学研究必须扩大视域，更新手段，创新方法。科学上新理论的提出，新发明的产生，新技术的出现，经常是在学科的边缘或交叉点上，重视微观编辑学的交叉性，将使微观编辑学本身向着更深层次和更高水平发展，这是符合科学研究的客观规律的。本书就是采用将各相关学科的基本理论，用于研究分析编辑实践中提出的问题，并从中找出解决的思路与方法。各学科基础理论丰富和完善了编辑学理论。随着社会科学的深入发展，随着微观编辑学理论体系的逐渐完善，会有更多的学科基础理论的融入。

2.编辑学理论与各学科理论体系。编辑学不但要思考如何解决自身理论体系的建立，而且要思考编辑学理论在其他学科理论体系建构中的借鉴作用，配合其他学科丰富和完善自己的理论体系。人类文明从源头开始，就有编辑痕迹存在其中。文化的传播和文明的传承，编辑意识和编辑行为无处

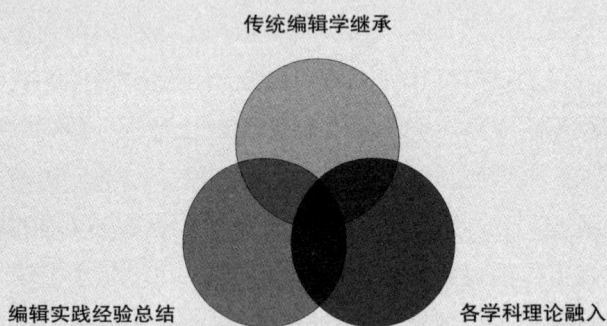

图 6. 微观编辑学理论构成图

不在。各学科理论体系构建的过程，编辑活动和编辑理论的影响也会存在。各相关学科论著的出版过程，就是用编辑学理论丰富和完善的过程。学科的系统完整性，学科主体的突出贯穿性，学科的关联聚合性，对象的明确定位性，秩序的逻辑层次性，表述的规范准确性，知识的辨伪勘误性，都是所有学科的建构必须关注的。相关学科的知识集簇，相关学科的资源整合，相关学科的理论融合，都需要编辑学理论的指导。编辑学的主题理论，编辑凡例，层次检查，规范字句，审美艺术，都是各学科体系建构时可借鉴的内容。

3. 编辑的知识结构。知识结构是指一个人经过学习培训后所拥有的知识体系的构成情况与结合方式。所谓合理的知识结构，就是既有一定深度的专门知识，又有一定广度的文化知识，还要有一定高度的理论知识，构成从业需要的最合理、最优化的知识体系。合理的知识结构是从事职业的必要条件，是从业人员成长的基础。现代社会所需要的从业人员是知识结构合理，能根据职业要求将自己所学知识科学组合起来，适应社会发展的要求。编辑的知识结构，包括基础知识、基本理论、编辑专业知识、学科专业知识、学科前沿知识。编辑知识结构的特点是强调基础知识和基本理论的宽厚，编辑专业知识精深、学科专业知识扎实、学科前沿知识丰富，有利于跟进学科前沿成果。理论抽象是对基础知识和实践经验进行理论性和科学性的总结，即带有理论分析或理论归纳的实践经验总结。理论抽象是一个动态的、不断深化的认知过程，是人们在认知过程中观察分析、思考归纳、相互交流进而达成共识的结果。

4. 编辑实践与编辑学理论。编辑理论是编辑实践的先导，编辑思想是编辑行动的指南。强调编辑学理论的研究学习，充分发挥编辑学理论的引导作用，既是编辑成功实践的经验总结，也是编辑事业发展的必然要求。我们过多地强调编辑学的应用性而淡化了它的基础性，导致对编辑学理论研究的忽略，投入的力量不足。

校雠学、版本学、训诂学、音韵学这些在中国古典文学研究中占有一席之地的学问，原来都是编辑学的分属学科或关联学科。由于加强了理性的思索和理论的研究，这些学科从经验的应用逐渐上升为一种专门的学问。编辑学则由于过多地强调应用性而忽略理性的思索和理论的研究，而从一门应用广泛的学问逐渐萎缩为一种应用知识，甚至被一些人误认为"编辑无学"。

在一般人的观念中，编辑学是容易入门的学科，从事编辑职业的人，大多数并没有受过专门的训练，就做下来了，甚至有些人做得还相当不错。当然，编辑学领域也很少有人出类拔萃。这个悖论的解释也许在于，杰出的编辑应该具备各种天赋，他要像社会学家一样，准确地对作者、读者进行分层、分群和分级；像经济学家一样，经营出版资源；在谋求效益最大化的同时，还必须像政治家一样有政治头脑，始终把握主流意识和文化建设的方向。他要像文学家一样关注文章的结构合理，表达明晰；像哲学家一样逻辑思辨，从一般现象中归纳出特殊结论，捕捉住作品的思想闪光；在把握审稿逻辑严谨的同时，还要像艺术家一样思绪超然奔放，创意不落俗套。要当好编辑，你得需要运用很多方面的知识和技能，这对编辑来说无疑是一种高标准。事实上，具备这么多天赋的人是极少的，编辑只能用后天的勤奋去弥补天赋的不足，通过编辑实践，你将会越来越习惯于像编辑一样的思考，你的脑袋里，就会随时都装满着选题，装满着策划，装满着作品。

本书梳理出一条编辑从实践到理论，又从理论到实践的编辑理性认知路径。编辑实践是编辑经验总结和编辑学理论提出的基础，编辑经验总结以编辑案例为实证，对实践中有效的方法进行总结，对可以指导实践的理论给予肯定，为从实践上升到理论做好准备，为理论普及做出验证。编辑学理论以编辑实践为基础，从编辑经验中提炼，用以指导编辑实践。通过编辑经验总结，上升到编辑理论认知，再到理性地分析编辑案例。这是编辑理论素养提高的一种方法。

《微观编辑学》的撰写，经历了三道工序的打磨：一是从编辑实践案例中提炼，夯实了编辑学体系框架的基础；二是用基础学科理论进行解读，筛选出编辑学体系支柱的内容；三是用编辑生态学理念进行审视，搭建起编辑学体系框架的形式。通过三道工序的打磨，构建起编辑学的编辑认知体系。

5. 关于《微观编辑学》的案例。本书的案例基本上都是我们自己的编辑工作实践案例。案例的选择，经历了从选择编辑工作案例，进行编辑工作的总结，理性思考编辑、编辑经验，到提炼论证编辑学理论，并借助经过论证的理论指导选题策划，组织选题实施。这是我们对案例分享认识的逐渐深化过程，也是我们对微观编辑学理论论证检验的过程。之所以只从我们的编辑实践中去寻找案例分享，并从我们自己的案例中去总结编辑经验，是想通过这种方法说明，编辑经验的总结在编辑工作中无时不在。之所以能从我们的编辑实践中汇集起典型案例，从普通经验中发现编辑学原理，是想通过这条路径说明，编辑学理论的提炼在编辑工作中无人不能。之所以能从我们的编辑实践中提炼出编辑学理论，并能用编辑学理论指导我们的编辑实践，是想运用这种方式说明，编辑学理论的应用在编辑工作中无处不在。

在每一个案例之间，可以隐约地感觉到微观编辑学理论与实践经验总结的关系链接和对编辑学理论认知的螺旋式上升。特别是在贵州民族文化选题实施过程中，编辑学实践经验的总结和编辑学理论的指导方面尤其明显。在大多数情况下，我们策划实施的选题，前一个项目的编辑经验总结，对后一个选题项目有理论指导借鉴的价值；后一个项目的提出，是前一个项目的拓展。后一个项目实施后，又发现新的问题，又探索出解决问题的理论和方法。每一个项目的实践，对编辑学理论的形成、编辑认识的提高、编辑理性的提升、选题项目的拓展都有帮助，前一本书的理性认识，在后一本书的实践中都得到检查论证。无论是编辑工作问题的解决，编辑工作经验的总结，还是编辑学理论的提出，编辑学理论的论证，始终贯穿着本书作者对编辑学规律和编辑学理论逐渐认识强化的主线。

三、微观编辑学的基础性与应用性

微观编辑学是一门研究知识传播的学问。它由编辑学知识、编辑学实践和编辑学理论三个部分构成，每个部分各有自己研究的对象和目的，既是微观编辑学体系中的不同组成部分，又是三个密切联系的不同层次。它们相互影响，相互促进。微观编辑学研究的综合性，决定了研究模式的多样性，也决定了研究层次的复杂性。微观编辑学是具有基础性和应用性双重属性的学科。

1. 微观编辑学的基础性。基础性是讲微观编辑学知识的专业性和应用的普遍性。编辑学是一门历史悠久的基础性学科，它以编辑学知识本身为研究对象，要解决书稿出版中编辑加工的问题，即书稿的逻辑、层次、描述的问题，还解决各学科体系建构中的编辑问题。编辑学的专业性还表现在与传播技术的关联性，编辑学要研究传播介质和传播技术。编辑能力是人们学习、掌握、应用语言文字进行交流之初，就与生俱来的能力。为了意思表达的准确和理解的不误，人们对文字表达进行规范，对文章结构进行要求，对论著主题进行把握，在文化传播和文化传承的过程中逐渐形成的一套制度，编辑也由一种文化技能逐渐转化为一种文化职业。编辑学的普遍性表现在所有学科的传授与学习，都要运用编辑学知识；所有其他学科研究和体系建构，都需要编辑学理论指导；各学科学术成果的展示需要借助编辑搭建平台。由编辑学的基础性导出广义编辑学。从广义编辑学的角度观察，编辑是一种技能，是一种选择表达形式来创作作品、修改文稿、传授知识、撰写论著、编选图书、建构学科体系的技能。

2. 微观编辑学的应用性。应用性是讲编辑学知识的渗透性和吸纳性。编辑知识是一种工作学习常识，编辑学知识渗透在社会生活的方方面面，工作中的很多问题都可以应用编辑学知识解答。编辑学应用性表现在它对社会科学研究主要领域的基本概念的广泛吸纳和它在各学科体系建设中的普遍渗透。编辑学是其他各学科知识应用的对象，它广泛地吸纳各科知识，丰富和完善编辑学理论，形成编辑学学科体系。微观编辑学需要应用各学科理论来解决编辑工作的具体问题，社会科学中任何一个基础学科领域的基本概念，在编辑学中都可以找到对应的应用热点。同样，借助微观编辑学原理可以丰富和完善各学科理论。由编辑学的应用性导出狭义编辑学。从狭义编辑学的角度理解，编辑是一种职业，是一种处理书稿的编辑加工和出版事宜的职业。

3. 广义编辑学与狭义编辑学。广义编辑学与狭义编辑学是对编辑学的两种理解，是一个事物的两个方面。广义编辑学是研究编辑这门学问，狭义编辑学是研究编辑这个职业。有广义编辑学的基础，才有狭义编辑学的提升。反之，有狭义编辑学的探索，才有广义编辑学的推广。编辑学的实践应用性和理论指导性决定了编辑的基础性。只有狭义编辑学的理论提升和理论指导，广义编辑学才能得到广泛的应用。狭义编辑学在广义编辑学推广的基础上进一步专业化和理论化。广义编辑学在狭义编辑学理论的指导下不断大众化和普适化。广义编辑学将狭义编辑学的理论推广普及，指导各学科实践。

有人说编辑不专，是因为编辑学没有形成一个系统完整的学科体系，编辑学在院校学科设置中并不被人重视，是因为人们看到很多不是编辑专业学科出身的人，只要坐在编辑的位置上，也同样能够做好编辑工作。其实他们没有意识到，人们早在进行文化学习之初，就已经潜移默化地接受了编辑技能的影响和训练。任何学科体系的形成，都是经过前人认真应用编辑学知识建构起来的。每一个学科的系统学习，自然都有编辑技能的学习。一个不掌握编辑知识和编辑技能的人，是不可能写出好文章，做出好节目，或创作出好作品的。我们强调编辑有学，是因为编辑有自己的活动规律、语言系统、理论体系和价值体系。只有通过专业的训练，才能从掌握一定编辑技能的、自然状态的编辑成长为熟悉编辑规律的、自觉行动的编辑。

中央电视台《经典咏流传·苔》观后有感

——广义编辑学与狭义编辑学的经典串联

2018年2月6日，农历大年初一晚上8点，中央电视台综合频道推出《经典咏流传》节目。演播厅内，文艺音乐界评论界的高手大家云集，精选历代文人脍炙人口的诗作，名家谱曲，传承演唱者放声高歌，专家教授们即兴解读，节目好精致，内容好精彩，形式好新潮，场面好震撼。特别让人难忘的，是贵州威宁石门新民小学支教老师梁俊谱曲和学生梁越群等颂唱清代袁枚写的古诗《苔》，天籁纯真，独树一帜，令人感动，节目赏鉴团评委热泪盈眶，千百万观众好评如潮，微信朋友圈热议刷屏。

从支教老师梁俊思考如何给僻居大山，习惯讲苗语而汉语生涩，腼腆羞涩、不爱开口的石门坎新民小学的孩子们选古诗，用吉他谱曲带着孩子们唱古诗，试着给孩子自己写的小诗配曲，到央视综合频道推出《经典咏流传》节目，为古典诗词传播传承打造新平台，创意新经典，邀请他们师生登台共同颂唱清代袁枚的小诗《苔》，舞台的道具是在美轮美奂的中央电视台演播大厅摆上一套用旧的课桌椅，甚至把十几位身着民族服饰的小同学从数千公里之外的威宁石门坎，拉到北京中央电视台的大舞台为这个节目伴唱，整个过程，就是微观编辑学理论在视频领域的精彩运用。

"苔"是广义编辑学与狭义编辑学串联的一个典型案例。《经典咏流传》中从选题创作、编辑加工、阅读引导，表演者、节目组、鉴赏团专家构成一条完整的编辑流程线。支教老师梁俊自觉地应用了编辑学的原理，在学校这个平台上，以古典诗词的知识传播为主题，运用唱颂为组织教学的方式，教会孩子们读诗、懂诗、写诗，最后结集出版孩子们的作品集，有效地实现了作者、读者、编辑的角色定位和角色转换。"我们迟早有一天会离开乌蒙山，不能教他们一辈子，起码要让孩子们想我的时候，能够唱出这首诗。"梁俊老师抱着这一信念，为大山中的孩子们，编创了一种学习模式，编写了一本很棒的教材，从这个意义上讲，梁俊是编辑学的实践者，是广义编辑学的编辑；把《经典咏流传》这个节目搬上舞台的节目组编辑，是选题策划的实施者，是狭义编辑学编辑。

《苔》的传播过程，既体现了广义编辑学的真谛，又凸显了狭义编辑学的妙处。

节目鉴赏团的专家，北京师范大学博士生导师康震教授在点评节目时说：中国诗词是中华优秀传统文化中最能展现中国人语言修养、情感世界、审美意识、时代价值的艺术形式。在狗年春晚上，由央视综合频道和央视创造传媒联手奉献的大型文化节目《经典咏流传》，于大年初一、初二、初三用连播的形式，希望用流行的音符唤醒经典诗词在人们心目中的生命力，让扎根于中华优秀传统文化这片土壤的诗词，让先贤们的智慧在当下的语境下，流行起来，传承下去，赋予今人以积极的思考和正能量。

印象最深的是支教老师梁俊带领山区孩子共同吟唱的那曲《苔》。在灿若银河的诗词星空，《苔》也许是一首不怎么起眼的小诗，就像文中所写的那样，"苔花如米小，也学牡丹开"，古往今来，有那么多文人墨客写牡丹、写桃花、写梅花，但又有几个人会写苔呢？袁枚这个清代的大才子，带着独到的眼光和心境，向我们展示了平凡之中蕴含的渴望和伟大，"白日不到处，青春恰自来"，太阳都照不到我，并不意味着我没有我的青春、我的理想、我的精神风貌，我的花开得不大也不艳，只要我自己依然欢乐地绽放，光彩一点儿都不输牡丹。舞台上，梁老师和孩子们的故事深深打动了我。他说，我也是从山里出来的，也不是最帅的那一个，也不是成绩最好的那一个，就像潮湿的角落里那些青苔，人们看不见，但是它们如果被显微镜放大出来，真的像一朵一朵的花，很美，这是这首诗歌的意义。找到一些生命的价值，比我们的外表重要。

我非常佩服梁老师的眼力，这首诗是如此契合一群山村的孩子，包括支教教师，《苔》为我们展示了非常朴素的内心，和那些我们不了解的一群人。某种程度上，他们就如诗中所写的那般坚韧和向上，白日不到处，青春恰自来，苔花如米小，也学牡丹开。即便在白日暂时没有照到的地方，我们恰恰更要绽放，而且要绽放得像牡丹一样精彩，这是一种极为可贵的平凡而卓越的品质。在漫长的岁月长河里，袁枚的《苔》孤独清冷了三百多年，但是因为梁老师和孩子们，因为《经典咏流传》这档节目，它的传播量可能超过过去三百年来的总和，也因此可以唱给更多的孩子和平凡的人们，滋养他们的心田。它所传播的不仅是知识，是歌声，更是真、善、美的梦想种子。

这是康震教授从广义编辑学的角度作出的评价。

中南大学教授向彬《若不是CCTV，袁枚的"苔"依旧不见阳光》一文，从传播介质、传播群体、知识循环、能量转换、传播理论、编辑价值等方面进行了解析，客观地提炼出编辑生态学研究的六个要素，具有微观编辑学理论的意味①。

关于传播介质。他说：无论从哪个层面来说，CCTV绝对是我国最具影响力的电视宣传平台，其覆盖面和影响力，是所有地方电视台没法比拟的，正是这种宣传力度，才可以在如何传承和发扬我国优秀传统文化的工作中起到巨大的作用。

关于传播群体。人世间的芸芸众生都只是米粒大小的苔花，有的甚至连苔花都不算，在大千世界中默默无闻。但是，每一个人于家庭、于单位、于社会都发挥着各自的作用，只是这些作用的影响力有大小之分，当然，其作用也有好坏之别。不是每个人的作用都会引起相应的关注，也不是每个人给社会的贡献都能成为经典，能够在人类文化史上留下经典之作的精英人物毕竟只是少数。每个人都有内心深处的"良知"，也有被他人和社会认可的"存在感"，如何最大范围地关注民心，如何体现出社会底层人的"存在感"，如同袁枚发现树底的苔花而写出五言诗句同等重要。

关于知识循环。他说：《苔》只是袁枚留下众多诗文中很小的一个"墨点"，这或许是他在随园散步时看到树底下的苔花而有所触动，或许也是他对自己隐居随园的一种人生感慨，于是写下了"白日不到处，青春恰自来。苔花如米小，也学牡丹开"这二十个字的诗句。从诗的格律来看，后三句很符合近体诗五绝的格律，但首句五个字都是仄声，显然不

---

① 向彬：《若不是CCTV'袁枚的"苔"依旧不见阳光》，载"百度贴吧"2018年2月20日。

是五绝诗而属于古风，袁枚之诗重境界而轻格律，重性灵率意而轻雕琢粉饰。若不是乡村教师梁俊和山里孩子小梁在CCTV《经典咏流传》这档节目中将"苔"唤醒，或许，袁枚的"苔"如同三百年前，依旧在不见阳光的树底阴暗潮湿处绽放那米粒般大小的花朵，很少有人关注和怜惜，更不会有人欣赏到米粒大小的苔花其实与牡丹一样，拥有精彩的花心世界！

关于能量转换。他说：党的十九大报告中提出"文化自信是一个国家、一个民族发展中更基本、更深沉、更持久的力量"及"推动中华优秀传统文化创造性转化、创新性发展"等重要观点。显然，《经典咏流传》这档节目就是在响应和落实党的十九大精神，用"和诗以歌"的形式将传统诗词经典与现代流行相融合，让经典的传统诗词赋予新时代的文化使命，也让经典的传统诗词通过新的手段和平台最大范围地得以传承和发扬，充分展示其文化内涵与艺术魅力。

关于传播理论。他说：袁枚诗句《苔》转化为文化经典不是个案，这只是我国传统文化艺术浩浩大海中的一个浪花，甚至是被浪花抛弃在海边的一颗沙粒，瞬间的浪花与微小的沙粒都是永恒和经典，只是，当今人们很少去关注这些永恒和经典。生活品位的高低，不是比物质的多少，而是精神境界的高低。如何让这些经典的优秀传统文化融入每个人的生活，渗透到每个人的心里，以此提升每个人的境界，净化每个人的灵魂，进一步激发当前的文化精英人物创作出体现时代特征的经典文化艺术作品，这需要众多媒体的发掘和宣传，这也是包括自媒体在内的所有媒体人的社会责任和时代使命。

关于编辑的价值。他说：苔花有幸，被袁枚发现而以诗相咏；袁枚有幸，沉寂了三百年的苔花和诗心，被梁俊和小梁同学在 CCTV 唤醒而家喻户晓。倡导良好的社会风气，媒体的影响力和社会担当至关重要。无论是我国古代还是当今，都有许多优秀文化艺术作品，媒体要善于发掘真正经典的文化艺术作品，树立经典意识，弘扬正大气象，引领时代潮流，为当今社会提供更为丰富的健康文化艺术套餐。

《苔》是一首充满正能量的小诗，沉睡了数百年，被梁俊带着他的一帮威宁石门坎的小朋友唤醒，在他们的传唱中，我们感受到了诗人的睿智观察，分享到了乡村教师的博大情怀，体悟到稚雅童心的幸福绽放。有感于此，以《经典咏流传·苔》作为我们小书的结语案例，愿每个年轻的编辑，在平凡而伟大的工作中默默地努力绽放。

⊙ **思考**

如何从编辑实践中提升编辑理论？

《微观编辑学》索引

策划编辑　张双子
责任编辑　张双子
装帧设计　陈红昌

图书在版编目（CIP）数据

微观编辑学 / 曹维琼, 张忠兰著. -- 北京：人民出版社, 2018
ISBN 978-7-01-020163-4

Ⅰ.①微… Ⅱ.①曹… ②张… Ⅲ.①编辑学 Ⅳ.①G232

中国版本图书馆CIP数据核字（2018）第274618号

微观编辑学
WEIGUAN BIANJI XUE

曹维琼　张忠兰 / 著

人民出版社 出版发行

（100706　北京市东城区隆福寺街99号金隆基大厦）

深圳华新彩印制版有限公司印刷　新华书店经销

2018年12月第 1 版　2018年12月第 1 次印刷

开本：889毫米×1194毫米　1/32　印张：10.5

字数：220千字

ISBN 978-7-01-020163-4　定价：33.00元

邮购地址　100706　北京市东城区隆福寺街99号
人民东方图书销售中心　电话（010）65250042　65289539

策划编辑　张双子
责任编辑　张双子
装帧设计　陈红昌

ISBN 978-7-01-020163-4

定价：33.00元